主　　编　曹士兵　中国应用法学研究所所长
副 主 编　关　毅　国家法官学院科研部主任
　　　　　刘　畅　国家法官学院科研部副主任
主编助理　边疆戈　国家法官学院科研部编辑
　　　　　苏　烽　国家法官学院科研部编辑

本书编审人员　杨小利

中国法院
2019年度案例

国家法官学院案例开发研究中心◎编

执行案例

中国法制出版社
CHINA LEGAL PUBLISHING HOUSE

《中国法院年度案例》通讯编辑名单

序

法律的生命在于实施，而法律实施的核心在于法律的统一适用。《中国法院年度案例》丛书出版的价值追求，即公开精品案例，研究案例所体现的裁判方法和理念，提炼裁判规则，为司法统一贡献力量。

《中国法院年度案例》丛书，是国家法官学院于2012年开始编辑出版的一套大型案例丛书，之后每年年初定期出版，由国家法官学院案例开发研究中心具体承担编辑工作。此前，该中心坚持20余年连续不辍编辑出版了《中国审判案例要览》丛书近90卷，分中文版和英文版在海内外发行，颇有口碑，享有赞誉。现在编辑出版的《中国法院年度案例》丛书，旨在探索编辑案例的新方法、新模式，以弥补当前各种案例书的不足。该丛书2012~2018年已连续出版7套，一直受到读者的广泛好评，并迅速售罄。为更加全面地反映我国司法审判的发展进程，顺应审判实践发展的需要，响应读者需求，2014年度新增3个分册：金融纠纷、行政纠纷、刑事案例，2015年度将刑事案例调整为刑法总则案例、刑法分则案例2册，2016年度新增知识产权纠纷分册，2017年度新增执行案例分册，2018年将刑事案例扩充为4个分册。现国家法官学院案例开发研究中心及时编撰推出《中国法院2019年度案例》系列丛书，共23册。

总的说来，当前市面上的案例丛书百花齐放，既有判决书网，可以查询各地、各类的裁判文书，又有各种专门领域的案例汇编书籍，以及各种案例指导、案例参考等读物，十分活跃，也各具特色。而《中国法院年度案例》丛书则试图把案例书籍变得“好读有用”，故在编辑中坚持以下方法：一是高度提炼案例内容，控制案例篇幅，每个案例基本在3000字以内；二是突出争议焦点，剔除无效信息，尽可能在有限的篇幅内为读者提供有效、有益的信息；三是注重对案件裁判文书的再加工，大多数案例由案件的主审法官撰写“法官后语”，高度提炼、总结案例的指导价值。

同时，《中国法院年度案例》丛书还有以下特色：一是信息量大。国家法官学院案例开发研究中心每年从全国各地法院收集到的上一年度审结的典型案例超过10000件，使该丛书有广泛的选编基础，可提供给读者新近发生的全国各地的代表性案例。二是方便检索。为节约读者选取案例的时间，丛书分卷细化，每卷下还将案例主要根据案由分类编排，每个案例用一句话概括裁判规则、裁判思路或焦点问题作为主标题，让读者一目了然，迅速找到需求目标。

中国法制出版社始终全力支持《中国法院年度案例》的出版，给了作者和编辑们巨大的鼓励。2018年新推出数据库增值服务，2019年继续提供数据库增值服务并充实完善数据内容。购买本书，扫描前勒口二维码，即可在本年度免费查阅使用上一年度案例数据库。我们在此谨表谢忱，并希望通过共同努力，逐步完善，做得更好，真正探索出一条编辑案例书籍、挖掘案例价值的新路，更好地服务于学习、研究法律的读者，服务于社会，服务于国家的法治建设。

本丛书既可作为法官、检察官、律师等司法实务工作人员的办案参考和司法人员培训推荐教程，也是社会大众学法用法的极佳指导，亦是教学科研机构案例研究的精品素材。当然，案例作者和编辑在编写过程中也不能一步到位实现最初的编写愿望，可能会存在各种不足，甚至错误，欢迎读者批评指正，我们愿听取建议，并不断改进。

曹士兵

目　录

Contents

一、对不动产的执行

二、对特殊标的物的执行

三、执行异议、复议与执行异议之诉

四、查封问题

五、夫妻共同债务的执行问题

六、执行依据问题

七、执行中的质押问题

八、执行金额的确定问题

九、公证债权文书的执行问题

十、执行中的优先受偿问题

十一、强制执行中的其他问题

一、对不动产的执行

1

案外人执行异议之诉中排除强制执行的要件

——陈某甲诉韩某、北京塞北路通建材销售有限公司案外人执行异议之诉案

【案件基本信息】

1. 裁判书字号

北京市第一中级人民法院（2017）京01民终8951号民事判决书

2. 案由：案外人执行异议之诉

3. 当事人

原告（被上诉人）：陈某甲

被告（上诉人）：韩某、北京塞北路通建材销售有限公司（以下简称塞北路通公司）

【基本案情】

因韩某欠案外人祁某借款，而祁某欠陈某乙（陈某甲之子）欠款，经协商一致，韩某欠款债权转移至陈某乙。陈某甲与韩某、魏某丽（韩某之妻）就诉争房屋签订房屋买卖合同，合同尾部甲方处有韩某及魏某丽的签名和手印，乙方处有陈某甲的签名和手印，合同未注明签订日期。陈某甲称合同签订时间为2014年10月24日，韩某在一审中陈述签订时间是2014年，在二审中陈述为2015年。

陈某甲称用韩某欠陈某乙的170万元债务折抵房款，韩某不再偿还陈某乙170

万元欠款。韩某称双方无房屋买卖的真实意愿，签订该合同实际上是为韩某欠陈某乙的170万元提供担保。2014年10月24日，韩某向陈某甲出具收条，载明：今收到陈某甲购房款170万元，包括订金2万元。2014年11月19日，韩某和陈某乙就诉争房屋办理抵押登记手续，《房屋他项权证》记载的房屋他项权利人为陈某乙，债权数额为170万元。对于诉争房屋未过户原因，陈某甲称因该204号房屋尚有约10万元抵押贷款，故约定一年内完成房屋解押手续再办理过户手续。对于交接钥匙时间，陈某甲和韩某分别称是2015年11月和12月。陈某甲称自己对该房屋装修后于2016年年初入住。

因韩某欠塞北路通公司债务，法院于2013年9月3日作出民事调解书确认债务的后续清偿问题。后韩某未清偿该债务，2014年12月19日，塞北路通公司申请执行，法院于2015年1月19日作出裁定，对诉争房屋进行查封。2016年11月23日，陈某甲对执行标的提出书面异议。法院于2016年12月26日裁定驳回。

另外，(2016) 京0119民初7170号案件庭审中，陈某乙陈述：在2014年10月24日我借韩某170万元，收条是根据这笔钱转化过来的，借条已经给了韩某，借款没有利息，借钱前韩某同意卖房才借给他的，当时去建委过户韩某还欠着公积金贷款，所以没有及时过户，房产证是签合同时韩某给我的，170万元在当时属于市场价。

【案件焦点】

陈某甲与韩某夫妇是否存在房屋买卖合同关系，是否符合足以排除强制执行的构成要件。

【法院裁判要旨】

北京市延庆区人民法院经审理认为：因陈某甲有购房意向，经陈某甲、陈某乙、韩某及魏某丽协商一致，陈某甲与韩某及魏某丽订立房屋买卖合同，韩某将房屋出售给陈某甲，价款170万元。韩某不再偿还陈某乙的170万元债务，以该债务折抵陈某甲的购房款。韩某给陈某甲写了“今收到陈某甲购房款170万元”的收条，且办理了他项权登记。后韩某已将房屋产权证及钥匙交予陈某甲，并约定办理房屋过户时间。陈某甲缴纳了供暖费、物业费及水电费等费用，对房屋进行了装修并实际入住。综上，陈某甲支付了全部价款，且价款合理，缴纳了涉及房屋的其他费用，并实际占有该房屋，对未办理房屋过户手续不存在过错，故陈某甲提起案外人执行异议之诉应予支持。

北京市延庆区人民法院依照《中华人民共和国民事诉讼法》第二百二十七条，《最高人民法院关于适用〈中华人民共和国民事诉讼法〉的解释》第三百一十二条第一款第一项、第二款，《最高人民法院关于人民法院民事执行中查封、扣押、冻结财产的规定》第十七条之规定，判决：

一、陈某甲提起的案外人执行异议之诉成立；

二、北京市延庆区人民法院停止对诉争房屋的执行；

三、(2016) 京 0119 执异 73 号执行异议裁定书于本判决生效时自动失效。

韩某和塞北路通公司均不服一审判决，提起上诉。北京市第一中级人民法院经审理认为：对于足以排除强制执行的民事权益，需要综合分析案外人和申请执行人各自的权利性质和权利效力边界。申请执行人塞北路通公司的权利性质，属于生效调解书确定的普通债权。

关于案外人陈某甲的权利性质。案外人一般须主张其对执行标的物享有所有权或者其他足以阻止执行标的物转让、交付的实体权利，且案外人应当就其享有的该种实体权利所依据的事实承担举证责任。陈某甲主张其与韩某签订有房屋买卖合同并已实际履行，但双方就该《房屋买卖合同》是否具有真实的房屋买卖的意思表示产生争议。陈某甲称双方签订《房屋买卖合同》系基于真实的房屋买卖的意思表示，且《房屋买卖合同》与《收条》均形成于 2014 年 10 月 24 日。韩某称《房屋买卖合同》是根据《收条》内容后补的，目的是作为韩某欠陈某乙的 170 万元债务的担保。由于《房屋买卖合同》上没有载明签订日期，且双方并未就收条内容进行实际交割，《房屋买卖合同》和《收条》上载明的付款情况与实际情况并不一致。陈某甲所称以债权抵销购房款的主张，与陈某乙、韩某就诉争房屋另行办理他项权利抵押的事实矛盾，陈某甲、陈某乙就此未作出合理解释，对陈某甲该项主张，不予采信。另外，根据陈某乙在另案庭审过程中的陈述可以看出双方实际上不具有真实的房屋买卖的意思，而是以房屋作为借款的担保，不能还款再以房屋买卖的形式以房抵债。因此，陈某甲不能以存在房屋买卖关系且对房屋享有权利为由主张排除塞北路通公司的强制执行。

退言之，即使存在真实的房屋买卖意愿，根据《最高人民法院关于人民法院办理执行异议和复议案件若干问题的规定》第二十八条的规定，金钱债权执行中需要同时具备四个条件才能排除执行：查封之前有合法有效的房屋买卖合同；查封之前实际占有使用房屋；已支付全部价款；非因自身原因未办理过户。但陈某甲并不存在实际的价款支付行为，且拿到钥匙时间和装修后实际入住时间都远晚于法院查封时间，不符合排除执行的法律要件。陈某甲并未提供充分证据证明其对执行标的物享有足以排除强制执行的民事权益，其提出案外人执行异议的诉求不符合法律规定，应予驳回。

北京市第一中级人民法院依照《最高人民法院关于人民法院办理执行异议和复议案件若干问题的规定》第二十八条，《最高人民法院关于适用〈中华人民共和国民事诉讼法〉的解释》第三百一十二条第一款第二项，《中华人民共和国民事诉讼法》第一百七十条第一款第二项的规定，判决：

一、撤销北京市延庆区人民法院（2017）京0119民初617号民事判决书；

二、驳回陈某甲的诉讼请求。

【法官后语】

对于金钱债权执行中案外人执行异议之诉的分析，应严格采用要件分析方法对于构成要件逐一进行分析，从而认定案外人就执行标的是否享有足以排除强制执行的民事权益。《最高人民法院关于人民法院办理执行异议和复议案件若干问题的规定》第二十八条规定的构成要件有四：法院查封之前有合法有效的房屋买卖合同；法院查封之前实际占有使用房屋；已支付全部价款，或者已按照合同约定支付部分价款且将剩余价款按照法院的要求交付执行；非因自身原因未办理过户。本案中暂且不论陈某甲与韩某之间是否存在真实的房屋买卖合同关系，即使双方存在真实的房屋买卖合同关系，但因为欠缺“查封之前实际占有涉案房屋”这一条件，或因欠缺“已支付全部价款”这一条件，仍不足以排除塞北路通公司对于房屋的强制执行。之所以要在金钱债权的强制执行程序中设置案外人执行异议这一环节，是从物权优先于债权的角度，保护已经订有房屋买卖合同、交付了全部房款、实际入住房屋，只差最后办理过户登记一步的此类在事实上已享有物权的买受人的利益。

审理案外人执行异议之诉案件，要加强对能够对抗强制执行的实体权利类型的研究，对于足以排除强制执行的民事权益，需综合分析案外人和申请执行人各自的权利性质和权利效力边界，统一案外人执行异议之诉的裁判标准和裁判尺度。案外人一般须主张其对执行标的物享有所有权或者其他足以阻止执行标的物转让、交付的实体权利，且应当就其享有的该种实体权利所依据的事实承担举证责任。法院需要对于案外人对执行标的主张的所有权或者租赁权、消费者物权期待权等其他排除执行的实体权利与申请执行人对于执行标的的优先受偿权进行比较，从而具体判断何种权利应予优先保护。对于尚未办理过户登记手续的房屋买卖行为而引发的案外人执行异议之诉，如果申请执行人据以申请执行的为一般金钱债权，且买受人对于未办理房屋权属过户登记手续并无过错的，一般应当支持买受人关于排除强制执行的请求。对于类似于本案情况，以房屋买卖的形式作为债权担保，在债务到期之前，双方本不存在房屋买卖的真实意思表示，属于通谋虚伪表示，房屋买卖合同不发生法律效力。在债务到期之后，如果存在以房抵债的意思表示而引发案外人执行异议之诉，且抵债价格合理，虽尚未办理过户登记，但债权人已经合法占有诉争房屋，而申请执行人据以申请执行的为一般金钱债权，债权人请求排除对于该房屋的强制执行的，应当予以支持。但如果抵债价格明显不合理，或者有其他证据证明债权人与被执行人存在恶意串通损害申请执行人利益等情形的，则不应当支持。

编写人：北京市第一中级人民法院　刘瑾

2

不动产权属证书具有“推定”而非“绝对”的证据效力

——李甲诉刘某英、赖某梅案外人执行异议之诉案

【案件基本信息】

1. 裁判书字号

江西省赣州市中级人民法院（2017）赣07民终3291号民事判决书

2. 案由：案外人执行异议之诉

3. 当事人

原告（上诉人）：李甲

被告（被上诉人）：刘某英、赖某梅

第三人：李乙、罗某玲

【基本案情】

2009年10月19日至2012年4月11日，李乙作为借款人和连带责任担保人，欠下刘某英、赖某梅合计21810000元。李乙、罗某玲夫妻拒不还款，刘某英、赖某梅分别向法院申请强制执行。2013年12月8日，李乙因涉嫌诈骗罪被公安机关网上追逃，下落不明。李甲是李乙、罗某玲的小儿子，2011年5月26日起在大学读书，2014年12月11日与苏某薇登记结婚。李甲购买执行标的期间，李乙、罗某玲与李甲的银行账户之间资金交易频繁。经统计，2011年5月4日至2013年11月17日，李乙、罗某玲存入李甲名下账户资金总额达到5340746元（不含李乙作连带担保后，指定他人账户存入李甲名下的2400000元）；李甲账户转回李乙、罗某玲账户和转到刘某英账户的资金共2978700元。

2011年5月26日，李乙、罗某玲出资为李甲购买总价值7172740元的房屋和车位，李乙、罗某玲支付款项包括房屋及两车位的部分定金、首付款及按揭款。其中，2012年1月至7月和2013年3月、4月、5月、11月，李乙、罗某玲有规律地在当月10日即房屋按揭还款日之前存入足够的资金到李甲的还款账户中。2016年1月19日，苏某薇转款3000000元给李甲。2016年1月20日，李甲还清了执行标的的剩余贷款。江西省全南县人民法院于2016年1月26日作出（2014）全执字第574－17号执行裁定书，裁定查封了李甲名下的执行标的。2016年6月1日，该院作出（2014）全执异字第574－2号执行裁定书，裁定驳回了李甲提起的案外人执行异议。李甲遂于2016年6月16日提起案外人执行异议之诉，要求判令解除查封，终止强制执行李甲享有所有权的房屋及车位。

【案件焦点】

1. 登记在李甲名下的房屋和车位是否属于李甲个人所有；2. 法院是否应当解除对执行标的的查封和终止强制执行。

【法院裁判要旨】

江西省全南县人民法院经审理认为，登记在李甲名下的执行标的不属于李甲个人所有，李乙、罗某玲具有共同共有权，李甲没有足以排除强制执行的民事权益，理由如下：1. 李乙、罗某玲先后通过刷卡支付给房地产开发公司的资金流转可以说明李乙、罗某玲实际支付了执行标的部分定金和首付款。2. 李乙、罗某玲的银行账户与李甲购房按揭还款账户资金往来密切，且资金往来有一定的规律，包括时间上的规律和资金数额上的规律，2012 年 1 月 9 日至 2013 年 11 月 5 日李乙、罗某玲存入李甲还款账户的资金足够归还上述时间段的按揭款，可以说明虽然是以李甲的名义购房和办理按揭，但是偿还按揭款的资金由李乙、罗某玲在按时支付。李甲也没有提交证据证明李乙、罗某玲支付的款项是因其他原因而支付的。3. 李甲工商银行账号交易显示，李甲代李乙偿还了欠刘某英的 600000 元借款，同时其账户无故增加了 2400000 元存款。可以说明李甲名下存款与李乙、罗某玲的资金高度混同，或者李甲账户基本上由李乙、罗某玲在支配使用，李乙、罗某玲存入李甲名下账户的资金不是李甲的资金，在李甲与李乙、罗某玲的资金交易和购买执行标的的过程中，李甲是按照李乙、罗某玲的意思而行事。4. 李乙没有按时支付按揭款的时间与其被追逃的时间相符，之后才由李甲继续履行了还款义务。2016 年 12 月 23 日李甲出具的情况说明承认 2011 年至 2012 年李乙、罗某玲到广州时住在案涉房屋。5. 2011 年 5 月 26 日，李甲还是在校大学生，按照常理其经济来源方式有限，日常生活来源尚且可能依靠其父母提供。同时根据《最高人民法院关于适用〈中华人民共和国民事诉讼法〉的解释》第三百一十一条“案外人或者申请执行人提起执行异议之诉的，案外人应当就其对执行标的享有足以排除强制执行的民事权益承担举证证明责任”的规定，如果李甲主张执行标的是其本人购买，就应当有相应的证据证明其在校时具有较高的经济收入，其购买执行标的的全部资金是其个人合法收入所得，但是李甲提交的证据不足以证明其购房时的自有经济收入与其购买力相匹配，不能证明其购房的资金是其个人合法收入所得。在整个购房过程中，李乙、罗某玲与李甲未明确份额，应属于家庭成员在家庭共同生活关系存续期间共同出资所得的财产，房屋虽登记在李甲名下，但不影响该房屋共同共有的性质，该执行标的属于李甲与李乙、罗某玲的共同共有财产。李乙、罗某玲和李甲作为共同共有人对共有的房屋平等地享有占有、使用、收益和处分的权利。所以，李甲没有足以排除强制执行的民事权益，其主张执行标的是其个人享有所有权的意见，不符合实际情况，不予支持。

法院不应当解除对执行标的的查封和终止强制执行，理由如下：李甲与李乙、罗某玲作为共同共有人对共有的房屋平等地享有占有、使用、收益和处分的权利。李乙、罗某玲借刘某英、赖某梅的借款均被法院查实并判决合法有效，李乙、罗某玲应当承担还款责任，为保护合同当事人的合法权益，李甲名下的执行标的系不可分割的整体，法院可以依据《最高人民法院关于人民法院民事执行中查封、扣押、冻结财产的规定》第十四条第一款“对被执行人与其他人共有的财产，人民法院可以查封、扣押、冻结，并及时通知共有人”的规定继续执行，不应当解除对执行标的的查封和终止强制执行，但是执行过程中应当保留李甲相应的合法权益。故对李甲的诉讼请求，不予支持。

依照《最高人民法院关于适用〈中华人民共和国民事诉讼法〉的解释》第一百零八条第一款、第三百一十一条、第三百一十二条第一款第二项，《最高人民法院关于人民法院民事执行中查封、扣押、冻结财产的规定》第十四条第一款的规定，判决：

驳回李甲的诉讼请求。

二审法院同意一审法院的裁判意见。

【法官后语】

本案涉及对《物权法》第十七条“不动产权属证书是权利人享有该不动产物权的证明”的理解问题。最高人民法院所作的关于物权法的司法解释对此已经作出明确规定，虽然实践中仍有观点认为应坚持物权登记公示的推定效力，根据房屋登记推定房屋权属，但通说认为房产登记人与实际购房人不一致，不能简单地认定房产归谁所有，需要依据证据的指向来认定实际所有权人，不动产权属证书记载的事项在无相反证据证明的情形下，应推定不动产权属证书记载的事项真实，房屋“登记在谁的名下就归谁所有”，但如果权属证书记载的事项与实际情况不符，可根据该相反证据作出与不动产权属证书记载事项相反的事实认定，法律追求的是客观事实。也就是按照最高人民法院关于物权法解释的相关规定，依据证据规则的要求，综合认定不动产物权的归属，即未赋予不动产登记簿绝对的证明力。

实践中，为了逃避法院强制执行，有的被执行人故意将财产转移或登记至他人名下，有的被执行人将不动产登记在未成年人名下，导致法院执行困难，严重损害了债权人的合法权益。本案则是被执行人将共有不动产登记至已经成年的在校大学生一人名下，因此该类案件的判决需要更翔实的事实依据和证据支持，需要更严密的逻辑思维，对于房屋的权属作出客观的判断。对此，法院根据当事人的证据指向和对案情综合分析，认为物权登记证书作为一种拟制事实，并不总能反映真实不动产物权关系。登记在李甲名下价值巨大的不动产，与其当时的购买力不匹配，且从房屋价款的支付情况能够认定主要系李乙夫妇出资，可以认为该不动产权证书记载的事项与客观事实不符，应当作出与之相反的认定。故法院认为案涉标的属于家庭成员共同出资所得的财产。因此，法院可以依法对案涉不动产继续采取强制执行措施，但李甲并非被执行人，应当保留其享有的份额。

编写人：江西省全南县人民法院　赖春文

3

开发商解除购房合同可排除法院的强制执行

——厦门紫金中航置业有限公司诉张秀茹案外人执行异议之诉案

【案件基本信息】

1. 裁判书字号

福建省厦门市思明区人民法院（2017）闽0203民初16816号民事判决书

2. 案由：案外人执行异议之诉

3. 当事人

原告：厦门紫金中航置业有限公司（以下简称紫金公司）

被告：张秀茹

第三人：厦门中亿建集团有限公司（以下简称中亿建公司）、林顺明、郭宝琼

【基本案情】

2014年1月17日，紫金公司与林顺明签订《商品房买卖合同》，约定：林顺明向紫金公司购买位于中航紫金广场A栋办公塔楼×单元房产（即本案讼争房产），林顺明于合同签订时向紫金公司支付50%购房款，余款由林顺明向紫金公司

认可的贷款银行申请贷款。2014年9月22日，林顺明作为借款人、紫金公司作为保证人与兴业银行股份有限公司厦门分行（以下简称厦门兴业分行）签订《个人购房抵押（保证）借款合同》，约定借款金额564万元，借款期限120个月，借款偿还方式为固定日还本付息。2014年10月，厦门兴业分行将林顺明贷款额发放至紫金公司账户，后林顺明多期未按约定履行还本付息的义务，紫金公司作为连带责任保证人，在厦门兴业分行催告下于2016年1月29日代偿贷款本息共计440631.73元。2016年9月22日，厦门兴业分行向林顺明发出《债务提前到期通知书》，宣布解除《个人购房抵押（保证）借款合同》，于2016年9月25日向紫金公司发出《扣款通知书》，告知紫金公司因其已向林顺明宣布债务提前到期，要求紫金公司履行担保责任，并于2016年10月10日从紫金公司账户直接扣划5385581.34元用于偿还林顺明的贷款本息。后因与林顺明之间商品房买卖合同纠纷，紫金公司向厦门仲裁委员会（以下简称厦门仲裁委）申请仲裁，请求解除与林顺明签订的《商品房买卖合同》。2017年3月31日，厦门仲裁委作出厦仲裁字20160619号裁决书，裁决前述《商品房买卖合同》已于2016年7月6日解除，该仲裁裁决已发生法律效力。

2015年8月5日，法院在审理张秀茹与中亿建公司、林顺明、郭宝琼民间借贷纠纷一案过程中，保全查封了林顺明名下的讼争房产，并于2016年4月15日作出（2015）思民初字第12733号民事调解书，协议内容主要如下：1. 双方共同确认，中亿建公司、林顺明、郭宝琼尚欠张秀茹借款本金650万元，同意于协议签订当日共同偿还张秀茹50万元，余款自2016年4月14日起每月还款金额不少于2万元，且在2017年4月14日前还款金额不少于300万元，余下300万元在2018年4月14日前还清；2. 若中亿建公司、林顺明、郭宝琼未按时足额还款，张秀茹有权立即按借款本金1032.4万元（扣除已还部分）及利息向法院申请强制执行。2016年5月16日，张秀茹向法院申请强制执行，执行案号为（2016）闽0203执3017号。2017年9月5日，紫金公司对执行标的提出书面异议，认为其与林顺明签订的《商品房买卖合同》已经被生效的仲裁裁决书解除，该房产的所有权仍然归属于紫金公司而未发生转移，故请求解除对前述房产的查封。2017年10月16日，法院作出（2017）闽0203执异90号执行裁定，驳回紫金公司的异议请求。故紫金公司提起案外人异议之诉。

讼争房产由紫金公司开发建设，于2017年1月9日办理初始登记，房产产权至今未办理，目前仍登记在紫金公司名下，与林顺明仅办理预售备案登记；现讼争房产空置，已被法院查封。

【案件焦点】

在法院对债务人购买的尚未办理产权证的期房采取预查封行为后，开发商解除与债务人之间的购房合同是否可以排除法院的强制执行。

【法院裁判要旨】

福建省厦门市思明区人民法院经审理认为：根据厦仲裁字 20160619 号裁决书所查明的事实及裁决结果，紫金公司与林顺明在签订《商品房买卖合同》时，讼争房产系预售商品房；紫金公司已取得全部购房款，讼争房产亦进行了相应合同备案及预告登记。但林顺明自 2015 年开始，持续未依约偿还银行贷款本息，导致贷款银行宣布讼争房产贷款提前到期，此间紫金公司作为连带保证人已代林顺明付清银行贷款本息，紫金公司每次履行代偿义务后，均以快递方式向林顺明寄送《催告函》，林顺明均签收，但至今仍未偿还紫金公司的代偿费用，故厦门仲裁委裁定紫金公司与林顺明就本案讼争房产所签订的《商品房买卖合同》已于 2016 年 7 月 6 日解除。因此，讼争房产的所有权实际并未转移，至今仍属于紫金公司所有，张秀茹申请执行紫金公司所有的讼争房产无事实和法律依据，法院不予采信；紫金公司要求停止对讼争房产的强制执行并解除查封的诉讼请求，法院予以支持。综上，法院对讼争房产予以强制执行不当，应予以纠正。

厦门市思明区人民法院依照《中华人民共和国物权法》第十五条，《中华人民共和国民事诉讼法》第六十四条第一款、第一百四十四条、第二百二十七条，《最高人民法院关于适用〈中华人民共和国民事诉讼法〉执行程序若干问题的解释》第十九条之规定，判决如下：

停止对中航紫金广场 A 栋办公塔楼 × 单元房产的强制执行，并解除查封。

【法官后语】

本案涉及的法律难点是：法院是否有权根据债权人的请求预查封购房人尚未取得房产证的期房？在购房人违约的情况下，开发商是否有权根据合同约定解除购房合同并要求排除法院对案涉房产的强制执行？

1. 购房人因未履行所负债务，其购买的期房虽未实际交付或取得所有权，但法院依然有权对该房产进行预查封。《最高人民法院、国土资源部、建设部关于依法规范人民法院执行和国土资源房地产管理部门协助执行若干问题的通知》（以下简称《通知》）第十五条第三项已经明确人民法院有权对债务人购买的办理了商品房预售合同登记备案手续的房屋进行预查封。该预查封待房屋权属完成登记后自动转为正式查封登记，以保护债权人诉讼利益的实现。《通知》第十八条规定“预查封的效力等同于正式查封”，所以在预查封期间债务人不得对该房产进行转移和处分。根据上述规定，债权人对债务人虽未实际占有，但已作预售合同登记备案的房屋申请预查封，可以有效地催促债务人积极履行还债义务。同时，在债务人未能履行债务时，可申请将该房产处置变现以实现债权清偿。通常情况下，执行法院在预查封之后会给开发商发《协助执行通知书》要求开发商“禁止办理转移、抵押手续；若涉退房，则协助扣留退房款；办理产权登记时，通知该院”。

2. 开发商未实际交付的商品房被购房人的债权人申请查封的，应如何处理？第一，开发商在签署商品房预售合同时应预先约定购房人违约的情形，并约定己方的单方解除权，以排除房屋在未交付前被查封而给己方造成的处分权被限制的可能性。第二，判断购房人是否已经支付或有能力支付购房款。如果购房人已无能力继续支付购房款，开发商可以购房人违约或合同约定为由解除合同。第三，《物权法》第九条第一款规定，不动产物权的设立、变更、转让和消灭，经依法登记，发生效力；未经登记，不发生效力，但法律另有规定的除外。本案中，紫金公司和林顺明签订《商品房买卖合同》后仅办理了预售合同的备案登记，尚未办理不动产物权的产权登记，故林顺明仅享有该合同的债权，涉案房产的所有权依然归紫金公司所有。开发商收到执行法院在预查封之后发出的《协助执行通知书》时，因房屋所有权未发生变动，开发商面临两种选择：要么解除房屋买卖合同，通过案外人执行异议或案外人执行异议之诉等救济程序保护自己的权利，同时将本应退还给买受人的购房款支付至执行法院账户；要么配合法院就作为执行标的的房屋实施拍卖的强制执行措施，并协助法院办理拍卖后的产权过户手续。

3. 《商品房买卖合同》解除后，若开发商提出案外人执行异议，在无证据证明开发商和购房人恶意串通逃避执行的情况下，针对讼争房产的执行行为应停止。

《通知》第二十二条规定，预查封期间不得办理抵押、转让等权属变更、转移登记手续。《最高人民法院关于人民法院民事执行中查封、扣押、冻结财产的规定》第二十六条规定，被执行人就已经查封、扣押、冻结的财产所作的移转、设定权利负担或者其他有碍执行的行为，不得对抗申请执行人。第三人未经人民法院准许占有查封、扣押、冻结的财产或者实施其他有碍执行的行为的，人民法院可以依据申请执行人的申请或者依职权解除其占有或者排除其妨害。人民法院的查封、扣押、冻结没有公示的，其效力不得对抗善意第三人。《最高人民法院关于人民法院办理执行异议和复议案件若干问题的规定》第二十六条第二款规定：金钱债权执行中，案外人依据执行标的被查封、扣押、冻结后作出的另案生效法律文书提出排除执行异议的，人民法院不予支持。上述针对查封财产的规定仅限制了被执行人、第三人在查封标的上以规避执行为目的而再次设定权利负担、改变权属及占有现状的行为，但并未限制非以规避执行为目的而对被查封财产上原有基础关系依法变更的权利。本案中，并无证据显示紫金公司和林顺明解除商品房买卖合同的行为存在恶意规避执行行为的目的，故其行使合同解除权符合法律规定，但林顺明在该合同被解除后所得的购房款仍可作为执行标的，故判决停止对本案讼争房产的执行并无不当。

编写人：福建省厦门市思明区人民法院　邱福香

4

以房抵债协议不属于具有排除强制执行效力的买卖合同

——龙桂文诉姜万军案外人执行异议之诉案

【案件基本信息】

1. 裁判书字号

北京市第二中级人民法院（2017）京02民终3972号民事判决书

2. 案由：案外人执行异议之诉

3. 当事人

原告（上诉人）：龙桂文

被告（被上诉人）：姜万军

第三人：李瑛

【基本案情】

2013年8月12日，出借人姜万军与借款人李瑛签订《最高额借款合同》，借款最高额为500万元。同日，双方签订《房地产抵押协议》，李瑛将登记在其名下的涉诉房产抵押给姜万军。双方于2013年8月13日办理抵押登记。

2014年1月22日，姜万军与李瑛签订《还款合同》，约定依据《最高额借款合同》实际发生借款金额为480万元。李瑛应还款金额为480万元，还款期至2014年3月31日。2014年3月10日，北京市中信公证处出具（2014）京中信内民证字21225号公证书，对上述《还款合同》进行了公证，并依法赋予其强制执行效力。2014年6月5日，北京市中信公证处出具（2014）京中信执字00383号执行证书，载明申请执行人为姜万军，被申请执行人为李瑛。2014年6月9日，姜万军向法院申请强制执行，执行中，法院于2014年8月4日查封了登记在李瑛名下的涉诉房产。

另外，2010年6月4日，龙桂文与李瑛签订《协议书》，载明：李瑛所欠龙桂文现金500万元，自协议签订后两年内全部还清……龙桂文现在所居住的涉诉房产属李瑛所有，在李瑛全部还清所欠龙桂文500万元欠款后将房产归还给李瑛。如李瑛不能按期归还欠款，须将龙桂文所居住的李瑛所有的涉诉房产按市场价转让给龙桂文，李瑛须积极协助办理房产过户手续。龙桂文称，因李瑛欠其200万元，从2003年起李瑛将涉诉房屋交给其居住。2010年双方确认欠款共500万元。但龙桂文和李瑛均未提交款项往来凭证。龙桂文与李瑛均认可，因李瑛未能按时偿还借款，双方口头商定将涉诉房屋以300万元折抵给龙桂文。李瑛称，因涉诉房屋被抵押无法过户给龙桂文。

龙桂文认为，姜万军对实际属于龙桂文的房屋申请强制执行有误，法院驳回龙桂文异议请求也是不当的，因此要求停止对涉诉房屋的强制执行。

【案件焦点】

“以房抵债”协议是否属于具有排除强制执行效力的买卖合同。

【法院裁判要旨】

北京市丰台区人民法院经审理认为：不动产物权的设立、变更、转让和消灭，依照法律规定应当登记的，自记载于不动产登记簿时发生效力。龙桂文与李瑛达成的是以房抵债的关系，龙桂文依据以房抵债的约定可要求李瑛办理变更登记手续，但该权利仍属于债权，须办理变更登记后才发生物权变动效力。现房屋仍登记在李瑛名下，未办理房屋变更登记手续，故龙桂文尚未取得涉诉房屋的所有权。此外，姜万军对涉案房屋享有合法的抵押权，抵押权亦优先于所有权获得保护。综上所述，法院查封涉诉房屋合法有据。龙桂文要求停止对房屋执行的请求，法院不予支持。

北京市丰台区人民法院依照《中华人民共和国物权法》第九条，《中华人民共和国民事诉讼法》第一百四十四条之规定，作出如下判决：

驳回龙桂文的全部诉讼请求。

北京市第二中级人民法院经审理认为，《最高人民法院关于人民法院办理执行异议和复议案件若干问题的规定》（以下简称《执行异议和复议规定》）第二十八条规定，金钱债权执行中，买受人对登记在被执行人名下的不动产提出异议，符合下列情形且其权利能够排除执行的，人民法院应予支持：（一）在人民法院查封之前已签订合法有效的书面买卖合同；（二）在人民法院查封之前已合法占有该不动产；（三）已支付全部价款，或者已按照合同约定支付部分价款且将剩余价款按照人民法院的要求交付执行；（四）非因买受人自身原因未办理过户登记。

龙桂文与李瑛之《协议书》涉及双方之间借款以及不能还款情况下以房抵债两方面的内容，涉及民间借贷和以房抵债两个法律关系，其中以房抵债法律关系的产生以民间借贷法律关系合法有效为前提。自然人之间的借款合同自贷款人提供借款时生效，龙桂文未提交充分证据证明其向李瑛实际提供了借款，且关于借款款项的组成、来源等细节的陈述均存在不一致之处，故无法确认涉案协议书中民间借贷部分为有效合同，在此基础上，亦无法确认双方存在以房抵债法律关系。故龙桂文不属于符合上述规定的不动产买受人，其上诉主张不能成立。

即使龙桂文与李瑛之间存在以房抵债的法律关系，在涉案房屋并未将所有权人变更为龙桂文的情况下，龙桂文尚未取得涉案房屋的物权，其依据以房抵债的约定享有要求李瑛办理变更登记手续的债权请求权。而姜万军对涉案房屋享有合法的抵押权，抵押权属于担保物权，优先于债权获得保护。龙桂文享有的债权并不能优先于姜万军的抵押权受到保护，并不属于足以排除执行行为的权益。

北京市第二中级人民法院依照《中华人民共和国民事诉讼法》第一百七十条第一款第一项之规定，作出如下判决：

驳回上诉，维持原判。

【法官后语】

本案中，龙桂文提起案外人执行异议之诉的依据，是其与李瑛之间所签订的以房抵债协议，考察龙桂文与李瑛之间是否存在有效的以房抵债的基础法律关系、以房抵债协议是否使债权人“享有足以排除强制执行的民事权益”的效力是本案的审理重点。其中，对异议人所主张的权利是否属于“足以排除强制执行的民事权益”进行考察，更具有规范性普适意义，因其在权利层面明确了当事人是否可提起案外人执行异议之诉的大前提，也免去了在案外人执行异议之诉案由下，过多介入基础法律关系审理的诉累。

本案以房抵债协议是否符合《执行异议和复议规定》第二十八条（针对存在买卖合同的被执行人名下不动产符合特定条件时排除强制执行）的规定，应从以下三个方面进行考察：第一，《执行异议和复议规定》第二十八条所保护的权利指向。第二十八条系延续并细化了《最高人民法院关于人民法院民事执行中查封、扣押、冻结财产的规定》第十七条的内容，其所保护的是不动产买卖中买受人的期待权，因此该第二十八条所述的“合法有效的书面买卖合同”应仅指基于购买不动产目的所订立的不动产买卖合同。第二，以房抵债协议的法律性质。以房抵债的本质是以物抵债。现行法律中并无以物抵债的明文定义。① 一般而言，典型的以物抵债约定主要有三种方式，其一是发生在债权未到期之前，双方约定债权到期后未能履行时以特定物进行抵债，此种方式的以物抵债协议实质上是为担保未到期债权而设立的非典型性抵押，具有后让与担保的特征。② 其二是发生在债权到期后，因债务人未能履

① 《江苏省高级人民法院关于以物抵债若干法律适用问题的审理纪要》（2014 年 4 月 14 日发布）是目前比较集中的对“以物抵债”协议进行规范的司法文件。

② 有学者主张应区分让与担保和后让与担保。参见杨立新：《后让与担保：一个正在形成的习惯法担保物权》，载《中国法学》2013 年第 3 期。

行合同，债权人与债务人私下或诉讼中协商以特定物抵债，以替代原有债务的履行、消灭原债权债务。此种情况下以物抵债合同的实质是代物清偿协议。其三是在执行阶段，在有生效法律文书的前提下，执行人与被执行人之间达成的以物抵债。[①]第三，本案中以房抵债协议是否具有物权期待权。从案件事实来看，龙桂文与李瑛之间的以房抵债协议附着于确认借款的《协议书》之中，订立时间在借款到期之前，其目的系为双方借款关系进行担保，其订立是为了确保金钱债权得到履行，并不直接具有购买涉诉房屋的目的，也就当然不具有以取得房屋所有权为目的的物权期待权，因此其并不属于《执行异议和复议规定》第二十八条所保护的权利范畴。

进一步讲，本案当事人主张通过以房抵债协议排除对标的物的强制执行，其权利冲突的实质是非典型担保与抵押担保两种担保方式之间的权利冲突。抵押权作为法定的担保物权应优先于非典型担保这类债权获得保护。因此，本案两审法院均认定龙桂文享有的债权不能优先于姜万军的抵押物权、龙桂文的债权不属于足以排除执行行为的权益，驳回其停止对房屋执行的请求。

编写人：北京市丰台区人民法院　庄永生

5

执行异议之诉案件中“买卖不破租赁”的适用

——王秋转诉汕头市潮信融资担保有限公司案外人执行异议之诉案

【案件基本信息】

1. 裁判书字号

广东省汕头市中级人民法院（2017）粤05民终232号民事判决书

2. 案由：案外人执行异议之诉

① 有学者认为，以物抵债仅仅是我国程序法上的规定。参见严之：《代物清偿法律问题研究》，载《当代法学》2015年第1期。

3. 当事人

原告（上诉人）：王秋转

被告（被上诉人）：汕头市潮信融资担保有限公司（以下简称潮信公司）

第三人：汕头市澄海区启裕金属制品有限公司（以下简称启裕公司）、王沛敏、金粉吟

【基本案情】

广东省汕头市澄海区人民法院在审理潮信公司与启裕公司、王沛敏、金粉吟追偿权纠纷一案期间，依法作出（2014）汕澄法民二初字第40号之一民事裁定书，裁定查封启裕公司所有的位于汕头市澄海区上华镇老澄江路东侧的土地使用权及地上建筑物。经审理，双方当事人于2014年3月26日自愿达成调解协议，约定由启裕公司付还潮信公司代垫款（替付还工商银行汕头金湖支行）2015977.34元以及该款自2014年2月26日起至实际还款之日止按日1.5‰计的违约金等。该案民事调解书生效后，因启裕公司、王沛敏、金粉吟未按照上述协议履行付款义务，潮信公司向法院申请强制执行。在执行过程中，法院于2015年4月20日作出拍卖启裕公司所有的位于汕头市澄海区上华镇老澄江路东侧土地使用权及王沛敏享有权利的地上建筑物的裁定。2015年4月28日，王秋转以案外人身份提出执行异议，认为其与启裕公司于2014年1月3日就位于汕头市澄海区上华镇老澄江路东侧的厂房达成了厂房租赁合同，启裕公司名下的该处厂房已租给原告使用，租期为2014年1月3日至2034年1月2日，租金为1598400元，已经全部支付，涉案厂房的使用权属于原告。原告请求停止对上述厂房的执行并解除查封。法院经审查认为其异议不成立，于2015年12月9日作出（2015）汕澄法执外异字第5号之二执行裁定书，裁定驳回王秋转的异议。王秋转不服，提起本案之诉。

【案件焦点】

承租人是否可以以其租赁权对抗申请执行人。

【法院裁判要旨】

广东省汕头市澄海区人民法院经审理认为：案外人执行异议之诉的原告应当就阻却执行的事实和理由承担举证责任。启裕公司在债务即将到期的情况下，未积极

履行相应义务，而是与王秋转签订租赁合同，将公司的财产长期租给王秋转使用，且未将租金用于偿还债务。启裕公司虽出具收到王秋转场地租金 1598400 元的收款收据，但实际并未收到该款项，而是由该公司的法定代表人王沛敏与王秋转及案外人王派歆约定将王沛敏结欠王派歆借款 1452500 元用于抵偿原告应支付启裕公司的租金。王秋转并未提供证据证明其在与启裕公司签订租赁合同后依约定支付相应的租金，其无法依此合同取得涉案厂房的租赁使用权。且原告没有提交证据证明其对涉案厂房拥有合法用益物权。故原告提出确认其对潮信公司申请执行及查封的汕头市澄海区上华镇老澄江路东侧厂房享有租赁使用权的用益物权，依据不足，理由不成立，法院不予支持。

广东省汕头市澄海区人民法院依照《中华人民共和国民事诉讼法》第六十四条第一款，《最高人民法院关于适用〈中华人民共和国民事诉讼法〉的解释》第三百一十一条、第三百一十二条第一款第二项的规定，作出如下判决：

驳回王秋转的诉讼请求。

王秋转不服，提起上诉。广东省汕头市中级人民法院经审理认为：根据《中华人民共和国合同法》第二百二十九条的规定，租赁物在租赁期间发生所有权变动的，不影响租赁合同的效力。即买卖不破租赁原则。即使王秋转与启裕公司之间存在租赁合同关系，潮信公司依照生效法律文书申请执行涉案土地使用权及地上建筑物的执行行为与王秋转主张的其享有的租赁使用权并不冲突。王秋转以其享有涉案土地使用权及地上建筑物租赁使用权的用益物权为由请求不得执行本案执行标的，理由依据不足，法院依法予以驳回。因王秋转对本案执行标的并不享有足以排除强制执行的民事权益，其主张对潮信公司申请执行及查封的厂房享有租赁使用权的用益物权，不属于本案案外人执行异议之诉的审理范围，可以另寻法律途径解决。

依照《中华人民共和国民事诉讼法》第一百七十条第一款第一项之规定，判决如下：

驳回上诉，维持原判。

【法官后语】

本案为涉及房产执行的执行异议之诉，执行程序中，承租人拟以租赁权阻止租赁物转移占有，需同时满足以下条件：租赁合同须形成在法院查封之前；承租人须在查封前占有房屋；不存在虚构租赁事实的行为。

1. 承租人提起执行异议之诉的条件

根据《合同法》第二百二十九条规定“租赁物在租赁期间发生所有权变动的，不影响租赁合同的效力。”此即买卖不破租赁原则的法律规定。根据该原则，承租人租赁的标的物被法院强制执行时，并不必然导致租赁权消灭，因此承租人并不当然有权提起执行异议之诉。承租人提起执行异议之诉的条件是：法院否定承租人租赁权的成立或存续时，因涉及实体权利的争议，承租人主张其享有足以阻却执行的租赁权的，在执行异议被裁定驳回后，可以提起执行异议之诉。如果承租人只是对执行法院要求其交出房屋的行为有异议的，应当认为是对执行行为有异议，属于《民事诉讼法》第二百二十五条规定的执行行为异议，应当按照执行裁定书指引通过执行异议程序解决。

2. 审查承租人享有房屋租赁权的裁判标准

《最高人民法院关于人民法院办理执行异议和复议案件若干问题的规定》第三十一条第一款规定“承租人请求在租赁期内阻止向受让人移交占有被执行的不动产，在人民法院查封之前已签订合法有效的书面租赁合同并占有使用该不动产的，人民法院应予支持”，因此对于承租人的执行异议之诉应严格审查承租人与被执行人在查封之前是否签订了合法有效的房屋租赁合同，且已按约定支付了租金，并实际占有使用租赁物。对租赁关系的审查，可以综合考虑双方是否签订房屋租赁合同、房屋租赁合同的签订是否真实、租赁房屋的真实合意、房屋的交付情况、租金收取是否符合市场行情及支付方式、支付凭证、房屋入住使用情况（包括物业费及水电费缴费情况、购置材料、委托施工装修的情况等）、租赁物交付时间与查封时间对比等情况。进而审查承租人与出租人履行租赁关系情况与租赁合同约定是否一致，以避免被执行人利用规则阻碍执行，保护各方当事人的利益。

实务中，被执行人为了规避执行而与第三人虚构租赁关系、倒签租赁合同等现象均有存在，对于执行异议之诉案件中未经备案登记和公证的租赁合同应严格把握审查尺度，通过判决引导租赁关系当事人进行租赁备案登记和公证，充分发挥司法的能动指导作用。但作为裁判者我们也深深感到，租赁权需要公示。通过诉讼对虚假租赁关系予以审查涤除的难度大大增加，我国立法应进一步明确租赁权公示性要求。

编写人：广东省汕头市澄海区人民法院　林锐琴

二、对特殊标的物的执行

6

挂靠车辆实际所有权人的权利能否对抗申请执行人的债权

——甘某岳诉垫富宝投资有限公司案外人执行异议之诉案

【案件基本信息】

1. 裁判书字号

福建省厦门市湖里区人民法院（2017）闽0206民初7287号民事判决书

2. 案由：案外人执行异议之诉

3. 当事人

原告：甘某岳

被告：垫富宝投资有限公司（以下简称垫富宝公司）

第三人：厦门恩晟物流有限公司（以下简称恩晟物流公司）

【基本案情】

2015年5月21日，甘某岳与冠驰公司签订产品购销合同书，约定甘某岳向冠驰公司购买车辆（讼争车辆之一）。2016年4月1日，甘某岳与和诚智达公司签订车辆购买协议书，约定甘某岳向和诚智达公司购买车辆（讼争车辆之二）。甘某岳经与恩晟物流公司签订车辆挂靠协议，先后将两辆讼争车辆（以下简称讼争车辆）挂靠在恩晟物流公司从事运输业务。刘某与甘某岳系夫妻关系，二人于2015年4月至2016年12月期间，通过pos机刷卡、汇款、转账等方式，向冠驰公司及和诚智达公司支付了购车款和购置税，并向恩晟物流公司支付了管理费。

2016年6月7日，法院在审理垫富宝公司与恩晟物流公司、马恩民间借贷纠纷一案中，依据垫富宝公司的诉讼保全申请，查封了讼争车辆。法院在执行申请执行人垫富宝公司与被执行人恩晟物流公司、马恩合同纠纷一案中，案外人甘某岳对执行标的即讼争车辆提出书面异议，请求法院停止对讼争车辆的执行，法院于2017年7月12日作出（2017）闽0206执异60号执行裁定书，驳回甘某岳的异议请求。甘某岳不服该裁定，提起案外人执行异议之诉。

【案件焦点】

甘某岳是否为讼争车辆的实际所有权人，其就讼争车辆是否享有足以排除强制执行的民事权益。

【法院裁判要旨】

福建省厦门市湖里区人民法院经审理认为：我国机动车营运行业普遍存在挂靠经营的情况。根据公安部《关于确定机动车所有权人问题的复函》以及《关于确定机动车财产所有权转移时间问题的复函》可知，公安机关办理的机动车登记，是准予或不准予上路行驶的登记，不是机动车所有权登记。结合最高人民法院研究室《关于如何认定买卖合同中机动车财产所有权转移时间问题的复函》以及《中华人民共和国物权法》第二十三条、第二十四条规定，机动车所有权实行交付取得制度，机动车所有权转移以交付为依据，机动车登记不具备物权变动的法定效力，仅以此为依据不能确定机动车所有权人，实际出资的挂靠方才是法律意义上的车主，挂靠公司仅是登记的名义车主。甘某岳提交的产品购销合同、车辆买卖协议、银行对账单、交易明细等可以相互印证，证明甘某岳向冠驰公司和诚智达公司购买讼争车辆及甘某岳支付购车款给冠驰公司、和诚智达公司的事实，甘某岳与恩晟物流公司签订的车辆挂靠协议也明确载明讼争车辆系甘某岳出资挂靠在恩晟物流公司从事运输业务，故讼争车辆系甘某岳实际出资购买，甘某岳系讼争车辆的实际所有权人，其对讼争车辆享有足以排除强制执行的民事权益，具有阻止执行的效力，垫富宝公司辩称讼争车辆属于恩晟物流公司所有的理由不能成立。因此，甘某岳诉请停止对讼争车辆的执行，于法有据，法院予以支持。依照《中华人民共和国物权法》第二十三条、第二十四条，《中华人民共和国民事诉讼法》第一百四十五条、第二百二十七条，《最高人民法院关于适用〈中华人民共和国民事诉讼法〉的解释》第三百零四条、第三百零五条、第三百零七条、第三百一十二条之规定，判决如下：

不得执行讼争车辆。

【法官后语】

挂靠车辆的实际所有权人的权利能否对抗申请执行人的债权的问题，司法实践中存在两种观点，一是实际所有权人对挂靠车辆享有足以排除强制执行的民事权益，其权利可以对抗申请执行人的债权；二是实际所有权人对车辆虽享有所有权，但因其将车辆挂靠经营违反了相关规定，其应自行承担车辆因被挂靠方的原因而被执行的风险，其权利不能对抗申请执行人的债权。本案采纳第一种观点。在我国目前的道路货物运输行业中，以公司的名义才能顺利办理营运证，个人则难以办理，故车辆挂靠经营应运而生并普遍存在。即个人将其购买的车辆登记注册在一个具有"道路运输经营许可证"的企业名下，通过缴纳管理费等费用，名义上作为该企业车辆从事运输经营。因此存在车辆实际所有权人与登记权人不一致的情形。对此应认为，行政法规侧重于社会管理，行政登记不能直接等同于确权。对物权归属的认定应当遵循《物权法》的规定。本案中，甘某岳持有购买讼争车辆的原始合同及支付各类款项的凭证，应认定其系讼争车辆的实际出资人，讼争车辆的实际所有权人应为甘某岳，而非被挂靠单位。所有权作为物权，具有对世性，足以排除强制执行。个人将车辆挂靠经营虽违反了相关规定，但该规定仅是管理性规定，车辆所有权并不因挂靠而发生转移，在执行被挂靠公司的财产时不能执行属于个人的财产。因此，本案中甘某岳所享有的权利可以对抗申请执行人的债权，不得执行讼争车辆。若权属登记人实际占有车辆，其将车辆转让并交付给善意第三人，善意第三人依据善意取得制度善意取得车辆所有权的，车辆实际所有权人则不能以其所有权对抗善意第三人，要求取回车辆。但车辆作为被执行的标的且执行内容为债权时，执行申请人并非物权意义上的善意第三人，故不能当然执行登记在被执行人名下的归其他人所有的车辆。

编写人：福建省厦门市湖里区人民法院　林丽玉

7

行政机关的机动车登记系对机动车的行政管理行为，不能单纯以此作为认定机动车所有权的依据

——李宝勇诉黄永海、李涛申请执行人执行异议之诉案

【案件基本信息】

1. 裁判书字号

山东省淄博市中级人民法院（2017）鲁 03 民终 3345 号民事判决书

2. 案由：申请执行人执行异议之诉

3. 当事人

原告（上诉人）：李宝勇

被告（被上诉人）：黄永海、李涛

【基本案情】

李宝勇与李涛、李宝金因债权转让合同纠纷在法院涉诉，法院经审理对该案作出（2015）博商初字第 353 号民事判决书，判决李涛自判决生效之日起十日内支付李宝勇 68016 元。判决生效后，李涛并未履行判决所确定的付款义务，李宝勇为此向法院申请强制执行。执行过程中法院依法对登记在李涛名下的车号为鲁 C ××××× 的出租车一辆采取了查封措施。黄永海以其系该车辆实际所有权人，李涛仅系顶名登记为由向法院提出执行异议，法院对黄永海所提异议经审查后作出（2017）鲁 0304 执异 11 号执行裁定书，裁定中止对鲁 C ××××× 号车辆的执行。李宝勇不服该裁定，遂提起本案之诉。

鲁 C ××××× 号出租车系黄永海于 2010 年 12 月 30 日自王美灵、冯栋梁处购买。购买后为运营方便，黄永海与李涛签订协议，约定将车辆行驶证及道路运输证登记在李涛名下，但由黄永海与孙宁签订租车协议书对外出租，承租人将租车费支

付给黄永海。李涛亦认可其仅系项名登记，该车辆的实际所有权人应为黄永海。鲁C×××××号出租车挂靠的淄博万杰客运有限公司（以下简称万杰公司）亦认可该车辆的实际所有权人应为黄永海，因其系外地人，该车辆登记在李涛名下系出于营运方便的需要。万杰公司向法院提供的该车发放车辆财政补贴款的明细表、该车辆缴纳管理费的明细表等相关证据显示2013年、2014年、2015年鲁C×××××号出租车的补贴款均系发放给黄永海，亦系由黄永海向万杰公司提供银行卡用于补贴款发放使用；鲁C×××××号出租车在2015年2月至2016年9月期间，大多由黄永海签订租车协议书，该车辆的承租人支付管理费，李涛并未支付过该车辆的管理费用。

【案件焦点】

黄永海是否系鲁C×××××号出租车的实际所有权人。

【法院裁判要旨】

山东省淄博市博山区人民法院经审理认为：鲁C×××××号车辆在公安部门虽登记在李涛名下，但公安机关办理的机动车登记在性质上是一种行政管理手段，是准予或者不准予机动车上道路行驶的登记，而非机动车的所有权登记。故不能仅凭鲁C×××××号车辆现在公安部门登记在李涛名下，即认定该车辆所有权人为李涛。对于该车辆的所有权人，应根据该车辆的占有、使用、收益、处分情况进行综合判断。鲁C×××××号车辆的占有、使用、收益、处分的权利均为黄永海享有，黄永海应为该车辆的实际所有权人，李涛并非该车辆的所有权人。在此情况下，黄永海对鲁C×××××号车辆享有足以排除强制执行的合法民事权益。鉴于李涛并非鲁C×××××号车辆所有权人，李宝勇要求准许对鲁C×××××号车辆执行，与相关法律规定不符，依法不予支持。据此，一审判决：

驳回李宝勇的诉讼请求。

李宝勇持原审起诉意见提起上诉。山东省淄博市中级人民法院经审理认为：李宝勇根据车辆登记信息和道路运输证主张鲁C×××××号出租车的所有权人为李涛，但公安机关和道路运输管理机关对机动车的登记系对机动车的行政管理行为，不能简单地以此作为确认机动车所有权人的依据。对此，《公安部关于确定机动车所有权人问题的复函》中明确："根据现行机动车登记法规和有关规定，公安机关办理的机动车登记，是准予或者不准予上道路行驶的登记，不是机动车所有权登记。为了交通管理工作的需要，公安机关车辆管理所在办理车辆牌证时，凭购车发票或者人民法院判决、裁定、调解的法律文书等机动车来历凭证确认机动车的车主。因此，公安机关登记的车主，不宜作为判别机动车所有权的依据。”《最高人民法院关于执行案件中车辆登记单位与实际出资购买人不一致应如何处理问题的复函》亦明确，车辆登记名义人与实际出资人不一致时，应当依据公平、等价有偿原则，确定实际出资人为车辆所有权人。而道路运输管理机关颁发的道路运输证是证明营运车辆合法经营的有效证件，也是记录营运车辆审验情况和对经营业户奖惩的主要凭证，其体现的是道路运输管理机关对经营业户的车辆营运的行政管理，同理亦不是判断机动车所有权的依据。因此，行政机关对机动车的登记仅是一种行政管理措施，不是物权登记，机动车登记的车主并不一定是所有权人，车辆所有权的确认应结合物权变动的情况，根据车辆的实际出资购买和占有、使用、收益、处分情况予以综合认定。

黄永海提供的证据与一审法院调取的证据在本案中相互印证，已经形成完整的证据链，足以证明鲁C×××××号出租车系黄永海从他人处实际出资购买，黄永海购买后亦由其对外出租使用，租车人支付的租车费及该车辆作为出租车营运后发放的财政补贴款均系给付黄永海，进而能够证明鲁C×××××号出租车的实际所有权人系黄永海，而非李涛。故李宝勇的上诉理由均不成立，依法不予采信。黄永海已举证证实其系涉案执行标的即鲁C×××××号出租车的实际所有权人，其因此对涉案的鲁C×××××号车辆享有足以排除强制执行的合法民事权益，一审据此判决驳回李宝勇的诉讼请求正确。据此，判决：

驳回上诉，维持原判。

【法官后语】

本案涉及的主要问题在于，在民事案件的执行过程中，能否单纯以行政机关对机动车的登记作为认定机动车所有权人的依据。

对于申请执行人执行异议之诉案件，根据《最高人民法院关于适用〈中华人民共和国民事诉讼法〉的解释》第三百一十一条、第三百一十三条的规定，其审理的焦点在于提出执行异议的案外人对于被执行的标的物是否享有足以排除强制执行的民事权益，当然案外人对此应承担相应的举证责任。具体到本案中则是黄永海对于被执行的涉案鲁C×××××号车辆是否享有足以排除强制执行的民事权益。黄永海主张该车虽登记在李涛名下，但其是该车的实际所有权人。而如果其确是该车的实际所有权人，则其当然对于该车享有足以排除强制执行的民事权益，该车便不能被执行；反之如果不能认定黄永海是该车的实际所有权人，那么只能根据车辆登记认定李涛为该车所有者，该车便可以被执行。因此本案正确处理的关键无疑就在于对黄永海是否系鲁C×××××号出租车的实际所有权人予以正确认定。

本案一审、二审法院根据黄永海提供的相关证据和法院依法调取的证据，最终确认涉案车辆虽登记在李涛名下，但该车辆的实际出资购买者为黄永海，该车辆在黄永海购买后的占有、使用、收益、处分的权利均为黄永海实际享有，据此黄永海系涉案车辆的实际所有权人，其对涉案车辆享有足以排除强制执行的合法民事权益，并据此判决驳回李宝勇的诉讼请求。应当说法院对于本案的处理是正确的。而法院对于本案的正确处理也进一步明确了处理该类案件的审理思路。即机动车的实际所有权人与登记的所有权人不一致而产生争议的，尤其是在执行阶段因此导致执行异议和执行异议之诉的，法院在处理的过程中不应简单地根据机动车登记信息确定机动车权属，而应详细审查涉案机动车的实际出资购买情况和占有、使用、收益、处分的情况，并据此综合判定机动车的实际所有权人。之所以如此，是因为对于机动车而言，公安机关和道路运输管理机关虽然对于机动车进行行政登记，但这种行政登记系对机动车的行政管理行为，前者是准予或者不准予上道路行驶的登记，后者是证明机动车合法经营的有效证件，均非物权登记行为，因此，行政机关对机动车的登记作为一种行政管理措施，不具有确权或直接推定权属的效力，机动车登记的车主并不一定是所有权人，故不能简单地以此作为判定机动车所有权人的依据。对此，《最高人民法院关于执行案件中车辆登记单位与实际出资购买人不一致应如何处理问题的复函》亦明确，车辆登记名义人与实际出资人不一致时，应当依据公平、等价有偿原则，确定实际出资人为车辆所有权人。所以，在机动车的实际所有权人与登记的所有权人不一致而产生执行异议和执行异议之诉的情况下，对于车辆所有权的确认应结合物权变动的情况，根据车辆的实际出资和占有、使用、收益、处分情况予以综合认定，而不应简单地依据机动车登记信息确认机动车权属。

编写人：山东省淄博市中级人民法院　　荣明潇

8

基金份额权利转让的效力

——孙文兰与深圳盈汇银资产管理有限公司等执行异议案

【案件基本信息】

1. 裁判书字号

广东省深圳前海合作区人民法院（2017）粤0391执异4号执行裁定书

2. 事由：执行异议

3. 当事人

异议人（案外人）：孙文兰

申请执行人：深圳盈汇银资产管理有限公司

被执行人：深圳前海厚诚敏基金管理有限公司、深圳前海厚诚敏投资控股有限公司、深圳厚诚敏资本管理有限公司、深圳厚诚敏置业有限公司、陈忠遥

【基本案情】

2015年，陈忠遥与资产管理人鹏华资产管理（深圳）有限公司和资产托管人海通证券股份有限公司签订《鹏华资产抽进厚诚敏1号资产管理计划资产管理合同》，约定签订本合同的依据是合同法和证券投资基金法等。产品存续期间封闭运作。存续期限为一年，可展期。合同于资产管理计划备案手续办理完毕、获中国证监会书面确认之日起生效。该资产管理计划存续期间不开放参与和退出，也不允许违约退出。

2016年5月5日，异议人（案外人）孙文兰与陈忠遥签订《鹏华资产抽进厚诚敏1号资产管理计划二期份额转让协议》，约定鹏华资产抽进厚诚敏1号资产管理计划二期已经开始运作，且陈忠遥已签署资产管理合同及补充协议，共投资本计划1350万元劣后级份额。基于本计划在2015年度的良好收益表现，异议人（案外人）欲投资本计划800万元劣后级份额。陈忠遥将其所持有1350万元劣后级份额

中的800万元劣后级份额转让给异议人（案外人），并约定仍由陈忠遥以其名义代异议人（案外人）持有上述转让标的所对应基金份额持有人的权利和义务。

异议人（案外人）分别于2016年4月29日和5月8日向陈忠遥银行账户转账600万元和200万元。后异议人（案外人）因与深圳前海厚诚敏基金管理有限公司及陈忠遥买卖合同纠纷诉至法院，诉讼请求为：解除异议人（案外人）与深圳前海厚诚敏基金管理有限公司、陈忠遥签订的转让协议，连带返还异议人（案外人）800万元及利息。

深圳盈汇银资产管理有限公司在听证中称（2017）粤0391执58号案申请执行的是（2016）粤0391民初2261、2401号两案合并的调解书。因查找到陈忠遥认购有鹏华资产抽进厚诚敏1号资产管理计划份额，故法院对涉案基金份额进行了查封。后异议人（案外人）提出执行异议。

【案件焦点】

1. 异议人（案外人）对执行标的是否提出了确有理由的异议；2. 基金份额转让的合同效力能否得到确认，能否取得对抗申请执行人的效力。

【法院裁判要旨】

广东省深圳前海合作区人民法院经审理认为：本案的执行标的是基金份额权利，应对证券投资基金的性质、基金所有权的归属、基金份额权利、基金份额权利转让等问题进行分析。

证券投资基金的法律性质可认为属法律未正式认可为民事法律主体的类公司法人组织。基金的性质决定基金的财产属性，基金财产应属于该组织的财产。基金合同一经成立，在基金合同存续期间，基金份额持有人作为委托人的身份，就丧失了对基金份额所代表财产的所有权。但基金份额持有人享有分享基金财产收益、参与分配清算后的剩余基金财产、依法转让或申请赎回其持有的基金份额的财产性权利。

基金份额转让类似于股权转让，首先，基金份额持有人以份额权利人的身份将其基金份额权利进行转让，需按照合同转让的形式通知和取得资产管理人鹏华资产管理（深圳）有限公司和资产托管人海通证券股份有限公司的同意。其次，涉案的资产管理合同规定合同于资产管理计划备案手续办理完毕、获中国证监会书面确认之日起生效。而受托人在异议人（案外人）与被执行人的转让交易行为中，双方并未对鹏华资产抽进厚诚敏1号资产管计划份额进行变更备案登记。异议人（案外人）未办理备案手续，该基金份额转让的合同效力尚不能得到确认，更不能取得对抗善意第三人的效力。而且，异议人（案外人）并未另案诉求确认其为该份额的权利人，故异议人（案外人）并未对执行标的提出确有理由的异议。综上，本案不符合中止执行的情形，异议人（案外人）提出的异议理由不成立，异议人（案外人）申请中止执行及暂缓将已划扣的执行款支付给深圳盈汇银资产管理有限公司的请求，缺乏事实和法律依据，不予支持。

依照《中华人民共和国民事诉讼法》第一百五十四条第一款、第二百二十七条、第二百五十六条，《最高人民法院关于人民法院办理执行异议和复议案件若干问题的规定》第十一条、第十二条、第十七条之规定，裁定如下：

驳回孙文兰对（2017）粤0391执58号案件的异议请求。

【法官后语】

执行过程中有时会出现涉及基金份额的查封情形。被执行人是否对基金份额具有所有权？被执行人如将其所持有的基金份额权利进行转让，该转让是否具有效力？为正确解决对涉基金份额的执行和相关执行异议的处理问题，需厘清基金份额、基金份额权利、基金份额权利转让等相关概念和法律关系。

基金目前主要有三种形式：公司型、有限合伙型、契约型。本案涉及的是契约型基金，又称信托型基金，是指投资者将自己的资金投资于发起人所设立的信托计划或资产管理计划，通过契约明确投资者和投资管理机构等的权利义务关系，可以说是通过合同连接起来的由管理人、托管人和投资者组成的松散型投资组织或虚拟组织。

本案首先需解决的是执行标的的性质问题，即所查封的是否是基金财产，或者所查封的是被执行人的财产还是财产性权利。基金财产应具有独立性，由此才能保障基金的持续稳定运行。契约型基金根据信托原理建立。根据信托法律关系，委托人将信托财产托付于受托人，由受托人根据约定的资产管理计划独立管理运作该项财产。信托一经有效成立，信托财产即从委托人的自有资产中分离出来并与受托人和受益人的资产相区别。基金份额属于信托财产；基金份额持有人既是委托人又是受益人，其对基金份额享有分享基金财产收益、参与分配清算后的剩余基金财产、依法转让其持有的基金份额等财产性权利。因此有必要区分基金份额和基金份额权利。即基金份额属独立于投资者的基金财产。基金份额权利是投资者对基金份额所享有的权利，类似于公司股权。因此本案查封的不是基金财产，而是被执行人的基金份额权利。因此在执行中，不能直接执行处分该基金份额，而只能执行该基金份额权利，即只能执行在基金到期清算后所分配的相应剩余财产或该基金份额权利所带来的财产性收益。由此才能保证基金的运行不受强制执行的影响。

本案需解决的第二个问题是所涉基金份额权利转让是否发生效力，即执行异议人是否具有能对抗申请执行人的基金份额权利。基金份额权利具有财产性，可以进行价值衡量，属类似于股权的财产性权利；亦没有法律规定禁止基金份额权利转让。因此，基金份额的持有人可以转让其所持有的基金份额权利，特别是已过封闭期的基金份额权利。但类似于股权转让，如要取得公示效力，基金份额权利转让必然需要一定的条件和程序。如类似于有限责任公司股权转让需获得其他股东同意，基金份额持有人如将其所持有的基金份额权利进行转让，是将所涉基金合同权利义务转让给他人，因此需按照合同转让的法律规定通知并取得资产管理人和资产托管人的同意。涉案资产管理合同规定合同于资产管理计划备案手续办理完毕、获中国证监会书面确认之日起生效。因此类似于股权转让需进行工商变更登记等手续，基金份额权利转让需进行相应的备案和确认手续才生效。而在执行异议人与被执行人的基金份额权利转让交易行为中，双方并未对所涉基金份额权利进行变更备案登记，亦未获中国证监会书面确认。因此，该基金份额权利转让合同的效力不能得到确认，不能对抗善意第三人。

综上，本案查封的应为基金份额权利，执行异议人虽签订合同受让该基金份额权利，但因缺乏办理相应变更备案登记等合同生效要件，故执行异议人对该基金份额的权利不能对抗申请执行人，其并未对执行标的提出了确有理由的异议。因此，本案不符合法律规定的中止执行情形，执行异议人提出的异议理由不成立。

编写人：广东省深圳前海合作区人民法院　陈柳波

9

借名买车人可以请求法院停止对涉案车辆的执行

——李某诉沈某某案外人执行异议之诉案

【案件基本信息】

1. 裁判书字号

北京市东城区人民法院（2017）京0101民初5395号民事判决书

2. 案由：案外人执行异议之诉

3. 当事人

原告：李某

被告：沈某某

第三人：韩某某

【基本案情】

2016年9月1日，李某与保时捷（北京）汽车销售有限公司（以下简称保时捷公司）签订汽车销售合同，以160万元购买保时捷Panamera 4S白色轿车（即涉案车辆）并付款160.15万元。同年10月26日，李某为上述车辆投保机动车综合商业保险及交通事故责任强制保险，并支付保险费及车船税共计4.8万元。李某因没有北京牌照购车指标，遂于2016年11月4日，与中间人唐某某及第三人韩某某签订汽车指标购买协议，韩某某自愿将其名下小客车指标出售给李某，价格为6.8万元，双方一致确认，车辆所有权、使用权、处分权等均属于李某。同年11月7日，李某以转账方式向唐某某付款6.8万元。同年11月11日，北京市公安局公安交通管理局为涉案车辆核发机动车行驶证，载明所有人韩某某。因韩某某未履行（2016）京方正执字第00420号执行证书生效文书确定的义务，沈某某向法院申请强制执行。在案件执行过程中，法院于2017年2月4日向北京市车管所送达执行裁定书及协助执行通知书，将登记在韩某某名下的涉案车辆予以查封，并于同月20日将涉案车辆扣押至法院。李某就此提出执行异议。沈某某要求驳回李某的申请，韩某某认可出让其名下小客车指标给李某，涉案车辆确系李某出资购买，并同意李某的异议请求。法院于2017年3月7日作出执行裁定书，裁定驳回李某的异议。李某不服，遂提起案外人执行异议之诉，要求法院停止对涉案车辆的执行，并确认涉案车辆为李某所有。

【案件焦点】

借名买车人对涉案车辆是否享有足以排除强制执行的民事权益。

【法院裁判要旨】

北京市东城区人民法院经审理认为：根据法律规定，案外人提起执行异议之诉，需证明其对执行标的物享有足以阻止其转让、交付的实体权利。首先，根据原告提交的涉案车辆的销售合同、收据、刷卡签单、账户历史交易明细、保险单及发票，结合其与第三人及唐某某签订的汽车指标购买协议，以及原告向唐某某的付款凭证，可形成完整证据链，证明原告购买第三人的小客车指标购买涉案车辆的事实。其次，基于法院在执行期间从原告处查扣车辆的事实，根据法律规定，动产物权以占有为公示原则，被告未能提交证据证明涉案车辆系第三人实际占有使用，故亦无法据此认定第三人系涉案车辆的所有权人。庭审中，被告以原告购买小客车指标是违法行为为由，主张登记在第三人名下的车辆应属第三人的财产。虽然第三人将自己摇号获得的小客车指标出卖给原告使用的行为涉嫌违反《北京市小客车数量调控暂行规定》（以下简称《调控规定》）的相关规定，但是上述情况属于应由相关行政主管部门予以惩处的范围，并不影响法院依据现有证据认定涉案车辆所有权的归属，故原告有权要求停止对涉案车辆进行执行，并确认其对涉案车辆的所有权。综上所述，依据《中华人民共和国物权法》第二十三条，《中华人民共和国民事诉讼法》第二百二十七条，《最高人民法院关于适用〈中华人民共和国民事诉讼法〉的解释》第三百一十二条之规定，判决如下：

一、确认涉案机动车系李某所有；

二、停止对涉案机动车的执行。

【法官后语】

2010年12月22日，北京市人民政府第81次常务会议审议通过《调控规定》。

随后，北京市交通委员会等十四部门于2010年12月23日出台《〈北京市小客车数量调控暂行规定〉实施细则》。从此，北京市小客车正式进入“限购时代”。根据《调控规定》及其实施细则的规定，北京市对小客车实施数量调控和配额管理制度。单位和个人需要取得北京市小客车指标（以下简称指标）的，必须通过摇号方式。而数据显示，北京近年各期普通小客车个人指标中签率屡破历史纪录，中签难度越来越大。在需求旺盛而供给有限的环境下，灰色交易应运而生，借名（租牌）买车现象大量涌现，屡禁不止。

在借名（租牌）买车的情况下，机动车登记名义人实际上是机动车号牌持有人，并非机动车的实际购买人。权属的“名”“实”分离，导致案件错综复杂、真假难辨。借名买车行为存在巨大的法律风险，主要是：出借或出租人、出售人存在对车辆交通事故承担连带责任的风险；借名或者租牌人、买受人存在被车辆登记名义人请求返还车辆而丧失占有的风险以及因车辆登记名义人负债或者破产导致车辆被强制执行的风险。本案中，借名买车人李某正是面临车辆登记名义人韩某某因负债导致涉案车辆被法院强制执行的风险。

案外人执行异议之诉，是指案外人对于执行依据所确定的执行标的享有实体上的权利，而请求法院对该实体法律关系进行裁判，以阻止法院对执行标的进行强制执行的救济方法。根据《民事诉讼法》第二百二十七条的规定，案外人提起执行异议之诉需要先经过执行异议前置程序，即案外人对执行行为提出异议，执行法院经审查认为理由不成立的，裁定驳回，案外人可以自裁定书送达15日内向执行法院提起执行异议之诉。《最高人民法院关于适用〈中华人民共和国民事诉讼法〉的解释》第三百零四条至第三百一十六条对执行异议之诉进行了较为详细的规定，根据其中第三百一十二条的规定，法院是否判决不得执行该执行标的的唯一标准是，案外人就执行标的是否享有“足以排除强制执行的民事权益”。

对于哪些民事权益足以排除强制执行，司法实践并没有形成统一的认识。有的认为只有所有权是足以排除强制执行的民事权益，有的则认为除了所有权之外，还应当包含用益物权、担保物权、租赁权、占有等。北京市高级人民法院2011年7月发布《关于审理执行异议之诉案件适用法律若干问题的指导意见（试行）》，持后一种较为宽松的观点，认为“足以排除强制执行的民事权益”包含：所有权，包括单独所有权和共有权；用益物权，但执行不妨害案外人占有使用的除外；租赁权，但执行不妨害案外人占有使用的除外；股权；法律、司法解释规定的其他实体权利。不容回避的是，近年来，案外人执行异议的案件逐年增多，当事人滥用诉讼以拖延执行、阻碍执行现象日益突出，这不利于执行难问题的解决，不利于胜诉当事人合法权益的保护。在这种形势下，司法实践采用的标准趋严。

在案外人以借名买车为由，主张自己是执行标的（涉案车辆）的实际所有权人，要求对涉案车辆停止执行的情况下，法院重点要对借名买车的事实从以下几个方面进行审查：1. 案外人与被执行人（车辆名义所有人）之间是否在法院查封之前已签订有借名买车（或租赁、出售车辆号牌）合同；2. 案外人在法院查封前是否实际支付了购车款并办理了相关购车手续；3. 案外人在法院查封前是否实际占有并使用涉案车辆。在查明事实的基础上，认定案外人确系借名（租牌、买牌）买车的，根据《物权法》第二十四条的规定，因机动车登记为对抗登记而不是物权登记，物权转移以交付为标准，故认定车辆权属登记名实不符，进而认定实际购车并占有使用的人为车辆所有权人。因为借名买车人是车辆的实际所有权人，所以其享有足以排除对涉案车辆强制执行的民事权益，人民法院应当判决停止对涉案车辆的强制执行。

编写人：北京市东城区人民法院　李国平　柴杨

10

企业租赁中使用被租赁企业账号经营，账号内资金能否作为被租赁企业财产予以执行

——鸡东县华盛煤炭有限公司诉鸡西克雷安科技有限公司等申请执行人执行异议之诉案

【案件基本信息】

1. 裁判书字号

黑龙江省高级人民法院（2017）黑民终字第130号民事判决书

2. 案由：申请执行人执行异议之诉

3. 当事人

原告（上诉人、申请执行人）：鸡东县华盛煤炭有限公司（以下简称华盛公司）

被告（被上诉人、案外人）：鸡西克雷安科技有限公司（以下简称克雷安公司）

被告（被上诉人、被执行人）：黑龙江省牡丹江农垦发展热电有限责任公司（以下简称农垦热电公司）

被告（被上诉人）：黑龙江省八五一〇农场（以下简称八五一〇农场）

【基本案情】

农垦热电公司系一家经营范围包括供热服务的公司，多年来为八五一〇农场提供供热服务。2012年至2014年期间，由华盛公司承包经营农垦热电公司。2014年7月25日，农垦热电公司与克雷安公司签订委托经营合同，约定自2014年8月1日至2018年9月20日期间，将该热电公司委托克雷安公司经营，克雷安公司经营期间，农垦热电公司的印鉴、证照及相关票据由克雷安公司管理使用；国家、地方、行业对热电公司的优惠政策、待遇（含八五一〇农场的热费补贴）均由克雷安公司享受。2015年9月17日，八五一〇农场与克雷安公司签订供热合同，自2015年8月20日至2017年8月20日，由克雷安公司为八五一〇农场范围内用户提供供热服务。合同约定：“2015年农场给克雷安公司的供热补贴款130万元，供暖期结束后，供暖达标、租用农场的供暖设备完好正常，农场于2016年5月15日前兑现供热补贴款。”

2012年，因农垦热电公司欠付华盛公司货款，华盛公司向黑龙江省鸡西市中级人民法院（以下简称鸡西中院）提起诉讼，鸡西中院作出民事调解书：农垦热电公司于2013年1月1日前给付华盛公司煤款8607314元。后农垦热电公司未按该生效民事调解书履行给付义务，华盛公司向鸡西中院申请执行。执行过程中，鸡西中院作出执行裁定，冻结八五一〇农场应付农垦热电公司2015年度的供热补贴款130万元。冻结期间上述款项禁止向农垦热电公司支付。2016年8月10日，克雷安公司提出执行异议，鸡西中院裁定中止对供热补贴款130万元的执行。华盛公司不服，提起本案诉讼。

【案件焦点】

克雷安公司对案涉130万元供热补贴款是否享有足以排除强制执行的民事权益。

【法院裁判要旨】

黑龙江省鸡西市中级人民法院经审理认为：克雷安公司通过与农垦热电公司签订的《经营权转包合同》取得了农垦热电公司的承包经营权，依据该合同约定，在克雷安公司承包经营期间，国家、地方、行业对热电公司的优惠政策、待遇（含八五一〇农场的热费补贴）均由克雷安公司享受，此约定系该合同各方的真实意思表示且内容不违反法律、行政法规效力性强制性规定，合法有效，该事项在八五一〇农场与克雷安公司签订的《供热合同》中亦有体现，故可确认该事项的真实性。且依据《供热合同》约定，供热补助系八五一〇农场对供热服务的提供者克雷安公司所作出的补助，其所有权应由克雷安公司而非农垦热电公司享有。

黑龙江省鸡西市中级人民法院依照《最高人民法院关于适用〈中华人民共和国民事诉讼法〉的解释》第三百一十三条第二项之规定，作出如下判决：

驳回华盛公司的诉讼请求。

华盛公司提起上诉。黑龙江省高级人民法院经审理认为：八五一〇农场、农垦热电公司对克雷安公司与农垦热电公司签订的《经营权转包合同》真实性不持异议，且该合同业已备案，克雷安公司依据该合同与八五一〇农场签订了 2014 年、2015 年供暖期《供热合同》，并实际供热。根据前述合同约定，克雷安公司承包经营期间农垦热电公司的主体资格并未灭失，由克雷安公司使用农垦热电公司的印鉴、账号、证照、发票，并以农垦热电公司名义对外从事各项活动，故供热补贴款汇入农垦热电公司账户，以农垦热电公司名义出具供热费发票、八五一〇农场以农垦热电公司名义对供热费进行挂账等均系克雷安公司承包经营的表现，不能以此认定案涉供热补贴款的实际权利人为农垦热电公司。案涉供热补贴款系八五一〇农场依据国家文件精神给予的政策性专项补贴，并非农垦热电公司的财产，应专款专用。八五一〇农场与克雷安公司《供热合同》系根据上述政策签订，实际供热单位克雷安公司在 2015 年度供暖期结束后，供暖达标、租用供暖设备完好时，依据《供热合同》约定有权要求八五一〇农场兑现补贴款，故应认定克雷安公司作为《供热合同》主体，依法对案涉 130 万元供热补贴款享有的民事权益足以排除人民法院的强制执行。华盛公司的上诉主张缺乏事实和法律依据，依照《中华人民共和国民事诉讼法》第一百七十条第一款第一项之规定，判决：

驳回上诉，维持原判。

【法官后语】

随着经济的多元化发展，企业经营的模式也呈现多样化，租赁经营的形式日渐增多。在企业租赁过程中，除使用企业厂房、设备、经营权外，为了经营需要，可能还会使用被租赁企业账户，此种情况下，账户内资金所有权应如何确认、能否作为被租赁企业财产予以执行呢？《物权法》第三十九条规定："所有权人对自己的不动产或者动产，依法享有占有、使用、收益和处分的权利。"被租赁企业的账户系以被租赁企业名义开具的，从形式外观上看，被租赁企业对该账户享有权利，而账户并不是财产，账户里的资金才是财产，但在企业租赁经营的情况下，账户资金与账户并不必然同属同一权利人。此时，就要根据实际情况来判定资金的权利归属，而不是仅依据账户的外观确认权利归属。具体到本案中，克雷安公司通过与农垦热电公司签订《经营权转包合同》租赁农垦热电公司进行经营，八五一〇农场向农垦热电公司账户所汇130万元系对克雷安公司经营农垦热电期间的供热补贴，其权利应由实际经营人克雷安公司享有，而不能仅凭该款是汇至农垦热电公司的即确认为农垦热电公司的财产，故克雷安公司对该130万元享有足以排除强制执行的民事权利。

编写人：黑龙江省鸡西市中级人民法院　冯莹

11

验资账户所有人对该账户内资金是否享有所有权

——曾俊杰诉江利智申请执行人执行异议之诉案

【案件基本信息】

1. 裁判书字号

福建省厦门市中级人民法院（2017）闽02民终4037号民事判决书

2. 案由：申请执行人执行异议之诉

3. 当事人

原告（上诉人）：曾俊杰

被告（被上诉人）：江利智

第三人：曾少建

【基本案情】

2015年7月31日，福建省厦门市思明区人民法院在审理曾俊杰与曾少建合同纠纷一案中，冻结了曾少建名下农业银行账户存款216万元。后漳州市公安局龙文分局函告思明区人民法院将该冻结解除，因经侦查发现该账户存款系被害人黄永林、江利智代曾少建公司验资的款项，属刑事案件涉案赃款而非曾少建的个人合法财产。2015年9月10日，思明区人民法院就曾俊杰诉曾少建合同纠纷一案作出判决：曾少建于判决生效之日起七日内偿还曾俊杰转让款本金200万元。因曾少建未按生效判决履行义务，曾俊杰于2016年1月15日向思明区人民法院申请执行。在执行过程中，江利智向思明区人民法院提出异议，法院认定诉争的曾少建农行账户上的216万元存款系江利智的个人财产，裁定解除冻结。曾俊杰不服，于2016年11月28日向思明区人民法院提起申请执行人执行异议之诉。

2015年7月，曾少建委托案外人郑松清为其设立的雅观园林公司注资800万元。郑松清找到其他中介案外人简顺德、黄永林合作进行该笔增资。验资的具体流程为：曾少建按郑松清的要求把雅观园林公司的所有资料交给郑松清，其中包括雅观园林公司的增资账户存折、电子支付密码器、曾少建的个人存折、电子支付密码等，通过出资人“金主”将增资款项转入曾少建的账户，郑松清等中介将曾少建账户里的钱转入增资账户后，银行开具资金证明，再由郑松清等中介人员立即将增资款取出；曾少建支付郑松清手续费和利息。2015年7月21日，郑松清通过简顺德向江利智的委托代办人黄永林交付一本以曾少建名义开户的“建设银行个人活期一本通账户”存折并告知相应密码，作为验资账户。黄永林在确定账号有效、密码正确、能够自如转进转出该账户款项后，通知江利智转款。江利智及其配偶（案外人）共向上述账户转账800万元。曾少建收到款项后，利用其隐瞒而没有通过郑松清一并交付给黄永林的与其账户配套的网银U盾，将上述款项中的500万元转账至其名下的农业银行账户，并电话挂失验资账户“曾少建建行个人活期一本通账户”。

黄永林发现后立即向漳州市公安局龙文分局报案，漳州市公安局龙文分局以诈骗罪对曾少建予以上网追逃，之后于2015年9月11日起对其执行取保候审，2016年9月10日因取保候审期限届满，予以解除。

【案件焦点】

对于江利智及其指令转入曾少建名下的公司验资账户内的款项，曾少建是否享有所有权。

【法院裁判要旨】

福建省厦门市思明区人民法院经审理认为：首先，案涉款项虽是货币，但其具备特定物的特征。曾少建名下的验资账户里本是没有资金的，江利智及其指令转入800万元后账户里才有资金，且该资金的用途系验资专用，在验资结束后转出的800万元也是特定的江利智转入的800万元，因此该800万元具有唯一性。曾俊杰认为曾少建占有的上述800万元货币系种类物，谁占有谁就享有所有权，无事实与法律依据。其次，本案讼争的216万元款项来源于江利智，且该款项系江利智为曾少建作为唯一股东的雅观园林公司验资打印银行存款证明之用，江利智是在认为其委托代办人黄永林已经控制该验资账户的情形下才往该账户汇款，江利智并没有放弃对该款项管领控制的意思表示，其转款的目的也不是将800万元的所有权转移给曾少建。且从验资的行内规则来看，被增资的账户所有人在验资款项进入账户到转出账户期间对账户内资金是没有控制权的，即对账户内资金并未实际占有，从而没有取得该账户资金的所有权。故讼争款项不属于曾少建个人所有。

福建省厦门市思明区人民法院依照《中华人民共和国民事诉讼法》第六十四条第一款、第二百二十七条，《最高人民法院关于适用〈中华人民共和国民事诉讼法〉执行程序若干问题的解释》第二十一条、第二十四条的规定作出如下判决：

驳回曾俊杰的诉讼请求。

曾俊杰持原审起诉意见提起上诉。福建省厦门市中级人民法院经审理认为：首先，本案各方当事人对曾少建委托郑松清验资的具体流程、案涉款项的流转情况并无异议。各方当事人业已确认本案执行标的216万元款项是曾少建名下建设银行账户收到江利智转入的800万元验资款后，曾少建通过网银U盾转出至其名下农业银行账户的500万元中的一部分。剩余300万元已于2015年7月22日转回至江利智名下银行账户。其次，从各方当事人一致确认的本案验资流程，即“曾少建按郑松清的要求把雅观园林公司的所有资料交给郑松清，其中包括雅观园林公司的增资账户存折、电子支付密码器、曾少建的个人存折、电子支付密码等，通过出资人‘金主’将增资款项转入曾少建的账户，郑松清等中介将曾少建账户的钱转入增资账户后，银行开具资金证明，再由郑松清等中介人员立即将增资款取出”这一流程分析，案涉款项来源特定、用途特定，江利智从未放弃对该款项的控制权，其作为讼争款项的提供者，有权主张该款项项下的有关权利，一审认定江利智系提出执行异议的适格主体，并无不当。最后，鉴于江利智的委托代办人黄永林在发现款项被曾少建转走并电话挂失“曾少建建行个人活期一本通账户”后已立即向漳州市公安局龙文分局报案，漳州市公安局龙文分局以诈骗罪对曾少建进行上网追逃，后于2015年8月12日抓获曾少建并羁押于漳州市看守所。2015年9月11日起对其执行取保候审，2016年9月10日因取保候审期限届满予以解除。曾俊杰上诉主张《执行裁定书》的作出缺乏依据，未提供相应证据予以证明，该上诉理由不能成立，对其上诉请求应予驳回。一审认定事实清楚，适用法律正确，应予维持。

厦门市中级人民法院依照《中华人民共和国民事诉讼法》第一百七十条第一款第一项之规定，判决如下：

驳回上诉，维持原判。

【法官后语】

本案处理重点主要在于对货币所有权的理解。我国《物权法》对于货币所有权问题并未进行规定，通说采货币“占有即所有”原则，即货币之占有与所有合而为一。这一原则的适用基础在于货币是种类物，而非特定物，不具有特定性。该原则虽然运用广泛，但亦存在例外。

在货币特定化的情况下，“占有即所有”原则被排除适用。货币特定化有两个特点：第一，当事人双方有一致的特定化意思表示；第二，该特定化的意思表示具有一定的公示性。法院在认定本案验资账户内的增资款项是否为开户人曾少建所有时，认为案涉款项虽系货币，但具有特定物的特征。首先，案涉验资账户系专项专用账户，账户内资金来源特定，用途特定，故可以推定双方当事人具有特定化案涉资金的意思表示；其次，根据《人民币银行结算账户管理办法》第三十七条的规定，注册验资的临时存款账户在验资期间只收不付，注册验资资金的汇缴人应与出资人的名称一致，验资期间内验资账户内的资金禁止作为交易媒介流通使用，验资账户内资金的特定化具有公示外观。故本案增资款已被特定化，不适用货币“占有即所有”的一般规则。根据验资行内规范以及一般生活常识，江利智向验资账户转账的目的并不是将增资款所有权转移给曾少建。江利智在认为其委托代办人黄永林已经控制该验资账户的情形下才往该账户汇款，其并未作出放弃对该款项管领控制的意思表示。因此，江利智与曾少建之间并未达成转移增资款项所有权的合意。故按照动产物权变动规则，曾少建并不享有案涉增资款的所有权。

值得注意的是，货币“占有即所有”原则是基于货币的流通性，为便利社会交往、提高交易效率而生的。但若将其僵化，对于货币所有权问题一律适用，则势必影响交易安全，本案即一个很好的实例。

编写人：福建省厦门市思明区人民法院　杨绿芳

12

执行异议之诉中特殊动产物权的确认

——李某诉黄某案外人执行异议之诉案

【案件基本信息】

1. 裁判书字号

云南省高级人民法院（2017）云民终733号民事裁定书

2. 案由：案外人执行异议之诉

3. 当事人

原告：李某

被告：黄某

第三人：云南天石建筑材料有限公司（以下简称天石公司）

【基本案情】

2010 年 7 月 8 日，李某支付购车款 50 万元给天石公司用于购买混凝土运输车，天石公司收款后出具收款收据给李某。天石公司购买混凝土运输车后，与李某签订《挂靠租赁协议》，约定为便于统一经营管理，李某将其出资购买的云 AB××号机动车（即诉争车辆）挂靠在天石公司以运输混凝土，车辆由天石公司统一调配，李某享有车辆的运营收益，承担车辆的费用。后双方履行该协议至今。因天石公司欠黄某债务，黄某依据法院（2015）昆民四初字第 426 号民事调解书向法院申请强制执行，法院于 2016 年 3 月 29 日作出（2016）云 01 执 271 号执行裁定书，对被执行人天石公司价值 9999171.27 元及利息的财产予以查封、扣押、拍卖、变卖。2015 年 7 月 14 日，法院向昆明市公安局车辆管理所发出（2015）昆执保字第 568 号协助执行通知书，对天石公司名下三十四辆车（包括诉争车辆）进行了查封。2016 年 8 月 26 日，李某提出执行异议。法院于 2016 年 9 月 9 日作出（2016）云 01 执异 389 号执行裁定，驳回李某的异议请求。

【案件焦点】

李某对诉争车辆是否享有所有权。

【法院裁判要旨】

云南省昆明市中级人民法院经审理认为，《中华人民共和国物权法》第二十三条规定，动产物权的设立和转让，自交付时发生效力，但法律另有规定的除外。第三十九条规定，所有权人对自己的不动产或者动产，依法享有占有、使用、收益和处分的权利。诉争的云 AB××号混凝土运输车由李某出资委托天石公司购买，之后为便于经营、管理，李某将该车挂靠在天石公司进行运输，取得运输收益、负担运输成本，李某系间接占有支配该车辆，因此该车辆实际所有权为李某所享有，对该事实天石公司亦予以认可。黄某为天石公司的债权人，诉争的云 AB××号车虽登记在天石公司名下，但实际所有人为李某。《中华人民共和国物权法》第二十四条规定，船舶、航空器和机动车等物权的设立、变更、转让和消灭，未经登记，不得对抗善意第三人。可见交付为动产物权变动的生效要件，登记仅产生对抗“善意第三人”的法律效力。而《最高人民法院关于适用〈中华人民共和国物权法〉若干问题的解释（一）》第六条规定：“转让人转移船舶、航空器和机动车等所有权，受让人已经支付对价并取得占有，虽未经登记，但转让人的债权人主张其为物权法第二十四条所称的‘善意第三人’的，不予支持，法律另有规定的除外。”从该条文可知，转让人的普通债权人不属于《中华人民共和国物权法》第二十四条所称的“善意第三人”。黄某是诉争车辆的被挂靠人天石公司的普通债权人，亦不属于“善意第三人”，不能以诉争车辆的登记情况对抗李某实际取得的所有权。依照《中华人民共和国物权法》第二十三条、第二十四条、第三十九条，《最高人民法院关于人民法院办理执行异议和复议案件若干问题的规定》（以下简称《规定》）第二十四条，《最高人民法院关于适用〈中华人民共和国民事诉讼法〉的解释》第三百一十条、第三百一十一条、第三百一十二条、第三百一十四条之规定，判决如下：

一、确认李某享有云AB××号机动车的所有权；

二、不得执行云AB××号机动车。

黄某不服一审判决，提起上诉。二审审理过程中，黄某以各方当事人已达成一致处理意见，无需诉讼为由申请撤回上诉，云南省高级人民法院裁定：

准许黄某撤回上诉。

【法官后语】

《规定》是针对执行程序中当事人提出执行异议时如何处理的司法解释，由于在执行程序中，需要尽快贯彻已生效判决的执行力，强调的是“效率”，《规定》对此种财产权属的判断标准为执行法官提供了“形式主义”“外观调查原则”或“执行标的物的初步认定”的程序审查方法，其性质上仅针对执行标的物的“形式物权”进行审查而非实质物权的审查，其目的在于采用对案件表象特征进行简单比对，以快捷确定异议人的异议请求是否能够成立。正是基于上述原因，在案外人执行异议审查中，执行部门援引了《规定》第二十五条第一款即“对案外人的异议，人民法院应当按照下列标准判断其是否系权利人……（二）已登记的机动车、船舶、航空器等特定动产，按照相关管理部门的登记判断；未登记的特定动产和其他动产，按照实际占有情况判断”，从而驳回了李某的异议请求。

李某对驳回其异议的裁定不服，于法定期限内提出了执行异议之诉。由于审理的程序不同，对于是否能排除执行的判断标准、引用的法律法规亦不尽相同。如前所述，执行异议程序仅针对执行标的物的“形式物权”进行审查而非实质物权进行审查，而执行异议之诉则需“追本溯源”，依据《物权法》等规定对诉争物权进行实质性的详细审查。因此，在执行异议之诉审判中，对涉及民事权益争议的，应适用相关实体法及《最高人民法院关于适用〈中华人民共和国民事诉讼法〉的解释》第三百一十二条的规定，对于《规定》第二十四条至第二十八条应当理解为：符合这些条款所列条件的，其执行异议能够成立；不满足这些条款所列条件的，异议人在执行异议之诉中的请求也未必不成立。其请求是否成立，应根据案件的具体情况和异议人所主张的权利、申请执行人债权实现的效力以及被执行人对执行标的享有的权利作出比较后综合判断，从而确定异议人的权利是否能够排除执行。

具体到本案而言，判断李某是否能排除执行的关键在于正确认定涉案机动车的所有权。而对机动车等特殊动产物权确权的认定，应回到《物权法》对特殊动产物权的相关规定上来。基于法律行为的物权变动（《物权法》第二十三条、第二十四条）是《物权法》关于特殊动产物权变动的主要类型，也在司法实践中较为常见。《物权法》第二十三条是动产物权变动的一般原则——动产物权变动的发生，仅依当事人的意思而成立，买卖、抵押等合同或单方法律行为尚不能成就，要以交付为公示生效要件。第二十四条则规定了船舶、机动车等特殊动产物权变动，除抵押权外，以交付为生效要件，登记仅为对抗要件。李某为挂靠的目的将涉案机动车登记在天石公司名下，亦为天石公司进行运输，但天石公司既不享有运输收益，也不承担运输成本，因此实质上并没有转让机动车的债权合意，也没有以物权变动为法定效果的交付行为，涉案机动车仍是李某间接占有和实际经营，且天石公司未支付转让车辆的相应对价，天石公司的登记所有人法律地位缺乏对应的权利基础。据此，可以确认李某享有涉案机动车的所有权。

关于李某未经登记的所有权是否优先于申请执行人黄某对登记所有人（天石公司）的债权问题，参照《最高人民法院关于适用〈中华人民共和国物权法〉若干问题的解释（一）》第六条“转让人转移船舶、航空器和机动车等所有权，受让人已经支付对价并取得占有，虽未经登记，但转让人的债权人主张其为物权法第二十四条所称的‘善意第三人’的，不予支持，法律另有规定的除外”之规定，转让人的普通债权人不属于物权法第二十四条所称的“善意第三人”。由此推知，黄某是诉争车辆的被挂靠人天石公司的普通债权人，不属于“善意第三人”，不能以诉争车辆的登记情况对抗李某实际取得的所有权。综上，法院确认了李某对涉案车辆的所有权并停止对该车辆的执行。

本案系机动车等特殊动产物权确权的执行异议之诉中的典型案例，社会关注度较高，影响力较大。当《规定》第二十五条第一款第二项与《物权法》第二十三条、第二十四条在司法实践中发生“法律适用冲突”时，本案合议庭准确区分执行异议与执行异议之诉中不同的法律程序、认定标准，正确适用认定特殊动产物权的相关原则，较好地诠释了执行异议之诉制度作为实体性救济方式的法律意义，并为类似机动车等特殊动产在案外人执行异议之诉案件的审理中出现的证据标准、法律适用等问题提供了较好参考。

编写人：云南省昆明市中级人民法院　田庄　龚庆

三、执行异议、复议与执行异议之诉

13

案外人以其与被执行人之间不存在债权债务关系为由提出执行异议，应认定其是对执行行为有异议

——连云港金大建设工程有限公司诉蒋连荣案外人执行异议之诉案

【案件基本信息】

1. 裁判书字号

江苏省连云港市中级人民法院（2017）苏07民终3908号民事裁定书

2. 案由：案外人执行异议之诉

3. 当事人

原告（被上诉人）：连云港金大建设工程有限公司（以下简称金大公司）

被告（上诉人）：蒋连荣

第三人：连云港市中和混凝土有限公司（以下简称中和公司）、柳太明、王艳梅、柳太文、连云港多力水处理设备有限公司（以下简称多力公司）

【基本案情】

2014年12月12日，蒋连荣（甲方）与柳太明、王艳梅（乙方）签订房屋买卖合同，合同约定，蒋连荣将其所有的位于赣榆区青口镇黄海路北农机新村8号楼第3、4、5、6号门面房4间，总面积528.89平方米的房产转让给柳太明、王艳梅，转让价款5288900元，相关税费由乙方承担；房款由乙方分期支付，签订合同时付定金1100000元，2015年1月15日前再付购房款1588900元，剩余房款2600000元三年内

付清，同时按年利率12%付息。双方对于具体还款事宜制订了还款计划，该还款计划由甲乙双方签字，柳太文、中和公司、多力公司作为担保人签字担保。合同签订后，柳太明于2014年12月12日支付蒋连荣购房定金1100000元，2015年1月16日，支付1300000元，到期应支付的房款及还款计划约定的应付到期欠款利息均未给付。2015年12月14日，蒋连荣向法院提起诉讼，要求判令柳太明、王艳梅、柳太文、中和公司、多力公司给付剩余购房款3088900元及违约金741400元、利息370800元，赔偿损失200000元。该案审理过程中，法院应蒋连荣申请，于2016年6月23日作出赣民初字第5577－5号民事裁定书，裁定对中和公司在金大公司的混凝土货款400000元予以冻结。金大公司收到该裁定书后未提出复议申请。因柳太明、王艳梅等未履行付款义务，蒋连荣向法院申请执行。2016年8月18日，法院向金大公司发出履行到期债务通知书，要求金大公司将中和公司的混凝土货款400000元汇入法院账户。金大公司收到履行到期债务通知书后，以与中和公司之间的债权债务关系已通过以房抵债的方式结算，不欠中和公司货款为由提出书面异议。法院经听证后认为金大公司未提交证据证明已不欠中和公司混凝土货款，且中和公司也未提交证据证明金大公司实际拖欠的货款数额，故金大公司要求不履行给付义务依据不足。法院于2016年9月26日作出（2016）苏0707执异70号民事裁定书，裁定驳回金大公司的执行异议请求。金大公司于2016年9月30日收到该民事裁定书后，于2016年10月11日将起诉书用邮寄的方式提交法院，提起案外人执行异议之诉。庭审中，金大公司撤回要求解除冻结其400000元财产的诉讼请求，法院予以准许。

【案件焦点】

金大公司以其与中和公司之间的债权债务关系已以房抵债的方式结算，已不欠中和公司货款为由提起的执行异议，是否属于案外人执行异议之诉审查范围。

【法院裁判要旨】

江苏省连云港市赣榆区人民法院经审理认为：《最高人民法院关于人民法院执行工作若干问题的规定（试行）》第六十三条规定，第三人在履行通知指定的期间内提出异议的，人民法院不得对第三人强制执行，对提出的异议不进行审查。金大公司在收到法院履行到期债务通知书后，提出异议，法院应停止对金大公司财产的执行，并对其异议不进行审查。金大公司于2016年9月30日收到（2016）苏0707

执异70号民事裁定书，于2016年10月11日提出案外人执行异议之诉，没有超过法定期限，对蒋连荣的辩解意见不予采信。

江苏省连云港市赣榆区人民法院依据《最高人民法院关于适用〈中华人民共和国民事诉讼法〉的解释》第三百一十二条第一款第一项，《中华人民共和国民事诉讼法》第二百二十七条、第一百四十四条之规定，作出判决：

停止对金大公司400000元财产的执行。

蒋连荣不服一审判决，提起上诉。江苏省连云港市中级人民法院经审理认为：根据《最高人民法院关于人民法院办理执行异议和复议案件若干问题的规定》第五条规定："有下列情形之一的，当事人以外的公民、法人和其他组织，可以作为利害关系人提出执行行为异议……（四）认为人民法院要求协助执行的事项超出其协助范围或者违反法律规定的……"金大公司所提其与中和公司之间的债权债务关系已以房抵债的方式结算，已不欠中和公司货款的执行异议，并非《中华人民共和国民事诉讼法》第二百二十七条所规定的对执行标的提出异议，属于对执行行为提出的异议，应适用《中华人民共和国民事诉讼法》第二百二十五条进行审查处理。因此，金大公司向原审法院提起的本案案外人执行异议之诉，不属于执行异议之诉的受案范围，应当裁定驳回金大公司的起诉。赣榆区人民法院（2016）苏0707执异70号执行裁定告知如不服该裁定，依照《中华人民共和国民事诉讼法》第二百二十七条规定向该院提起执行异议之诉适用法律错误，应告知其依照《中华人民共和国民事诉讼法》第二百二十五条，自裁定送达之日起十日内向上一级人民法院申请复议，金大公司可通过执行监督程序撤销原执行异议裁定。

江苏省连云港市中级人民法院依照《最高人民法院关于适用〈中华人民共和国民事诉讼法〉的解释》第三百三十条的规定，裁定：

一、撤销连云港市赣榆区人民法院（2017）苏0707民初字1256号民事判决；

二、驳回金大公司的起诉。

【法官后语】

《最高人民法院关于适用〈中华人民共和国民事诉讼法〉的解释》第三百零五条明确规定，案外人提起执行异议之诉，应当有明确的排除对执行标的的执行的诉讼请求，且诉讼请求与原判决、裁定无关。所以在司法实践中，对当事人提出的执行异议审查，应注意区分是执行行为异议还是执行标的异议，避免落入异议人对执行对象主张权利，均按执行标的异议进行审查的误区。

本案中，金大公司在执行案件中属于案外人，法院冻结其账户，是因为金大公司与被执行人中和公司之间存在债权债务关系，故金大公司具有协助执行的义务。而金大公司账户存款本身并不是执行标的，因为其与被执行人之间没有关系。金大公司作为案外人，以自己与被执行人之间不存在债权债务关系，即不存在协助执行义务为由，主张法院冻结其账户的执行行为错误，应停止执行，属于对法院的执行行为有异议。故本案应依照《民事诉讼法》第二百二十五条规定，自裁定送达之日起十日内向上一级人民法院申请复议。

那么，金大公司的权利该如何救济呢？直接提起复议显然是不合适的，只能提起执行监督程序，但《民事诉讼法》对执行监督程序没有明确的规定。笔者认为，执行监督程序的提起可参照《民事诉讼法》中关于“审判监督程序”的规定。审判监督程序的提起，依照《民事诉讼法》第一百一十九条、第一百二十条的规定，可以由法院的审判委员会讨论决定或由当事人提出申请。

编写人：江苏省连云港市赣榆区人民法院　孙成志

14

保全案件移送后，执行异议之诉案应否移送？案外人与保全被申请人签订以物抵债协议能否排除强制执行？

——刘灿红诉武进区横山桥鹏超电机厂、陆鑫执行异议之诉案

【案件基本信息】

1. 裁判书字号

江苏省无锡市锡山区人民法院（2017）苏0205民初4770号民事判决书

2. 案由：执行异议之诉

3. 当事人：

原告：刘灿红

被告：武进区横山桥鹏超电机厂（以下简称电机厂）、陆鑫

第三人：王永峰

【基本案情】

2017年7月11日，法院受理电机厂申请诉前保全案，并作出（2017）苏0205财保54号民事裁定书，裁定冻结王永峰、陆鑫银行存款140000元或查封其名下同等价值的财产。当日承办法官查封了位于无锡市锡山区安镇街道胶西工业园内王永峰租用厂房内的电动车122辆（不含电瓶）及配件总成线、轮胎、空压泵等，制作了清单。该案案外人刘灿红到场提出异议，认为上述财产已经抵给刘灿红，用于归还结欠刘灿红的房租及货款。王永峰、刘灿红在查封笔录上签字，同意保管。2017年7月17日，刘灿红申请复议，要求撤销（2017）苏0205财保54号民事裁定书。法院于2017年7月25日作出（2017）苏0205财保54之一号民事裁定书，裁定驳回刘灿红的复议请求。2017年8月14日，刘灿红起诉王永峰、电机厂，要求撤销（2017）苏0205财保54号民事裁定书，将查封财产交还刘灿红，经通知刘灿红补正后法院于2017年9月14日受理本案。2017年8月该院受理电机厂诉王永峰、陆鑫买卖合同纠纷一案，2017年10月该院裁定该案移送江苏省大丰市人民法院审理。

2017年7月10日，王永峰出具承诺书，载明：因欠刘灿红货款和房租123000元现已无力偿还，故用122辆电动车和空压泵、冰箱以及配件等物品，抵给刘灿红作为还款。上述王永峰租用的厂房系刘灿红转租给王永峰，双方于2017年4月10日签订房屋租赁合同一份，约定刘灿红出租给王永峰的房屋位于“安镇胶西工业园东意制冷设备厂内”，租赁期限一年（2017年4月15日至2018年4月14日），租金每年50000元，每年4月15日缴纳一次，等等。刘灿红另提供送货单8份，主张王永峰欠其货款25000元左右。2017年10月24日，刘灿红、王永峰均陈述：截至2017年7月10日王永峰结欠刘灿红“房租25000元，货款为25000元，总的是50000元”。2017年12月21日，刘灿红陈述：“王永峰欠我45000元左右。”

【案件焦点】

案外人能否对诉前保全标的提起案外人异议进而提起执行异议之诉；若可以，保全及相应审理案件移送后，执行异议之诉案件是否需要移送；刘灿红与王永峰在保全措施实施前签订的以物抵债协议能否排除强制执行。

【法院裁判要旨】

江苏省无锡市锡山区人民法院经审理认为：《最高人民法院关于适用〈中华人民共和国民事诉讼法〉的解释》第一百七十二条规定，利害关系人对保全或者先予执行的裁定不服申请复议的，由作出裁定的人民法院依照民事诉讼法第一百零八条处理。该条规定赋予案外人针对保全裁定申请复议的权利，但并未排除案外人对保全标的提起案外人异议进而提起执行异议之诉的权利。诉讼保全行为属于执行措施，案外人不服人民法院作出的诉讼保全裁定，对保全标的提出书面异议的，有权依据《中华人民共和国民事诉讼法》第二百二十七条的规定，提起案外人异议进而提起执行异议之诉。根据刘灿红的诉讼请求，其主要内容在于对本案所涉诉前保全的标的主张权利，故本案为案外人执行异议之诉。《最高人民法院关于适用〈中华人民共和国民事诉讼法〉的解释》第三百一十一条规定，案外人或者申请执行人提起执行异议之诉的，案外人应当就其对执行标的享有足以排除强制执行的民事权益承担举证证明责任。刘灿红主张基于与王永峰的抵债意思表示取得了该财产的所有权，其主张的实体权利赖以产生的基础法律关系是以物抵债的关系。关于该抵债关系，首先，刘灿红对王永峰的债权系租金及货款，与该财产没有直接的关系，与查封申请人电机厂主张的对王永峰的债权相比，属于同一层次的债权。其次，该财产在法院查封时还在王永峰租用厂房原地，刘灿红主张上述财产所在的房屋系其出租给王永峰的，因查封财产时该租赁关系尚未到期，租赁期间房屋内的财产应属于承租人直接控制，双方又无其他约定，故该租赁关系不能证实王永峰已经将对该财产的直接控制权利移转给了刘灿红，该财产并未实际交付。《中华人民共和国物权法》第二十三条规定，动产物权的设立和转让，自交付时发生效力，但法律另有规定的除外。刘灿红与王永峰仅凭双方抵债的合意，不足以证明该财产已经由王永峰交付给刘灿红，该抵债关系中财产所有权的转让未发生法律效力。现法院对该财产依法进行查封，刘灿红要求停止查封、确认该财产归其所有，但未能就其对该财产享有足以排除强制执行的民事权益提供足够证据，故不予支持。

依照《中华人民共和国物权法》第六条、第二十三条，《中华人民共和国民事诉讼法》第六十四条第一款、第一百零八条、第一百四十二条、第一百四十四条、第二百二十七条，《最高人民法院关于适用〈中华人民共和国民事诉讼法〉的解释》第一百七十二条、第三百零五条、第三百一十一条、第三百一十二条之规定，判决如下：

驳回刘灿红的诉讼请求。

【法官后语】

1. 关于管辖问题

执行异议之诉的管辖法院具有专属性，只能由执行法院管辖。执行异议之诉由执行法院管辖，既避免了因其他法院管辖造成案外人奔走于执行法院与受诉法院之间，有利于减轻诉累，也便于执行法院对事实的查明。此处执行法院应理解为作出保全裁定并实施保全行为的法院以及依据生效法律文书进行执行的法院。《最高人民法院关于适用〈中华人民共和国民事诉讼法〉的解释》第一百六十条规定，当事人向采取诉前保全措施以外的其他有管辖权的人民法院起诉的，采取诉前保全措施的人民法院应当将保全手续移送受理案件的人民法院。诉前保全的裁定视为受移送人民法院作出的裁定。故案件移送后保全裁定视为受移送法院作出。管辖的时间节点应为提起执行异议之诉时，而执行异议之诉受理时本案并没有移送，故此时应有管辖权。在审理及保全案件移送后，异议之诉案件已经受理，不应再移送。

2. 关于以物抵债协议能否排除执行

执行异议之诉案件实质审理原则要求基于执行标的权属变化及执行标的赖以产生的基础性实体法律关系予以判断，不能简单地根据权利外观及程序性法律或司法解释对权利归属加以审查。本案中，案外人提供了保全实施前一日签订的以物抵债协议，不排除双方存在恶意串通的可能性，且实际的“物”并未完成交付，案外人未实际占有，故其对查封财产既不享有所有权，也不享有准物权，仅享有依据以物抵债协议请求被执行人交付“物”的权利，此权利属于普通债权，不具有优先性，不能排除对涉案标的的执行。

编写人：江苏省无锡市锡山区人民法院　吴修贵

15

第三人撤销之诉与案外人执行异议程序只能选择其一

——赵兰梅诉谭超等第三人撤销之诉案

【案件基本信息】

1. 裁判书字号

广东省高级人民法院（2017）粤民终1306号民事裁定书

2. 案由：第三人撤销之诉

3. 当事人

原告（上诉人）：赵兰梅

被告（被上诉人）：谭超、谭庚元、赖秋成、赖贤伦

第三人（被上诉人）：董海森

【基本案情】

谭超诉赖秋成以及第三人谭庚元、赖贤伦、董海林房屋买卖合同纠纷一案，茂名市中级人民法院于2015年5月26日作出（2015）茂中法民四终字第54号民事判决书，判决赖秋成在判决发生法律效力之日起90日内协助谭超办理位于化州市东山区上街东路×号房屋（即涉案房屋）的过户登记手续。

上述民事判决发生法律效力后，谭超向化州市人民法院申请强制执行，化州市人民法院以（2015）茂化法执字第515号立案执行。在执行过程中，赵兰梅作为案外人于2015年11月3日提出执行异议。化州市人民法院于2015年11月13日作出（2015）茂化法执异字第8号执行裁定，驳回赵兰梅的异议申请。2015年12月7日，赵兰梅以谭超为被告、赖秋成、赖贤伦、谭庚元为第三人向化州市人民法院提起案外人执行异议之诉。化州市人民法院立案受理后，于2016年5月11日作出（2015）茂化州民二初字第488号民事判决，驳回赵兰梅的诉讼请求。赵兰梅不服，提起上诉。该案二审审理过程中，赵兰梅以其不服（2015）茂中法民四终字第54

号民事判决，已经申请再审，茂名市中级人民法院亦已立案审查为由，申请撤回上诉。茂名市中级人民法院于2016年8月22日作出（2016）粤09民终1048号民事裁定，准许赵兰梅撤回上诉。

赵兰梅作为案外人，不服（2015）茂中法民四终字第54号民事判决，向茂名市中级人民法院申请再审。茂名市中级人民法院于2016年8月29日作出（2016）粤09民申28号民事裁定，驳回赵兰梅的再审申请。该民事裁定认为，赖贤伦作为赖秋成的法定代理人，代理赖秋成签订涉案房屋买卖协议，符合法律规定，涉案房屋转让合同为有效合同。

赖秋成不服（2015）茂中法民四终字第54号民事判决，向广东省高级人民法院申请再审。广东省高级人民法院于2016年11月16日作出（2015）粤高法民一申字第1544号民事裁定，驳回赖秋成的再审申请。

赵兰梅于2015年12月25日向茂名市中级人民法院提出诉讼请求：1. 撤销（2015）茂中法民四终字第54号民事判决；2. 确认2005年5月25日谭庚元与赖贤伦签订的《房屋转让协议书》无效；3. 判决谭超、谭庚元、董海森自判决发生法律效力之日起30日内将涉案房屋腾空，并将该房屋及其《国有土地使用证》《化州县城镇建设管理局准建通知书》原件返还给赖秋成；4. 裁定终止化州市人民法院（2015）茂化法执字第515号案的执行。

【案件焦点】

当事人依据《中华人民共和国民事诉讼法》第二百二十七条的规定启动执行异议及后续程序后，再提起第三人撤销之诉，人民法院是否受理。

【法院裁判要旨】

广东省茂名市中级人民法院经审理认为，涉案房屋系在赵兰梅与赖贤伦婚姻关系存续期间用夫妻共同财产购买，后将该房屋的土地使用权登记于当时尚未成年的婚生儿子赖秋成名下，赵兰梅起诉认为涉案房屋由赖秋成单独享有所有权，赖贤伦未经赖秋成与赵兰梅同意擅自转让涉案房屋，侵犯了赖秋成的合法权益。显然，从赵兰梅的起诉意见并结合（2015）茂中法民四终字第54号案的查明情况来看，赵兰梅对该涉案房屋没有独立请求权，该案处理结果与其也没有法律上的利害关系，不会对其民事权益造成损害，事实上，该涉案房屋的利害关系人赖秋成已对

(2015)茂中法民四终字第54号生效判决申请再审，因此，赵兰梅的起诉不符合第三人撤销之诉的条件，依法不能提起本案第三人撤销之诉。故裁定驳回赵兰梅的起诉。

赵兰梅不服，提起上诉。广东省高级人民法院经审理认为，《最高人民法院关于适用〈中华人民共和国民事诉讼法〉的解释》第三百零三条第二款规定："案外人对人民法院驳回其执行异议裁定不服，认为原判决、裁定、调解书内容错误损害其合法权益的，应当根据民事诉讼法第二百二十七条规定申请再审，提起第三人撤销之诉的，人民法院不予受理。"赵兰梅作为案外人，提出执行异议，其对化州市人民法院驳回其执行异议申请的裁定不服，认为原判决内容错误损害其合法权益，已经根据法律规定申请再审，且茂名市中级人民法院已经裁定驳回其再审申请。因此，赵兰梅提起本案第三人撤销之诉，法院应当不予受理。茂名市中级人民法院已经立案受理赵兰梅的起诉，根据《最高人民法院关于适用〈中华人民共和国民事诉讼法〉的解释》第二百零八条第三款关于"立案后发现不符合起诉条件或者属于民事诉讼法第一百二十四条规定情形的，裁定驳回起诉"的规定，应当裁定驳回赵兰梅的起诉。一审裁定驳回赵兰梅起诉的结论正确，予以维持。综上，裁定：

驳回上诉，维持原裁定。

【法官后语】

本案涉及《民事诉讼法》第五十六条规定的第三人撤销之诉与第二百二十七条规定的案外人执行异议程序的关系问题，虽然二审法院的处理结果是驳回上诉，维持原审裁定，但是两级法院裁判的理由和依据完全不同。

《民事诉讼法》第二百二十七条规定，在执行程序中，案外人对执行标的提出书面异议，对人民法院驳回其异议的裁定不服，认为原判决、裁定错误的，依照审判监督程序办理。该条明确规定了在此种情况下，案外人享有申请再审的权利。如果该案外人又符合《民事诉讼法》第五十六条关于第三人撤销之诉规定的条件时，案外人是循第三人撤销之诉程序还是循再审程序进行救济？对此，《最高人民法院关于适用〈中华人民共和国民事诉讼法〉的解释》第三百零三条作出了明确规定，即按照启动程序的先后，只允许当事人选择一种相应的救济程序，不能同时启动两种程序，一旦选择，则不允许变更。先启动执行异议程序的，对驳回其执行异议裁定不服的，按照《民事诉讼法》第二百二十七条的规定通过审判监督程序救济；先启动第三人撤销之诉程序的，即使第三人又在执行程序中提出执行异议，第三人撤销之诉程序继续进行，不能再按照《民事诉讼法》第二百二十七条申请再审。

《民事诉讼法》第五十六条和《最高人民法院关于适用〈中华人民共和国民事诉讼法〉的解释》第四百二十三条分别对第三人撤销之诉和案外人申请再审的条件作出规定。第三人撤销之诉与案外人申请再审的实体条件相同，都是生效判决、裁定、调解书内容错误且损害第三人的民事权益。程序条件上，两种程序对主体要件和主张权利的期间起算点的要求有所不同。第三人撤销之诉对主体要件要求是有独立请求权的第三人或者无独立请求权的第三人，而案外人申请再审的主体要件为案外人，显然案外人申请再审的主体范围比第三人撤销之诉的主体范围要广；第三人撤销之诉的起诉期间为自知道或者应当知道生效裁判损害其民事权益之日起六个月内，而案外人申请再审的期间为自法院驳回其执行异议裁定送达之日起六个月内，显然案外人申请再审对当事人而言更为有利。

本案中，赵兰梅系（2015）茂中法民四终字第54号案的当事人赖秋成的母亲，其二人因不服该民事判决，已经循多种途径救济：赖秋成作为该案当事人向法院申请再审，被裁定驳回；赵兰梅提出案外人执行异议，被裁定驳回；赵兰梅不服驳回其执行异议的裁定，提出案外人执行异议之诉，一审判决驳回诉讼请求，二审中，赵兰梅又作为案外人对（2015）茂中法民四终字第54号民事判决申请再审，并撤回案外人执行异议之诉的上诉，后赵兰梅的再审申请亦被法院裁定驳回。从启动程序的先后看，赵兰梅于2015年11月3日启动案外人执行异议程序，于2015年12月25日提出第三人撤销之诉，显然其启动案外人执行异议程序在先，提出第三人撤销之诉在后。虽然赵兰梅作为案外人申请再审的时间在提出第三人撤销之诉后，但这仅仅是由于其错误提起案外人执行异议之诉，而未按照《民事诉讼法》第二百二十七条的规定申请再审，并不影响认定其启动案外人执行异议程序在先这一事实。赵兰梅在启动案外人执行异议程序后，又提出第三人撤销之诉，按照《最高人民法院关于适用〈中华人民共和国民事诉讼法〉的解释》第三百零三条第二款的规定，法院应不予受理，已经受理的，应依该解释第二百零八条第三款的规定，驳回起诉。

编写人：广东省高级人民法院　邹莹

16

法人分支机构作为被执行人，不适用参与分配制度

——林心笔与永同昌建设集团有限公司、华新国际建设有限公司福建分公司案外人执行异议案

【案件基本信息】

1. 裁判书字号

福建省厦门市中级人民法院（2017）闽02执复12号执行裁定书

2. 事由：案外人执行异议

3. 当事人

异议人（复议申请人）：林心笔

申请执行人：永同昌建设集团有限公司

被执行人：华新国际建设有限公司福建分公司（以下简称华新福建分公司）

【基本案情】

2016年6月17日，厦门市思明区人民法院作出（2015）思民初字第18374号民事判决书，判决华新福建分公司应于本判决生效之日起十日内偿还永同昌建设集团有限公司借款本金984321.87元及利息（其中，本金484321.87元的利息自2015年1月30日起计算，本金500000元的利息自2015年2月2日起计算，均按月息2%的标准计至实际还款之日止），同时支付律师费20000元。因华新福建分公司未按期履行，永同昌建设集团有限公司向法院申请强制执行。厦门市思明区人民法院立案执行，案号（2016）闽0203执4153号，执行到位款项1043426.37元。

林心笔诉华新福建分公司建设合同纠纷，2016年1月由厦门市湖里区人民法院主持调解，作出（2105）湖民初字第8766号民事调解书，双方确认，华新福建分公司应于本调解协议生效后5日内返还林心笔合同保证金300万元并支付利息。后

林心笔向厦门市湖里区人民法院申请执行，因华新福建分公司无可供执行财产，湖里区人民法院于2016年7月29日作出（2016）闽0206执298号之一执行裁定书，终结（2105）湖民初字第8766号民事调解书的本次执行程序。

2016年10月20日，林心笔向厦门市湖里区人民法院提交了参与分配申请书，请求参与前述执行到位款项分配。厦门市思明区人民法院复函认为，林心笔请求参与分配华新福建分公司的财产，根据《最高人民法院关于适用〈中华人民共和国民事诉讼法〉的解释》第五百零八条的规定，（2016）闽0206执298号案件尚未追加华新福建分公司的总公司，不符合被执行的财产不能清偿所有债权之规定，且在追加总公司后，被执行人为企业法人不适用参与分配程序。后林心笔对厦门市思明区人民法院作出的复函提出书面异议。

【案件焦点】

林心笔申请参与分配华新福建分公司名下的财产，是否应当得到支持。

【法院裁判要旨】

福建省厦门市思明区人民法院经审理认为：根据《中华人民共和国公司法》第十四条的规定，分公司不具有法人资格，其民事责任由公司承担。本案被执行人华新福建分公司的民事责任由总公司承担，异议人申请参与分配的案件尚未追加总公司为被执行人。即便异议人主张的根据《最高人民法院关于适用〈中华人民共和国民事诉讼法〉的解释》第五百零八条之规定，华新福建分公司属于其他组织，不能适用被执行人为企业法人的相关规定成立，申请执行人亦未提交证据证明其作为申请执行人的执行案件在穷尽执行措施的情况下，其债权仍未实现的事实。因此，异议人的异议请求不能成立，不予支持。据此，依照《中华人民共和国民事诉讼法》第二百二十五条之规定，裁定如下：

驳回林心笔的执行异议请求。

林心笔因不服异议裁定提起复议，福建省厦门市中级人民法院经审理认为，华新福建分公司的民事责任应由其设立机构华新国际建设有限公司承担，故不属于《最高人民法院关于适用〈中华人民共和国民事诉讼法〉的解释》第五百零八条规定的情形，林心笔的复议请求没有法律依据，不予支持，裁定：

驳回林心笔的复议请求，维持福建省厦门市思明区人民法院（2017）闽0203

执异3号执行裁定书。

【法官后语】

本案的被执行人为一“分公司”，属于法人的分支机构，案外人申请参与分配“分公司”名下财产的，不应予以支持：

一、参与分配制度适用的主体条件

在我国现行法中并无参与分配制度的明文规定，主要由最高人民法院公布系列司法解释和规定的方式加以明确。1992年，《最高人民法院关于适用〈中华人民共和国民事诉讼法〉若干问题的意见》首次确立了该制度，将参与分配的主体限定为“自然人和其他组织”；1998年，《最高人民法院关于人民法院执行工作若干问题的规定（试行）》（以下简称《执行规定》）将主体扩大到未经清理或清算而撤销、注销或歇业的企业法人。2015年，《最高人民法院关于适用〈中华人民共和国民事诉讼法〉的解释》第五百零八条再次明确被执行人为“自然人和其他组织”可以申请参与分配。

二、涉案“分公司”是否属于“其他组织”

（一）法人分支机构的法律地位

本案中，案外人申请参与分配的款项系法院执行到位的“华新福建分公司”名下的财产，属于“分公司”直接控制和管理的财产。该“分公司”作为法人的分支机构，在法律地位上存在不同的规定：

1. 实体法中的法人分支机构

我国现行的民商事实体法对于分支机构的民事主体资格和民事责任的归属，主要有《民法总则》《公司法》《公司登记管理条例》《企业名称登记管理规定》等，概括而言即分支机构作为法人在一定区域内设置的从事经营或者其他营业活动的机构，有一定的财产，具有一定的独立性，但其仅是法人的组成部分，不具有独立的法人资格，不能独立承担民事责任；民事责任由法人承担，也可以先以该分支机构管理的财产承担，不足以承担的，由法人承担。

2. 程序法上的法人分支机构

《民事诉讼法》第四十八条第一款规定，公民、法人和其他组织可以作为民事诉讼当事人；《最高人民法院关于适用〈中华人民共和国民事诉讼法〉的解释》第五十二条规定，民事诉讼法第四十八条规定的其他组织是指合法成立、有一定的组织机构和财产，但又不具备法人资格的组织，包括：……（五）依法设立并领取营业执照的法人的分支机构。由此观之，对于法人分支机构，我国法律又赋予了民事诉讼权利能力，承认其诉讼主体资格。

（二）“分公司”本质上仍归属法人

从前述分析来看，法人分支机构在实体法上“非人”，而在程序法上为“人”，似乎相互矛盾。其实不然，以上相关规定系从不同领域、不同角度的规定，实体法主要针对法人分支机构的民事主体资格和民事责任的最终归属，而程序法则是对法人分支机构的民事诉讼地位的相关操作的规定。法律在一定领域和一定程度上承认法人分支机构的诉讼主体资格，主要是为了适应社会经济生活发展的需要，方便民事活动的开展。法人分支机构在诉讼中的主体资格仅具有一种形式上的意义，承认其诉讼主体资格，并不等于承认其独立人格。

法人分支机构在外部形式上表现出与法人的相似性，如需经核准登记，有自己的名称和组织机构，有可以管理和控制的财产，具备民事诉讼主体资格等。尤其是当分支机构设在远离法人的地区或实力特别雄厚时，其独立性表现得更为充分，但无论法人分支机构的独立性多大、经营规模如何，都不能改变其作为法人组成部分的法律属性，其没有独立的意志，必须在法人的授权范围内开展民事活动。法人分支机构的本质属性决定了其不是独立的民事主体、不能独立承担民事责任；但其又是法人的特殊组成部分，承担着法人的部分职能。

三、参与分配与破产制度的法律适用

参与分配作为执行程序中的一项制度，其进入司法视野的初衷在于突破我国有限破产主义的立法局限，解决不能适用破产法进行破产还债的主体，在资不抵债时的偿债难题。其主要调整对象为企业法人之外的自然人和不能参照适用《企业破产法》的其他组织。《执行规定》第九十六条将参与分配的主体扩大到部分企业法人，在一定程度上弥补了特定历史条件下破产制度运行不畅的缺陷。但自2007年《企业破产法》实施以来，法院破产案件受理数量普遍不多，更有不升反降的趋势，参与分配制度的滥用被认为是造成这种现象的重要因素之一：

一是破产程序的适用被搁置。司法实践中，执行法院普遍适用《执行规定》第九十六条的规定，尤其是“歇业”的企业法人认定上的模糊，将大量的企业法人纳入执行程序的参与分配之中，与《企业破产法》调整对象产生了竞合，影响了破产案件的申请和受理。

二是破产制度的功能和价值被虚化。破产法作为市场经济的基本法，不仅关注债权人的公平受偿，更加注重保护债务人利益和维护市场经济秩序，债务企业可通过破产清算依法退出市场，也可通过破产重整、和解等摆脱临时困境、重现生机。破产制度承载着规范市场主体有效退出机制，促进市场经济健康发展的功能。但若以参与分配制度替代破产制度，虽然部分债务得到清理，但债务企业作为市场主体的地位仍然存在，大量无资产、无人员、无经营的“僵尸企业”将随之产生，显然不利于市场经济的健康有序发展，也不符合优胜劣汰的市场规律。

由此可见，参与分配制度和破产制度必须有各自明确、独立的调整范围，应严格禁止《企业破产法》调整的对象适用参与分配制度，方可各自发挥其制度功能。本案的被执行人华新福建分公司作为法人分支机构，其本质是法人的组成部分，属于《企业破产法》的调整对象，虽然其外观上有“其他组织”的表象，但是应透过现象认识其归属法人的本质。当该分支机构管理和控制的财产不足以清偿其债务的，其民事责任应由法人承担，即应先追加所属的法人——华新国际建设有限公司作为被执行人，若该法人亦资不抵债，则应根据案情启动破产程序，不得适用参与分配制度，直接分配“分公司”名下的财产。

编写人：福建省厦门市思明区人民法院　黄素梅

17

个体工商户与其经营者法律人格的合一性

——蔡双伊与新沂市雪峰洗涤用品经销部买卖合同执行异议案

【案件基本信息】

1. 裁判书字号

江苏省徐州市中级人民法院（2017）苏03执复134号执行裁定书

2. 事由：执行异议

3. 当事人

异议人（被执行人）：蔡双伊

申请执行人：新沂市雪峰洗涤用品经销部（以下简称雪峰经销部）

被执行人：新沂市新店镇双伊百货超市万德福加盟店（以下简称万德福加盟店）

【基本案情】

万德福加盟店系个体工商户，其经营者为蔡双伊，该个体工商户与雪峰经销部买卖合同纠纷一案，徐州市中级人民法院于2017年5月16日作出（2017）苏03民终2953号民事判决，判令：万德福加盟店于判决生效之日起十日内偿还雪峰经销部欠款45069.05元。判决生效后，雪峰经销部于2017年6月12日将蔡双伊、万德福加盟店作为被执行人向江苏省新沂市人民法院申请强制执行，该院立案后向蔡双伊、万德福加盟店送达了执行通知书、报告财产令。

此后，蔡双伊向新沂市人民法院提出执行异议称：生效裁判文书系确定万德福加盟店偿还雪峰经销部欠款45029.05元，而未确定蔡双伊承担任何责任，请求依法裁定终止对蔡双伊的执行。

【案件焦点】

个体工商户与其实际经营者在诉讼和执行中的关系。

【法院裁判要旨】

江苏省新沂市人民法院经审理认为，被执行人应是生效判决的义务履行人，且在法定期限内没有履行义务。根据徐州市中级人民法院（2017）苏03民终2953号民事判决，应由万德福加盟店承担偿还责任，故异议人并不是该生效法律文书确定的义务人，不应列为本案的被执行人。依据《中华人民共和国民事诉讼法》第二百二十五条，《最高人民法院关于人民法院办理执行异议和复议案件若干问题的规定》第十七条第二项的规定，作出如下裁定：

撤销对蔡双伊的执行。

雪峰经销部不服一审裁定，提请复议。江苏省徐州市中级人民法院认为：万德福加盟店作为个体工商户的字号，为本案被执行人，蔡双伊为该字号的经营者。

依照《最高人民法院关于民事执行中变更、追加当事人若干问题的规定》第十三条第二款的规定，个体工商户的字号为被执行人的，人民法院可以直接执行该字号经营者的财产。因此，原审法院直接执行蔡双伊的财产，符合法律规定。原审裁定适用法律错误，蔡双伊的复议请求成立。江苏省徐州市中级人民法院依照《中华人民共和国民事诉讼法》第二百二十五条，《最高人民法院关于人民法院办理执行异议和复议案件若干问题的规定》第二十三条第一款第二项之规定，作出如下裁定：

一、撤销新沂市人民法院（2017）苏0381执异101号执行裁定；

二、驳回蔡双伊的异议请求。

【法官后语】

本案双方当事人争议的焦点及一审、二审法院认识分歧主要在于个体工商户与其实际经营者在诉讼和执行中的关系问题。这一问题，在现实中还存在争议和模糊认识。要澄清这一关系，笔者认为，必须从个体工商户的概念特征以及民事执行对象入手。

1. 关于个体工商户的概念和特征

《个体工商户条例》第二条规定："有经营能力的公民，依照本条例规定经工商行政管理部门登记，从事工商业经营的，为个体工商户。个体工商户可以个人经营，也可以家庭经营……"《民法总则》第五十四条规定："自然人从事工商业经营，经依法登记，为个体工商户。个体工商户可以起字号。"通过对上述行政法规和法律的文义解释，可以明确个体工商户作为自然人经营主体的本质特征，也进而可以总结出个体工商户具有以下具体特征：(1) 从事工商个体经营的是单个自然人或者家庭。单个自然人申请个体经营的，必须是具有民事行为能力的自然人。(2) 个体工商户必须依法进行核准登记。自然人或者家庭进行个体经营工商业，必须依法向工商行政管理部门提出申请，经核准登记，颁发个体经营的营业执照后，才取得个体工商户的资格，并且必须依法在核准登记的范围内从事经营活动。(3) 个体工商户应在法律允许的范围内从事工商业经营活动。这里所说的工商业经营活动是广义的，除手工业、加工业、零售商业外，还包括修理业、服务业等。但是，不论进行何种工商业经营活动都应在法律允许的范围内进行，方受法律保护。①

基于个体工商户上述法律特征，个体工商户财产与经营者的自然人个人或家庭财产不可分离。无论从经营资金的来源还是从经营收入的用途均与经营者个人及家庭具有融合性。自然人与个体工商户在生产经营活动中也是合为一体的，依法从事经营活动的公民（自然人）就是个体工商户，个体工商户就是依法从事工商业经营的自然人。② 因此，《民法通则》第二十九条规定："个体工商户、农村承包经营户的债务，个人经营的，以个人财产承担；家庭经营的，以家庭财产承担。"

2. 关于民事执行对象

民事执行即法院通过强制执行措施执行被执行人名下的财产以抵偿拖欠申请执行人债务，其执行对象是被执行人的财产。归结到本案的被执行人个体工商户，其户下有可能有登记或未登记的不动产、动产等财产，也可能没有登记或未登记的不动产和动产，而其实际经营者名下却存在登记的不动产等财产，因为按照现有国家行政管理法规，私人房屋、车辆等不动产和动产是登记于自然人名下的，其存款也是存于自然人名下的。如果仅将个体工商户作为诉讼主体和执行主体，没有列明其实际经营者的信息，就可能使执行落空。所以，《最高人民法院关于适用〈中华人民共和国民事诉讼法〉的解释》第五十九条规定："在诉讼中，个体工商户以营业执照上登记的经营者为当事人。有字号的，以营业执照上登记的字号为当事人，但应同时注明该字号经营者的基本信息。营业执照上登记的经营者与实际经营者不一致的，以登记的经营者和实际经营者为共同诉讼人。"这主要是为防止有些有字号的个体工商户将执照转包或者出租给他人经营使用，或者以更换字号的方式，将其财产全部登记在他人名下等逃避债务及法律责任的行为。

个体工商户虽然相对作为实际经营者的自然人具有独立性，但是不具有绝对的独立性，而是具有相对独立性。这种相对独立性仅体现于经营者的变化一般不影响其法律人格的变化，而这种相对独立性又有别于一人有限公司的独立性，具体体现在：个体工商户的字号及财产与作为经营者的个人信息、个人财产具有高度的重合性和对应性，法律规定根据个体工商户按其自然人个人经营和家庭经营的不同方

---

① 魏振瀛主编：《民法》，北京大学出版社2013年版，第16页。

② 卫聪玲、张军：《论个体工商户的民事法律地位》，载《山西省政法管理干部学院学报》2001年第1期。

式，区分其是以其经营者自然人个人全部财产承担或是以家庭全部财产承担无限责任的非法人组织。一审判决混淆了个体工商户的相对独立性和法人的相对独立性理论，认为个体工商户人格的相对独立性如同法人人格的独立性，超越了自然人的人格，要求债权人只能对个体工商户申请强制执行，不能对其实际经营者个人提起申请，这就容易使个体工商户的相对独立性沦为实际经营者逃避债务的工具，不利于实现司法正义。

编写人：江苏省新沂市人民法院　顾乐永

18

股东出资认缴制下出资义务加速到期问题的处理

——姜国超诉张明海申请执行人执行异议之诉案

【案件基本信息】

1. 裁判书字号

北京市高级人民法院（2017）京民终776号民事裁定书

2. 案由：申请执行人执行异议之诉

3. 当事人

原告：姜国超

被告：张明海

【基本案情】

北京房利美房地产经纪有限公司（原名为北京中科财富基金管理有限公司，以下简称房利美公司）于2015年5月27日成立，公司注册资本为1亿元，原始股东为张明海、吴从金两人，其中张明海出资额为500万元，出资方式为货币出资，出资时间为2055年4月10日；吴从金出资额为9500万元，出资方式为货币出资，出资时间为2055年4月10日。2015年9月23日，房利美公司变更登记注册资本为99亿元，吴从金的认缴出资额变更为98.95亿元，出资时间仍为2055年4月10

日，张明海的认缴出资情况未变更。2016 年 1 月 20 日，吴从金将其持有的房利美公司的 98. 95 亿元出资转让给杨长钟，约定自转让之日起，吴从金作为转让方对已转让的出资不再享有出资人的权利和承担出资人的义务，受让人杨长钟以其出资额在企业内享有出资人的权利和承担出资人的义务。2016 年 1 月 20 日，张明海将其持有的房利美公司的 500 万元出资转让给马红细，约定自转让之日起，张明海作为转让方对已转让的出资不再享有出资人的权利和承担出资人的义务，受让人马红细以其出资额在企业内享有出资人的权利和承担出资人的义务。上述股权转让已于 2016 年 3 月 1 日办理工商变更登记。

2016 年 5 月 25 日，姜国超向杭州仲裁委员会以民间借贷纠纷为由将房利美公司列为被申请人申请仲裁。2016 年 9 月 13 日杭州仲裁委员会作出（2016）杭仲（金）裁字第 00113 号裁决书，裁决房利美公司于裁决书送达之日起 10 日内向姜国超归还保证金 3508955 元、支付利息损失 94551. 7 元；仲裁费 45691 元，姜国超承担 11822. 75 元，房利美公司承担 33868. 25 元，房利美公司承担部分应于裁决书送达之日起 10 日内径直支付给姜国超。

鉴于房利美公司工商登记的住所在北京市海淀区，属北京市第一中级人民法院执行案件的管辖范围，故姜国超在收到仲裁裁决书后向北京市第一中级人民法院申请强制执行。2016 年 11 月 9 日，北京市第一中级人民法院作出（2016）京 01 执 588 号执行案件受理通知书，载明已经受理姜国超与房利美公司的执行案件。

2016 年 11 月 29 日，北京市第一中级人民法院作出（2016）京 01 执 588 号之一执行裁定书，载明：姜国超与房利美公司仲裁一案，姜国超依据已经发生法律效力的杭州仲裁委员会（2016）杭仲（金）裁字第 00113 号裁决书申请强制执行，法院予以立案。法院于 2016 年 10 月 26 日依法立案执行，申请执行标的金额为 3508955 元及利息。执行中经查，被执行人房利美公司名下无银行存款、无房屋所有权登记记录、无车辆所有权登记记录、无对外投资。法院已将房利美公司纳入失信被执行人名单并对其限制消费。目前房利美公司无财产可供执行，姜国超亦不能提供该公司可供执行的财产线索，本次执行中房利美公司尚有 3508995 元、迟延履行期间的债务利息、仲裁费及执行费未履行，依照《中华人民共和国民事诉讼法》第二百五十四条、《最高人民法院关于适用〈中华人民共和国民事诉讼法〉的解释》第五百一十九条之规定，裁定如下：杭州仲裁委员会（2016）杭仲（金）裁字第00113号裁决书的本次执行程序终结。本次执行程序终结后，房利美公司应当继续履行义务，姜国超如发现房利美公司有可供执行的财产，可以向法院再次申请执行。本裁定书送达后即发生法律效力。上述裁定书于2016年12月15日向姜国超送达。

后，姜国超向北京市第一中级人民法院提出申请，要求追加张明海为（2016）京01执588号执行案件的被执行人。2017年5月3日，北京市第一中级人民法院作出（2017）京01执异41号执行裁定书，载明：执行程序中追加案外人为被执行人的情形有明确的法律规定，且必须遵循事由法定的原则。姜国超以张明海未履行出资义务即转让股权为由要求追加张明海为本案被执行人。但张明海认缴出资的时间为2055年4月10日，认缴出资时间尚未届满，故其请求法院不予执行。综上，依照《中华人民共和国民事诉讼法》第一百五十四条第一款第十一项、《最高人民法院关于民事执行中变更、追加当事人若干问题的规定》第三十二条之规定，裁定：驳回姜国超要求追加张明海为本案被执行人的申请。

姜国超于2017年5月12日向北京市第一中级人民法院提起申请执行人执行异议之诉。

【案件焦点】

张明海作为房利美公司的股东，在公司法规定的股东认缴制规则下，房利美公司无法清偿到期债务时，张明海的出资义务是否应当加速到期。

【法院裁判要旨】

北京市第一中级人民法院经审理认为，《中华人民共和国民事诉讼法》第二百二十七条规定："执行过程中，案外人对执行标的提出书面异议的，人民法院应当自收到书面异议之日起十五日内审查，理由成立的，裁定中止对该标的的执行；理由不成立的，裁定驳回。案外人、当事人对裁定不服，认为原判决、裁定错误的，依照审判监督程序办理；与原判决、裁定无关的，可以自裁定送达之日起十五日内向人民法院提起诉讼。"《最高人民法院关于民事执行中变更、追加当事人若干问题的规定》第三十二条规定："被申请人或申请人对执行法院依据本规定第十四条第二款、第十七条至第二十一条规定作出的变更、追加裁定或驳回申请裁定不服的，可以自裁定书送达之日起十五日内，向执行法院提起执行异议之诉。被申请人提起执行异议之诉的，以申请人为被告。申请人提起执行异议之诉的，以被申请人为被告。”法院于2017年5月3日作出（2017）京01执异41号执行裁定书，裁定驳回姜国超要求追加张明海为被执行人的申请。现姜国超以张明海为被告于2017年5月12日提起申请执行人执行异议之诉，符合上述法律及司法解释的规定。

姜国超主张根据《最高人民法院关于民事执行中变更、追加当事人若干问题的规定》第十九条的规定，张明海的出资义务应当在公司不能清偿债务时提前加速到期。《最高人民法院关于民事执行中变更、追加当事人若干问题的规定》第十九条规定：“作为被执行人的公司，财产不足以清偿生效法律文书确定的债务，其股东未依法履行出资义务即转让股权，申请执行人申请变更、追加该原股东或依公司法规定对该出资承担连带责任的发起人为被执行人，在未依法出资的范围内承担责任的，人民法院应予支持。”其中“未依法履行出资义务”的股东为应履行出资义务但未履行或者未完全履行出资义务的股东，而因认缴出资期限未届满导致尚未出资的股东，是否属于“未依法履行出资义务”的股东，应从《中华人民共和国公司法》规定的公司注册资本制度予以考虑。根据《中华人民共和国公司法》第二十六条的规定，有限责任公司的注册资本为在公司登记机关登记的全体股东认缴的出资额。根据该法第二十八条的规定，股东应当按期足额缴纳公司章程中规定的各自所认缴的出资额。由此可知，股东出资认缴制系现行公司法的明文规定，股东依法获得分期缴纳出资的期限利益受法律保护，且股东认缴的金额、实缴期限等都可通过企业信用信息系统查询，作为一种公示信息，债权人对此应当知晓，对于交易过程中的风险也可以并且应当预见，在无证据显示股东存在欺诈或者其他恶意损害债权人利益的情形下，直接要求股东放弃期限利益对公司债务承担责任，并不符合股东出资认缴制度的设立初衷。

房利美公司的工商登记显示，张明海作为原始股东其出资义务履行时间为2055年4月10日，其出资义务履行期限均尚未届满，并不符合上述《最高人民法院关于民事执行中变更、追加当事人若干问题的规定》规定的应被追加为被执行人的情形。在相关规范性法律文件未对股东出资加速到期进行明确规定的情况下，张明海作为房利美公司的原始股东不必提前履行出资义务，故姜国超主张追加张明海为（2016）京01执588号案件的被执行人并在其认缴出资的范围内承担清偿责任的诉讼请求，于法无据，法院不予支持。姜国超有权通过其他合法方式保护其财产权益。

北京市第一中级人民法院依照《中华人民共和国公司法》第二十六条、第二十八条，《中华人民共和国民事诉讼法》第二百二十七条，《最高人民法院关于适用〈中华人民共和国民事诉讼法〉的解释》第三百一十三条，《最高人民法院关于民事执行中变更、追加当事人若干问题的规定》第十九条、第三十二条之规定，判决如下：

驳回姜国超的全部诉讼请求。

姜国超不服，提起上诉，后提交撤回上诉申请。北京市高级人民法院经审理认为，姜国超在本案审理期间申请撤回上诉的请求不违反法律规定，依照《中华人民共和国民事诉讼法》第一百七十三条之规定，裁定如下：

准许姜国超撤回上诉。

【法官后语】

本案虽以“申请执行人执行异议之诉”为案由，姜国超提起诉讼的法律依据是《最高人民法院关于民事执行中变更、追加当事人若干问题的规定》第十九条的规定，但其本质是在公司认缴制的背景下，对于未届履行期限的出资义务是否应加速到期的问题，需要根据公司法有关股东出资义务履行问题的规定进行实质性审查。2013年12月《公司法》有关公司资本制度的规定修订后，关于认缴资本制度下未届出资履行期限的股东是否因公司债务未清偿而需加速到期、补足出资的问题，因目前尚无法律、司法解释的明文规定，属当下司法审判中的难点问题，理论界及实务界始终高度关注，并就此问题有不同的理解：

一种观点认为，在公司无法清偿到期债务的情况下，对于《最高人民法院关于〈中华人民共和国公司法〉若干问题的规定（三）》第十三条第二款“公司债权人请求未履行或者未全面履行出资义务的股东在未出资本息范围内对公司债务不能清偿的部分承担补充赔偿责任的，人民法院应予支持；未履行或者未全面履行出资义务的股东已经承担上述责任，其他债权人提出相同请求的，人民法院不予支持”的规定应当作出扩张解释，承担补充赔偿责任的股东，应当包含出资期限未届期并未实缴全部认缴出资义务的股东。其理由是，在公司不能清偿到期债务，即债务经强制执行程序仍不能清偿的情况下，若股东未能更改出资期间，则属股东权利之滥用，为了保证债权人的利益，防止股东滥用其期限利益，股东的出资义务应当加速到期。同时，在中国现今的审判现状下，公司进入破产程序耗时长、成本高，对于债权人追索债权无益，因此应当通过更为高效的诉讼机制解决债权人的现实问题。

另一种观点认为，因股东出资义务加速到期无法律、司法解释的明文规定，故上述扩张解释于法无据，随意令股东出资义务加速到期，损害股东期限利益，因此除非债权人申请破产，否则债权人不能诉请加速到期。

本案作为债权人的姜国超，其已经通过强制执行程序主张债权，且债权已经经过强制执行程序而无法获得清偿，满足了“债务到期未清偿”的标准，在此情况下，合议庭评议后仍然认为本案关于股东出资义务加速到期无法律、司法解释的明文规定，不应被支持。主要考量了以下几个方面：

第一，从2013年修订的《公司法》的立法目的及现行公司法相关法律规定来看，保护公司股东出资的期限利益是题中之意。《公司法》第二十六条第一款规定：“有限责任公司的注册资本为在公司登记机关登记的全体股东认缴的出资额。”据此，公司股东出资认缴制已被现行法律所明示，若认为此规定存在不妥之处也只能通过立法程序予以纠正，而不能在个案中直接作出有违法律规定、剥夺股东期限利益的判决。基于上述内容，《最高人民法院关于〈中华人民共和国公司法〉若干问题的规定（三）》第十三条第二款、《最高人民法院关于民事执行中变更、追加当事人若干问题的规定》第十九条作为司法解释，应当是在《公司法》的规定下进行的法律解释，当然不能超越法律规定的范畴，即两条司法解释中规定的“未履行或者未全面履行出资义务的股东”应当是指出资义务履行期届满而未予履行的股东。至于上述持赞成加速到期的观点中的扩张解释，因无法律明文规定，在司法审判中不应采纳。

第二，股东出资认缴制系各股东在成立公司时依法所作的正当交易安排，且依据现行的工商登记管理制度，在注册公司时，工商登记管理中明确就此内容进行公示，公司债权人、其他股东、股权受让人作为理性的商事交易主体，在交易初，只要尽到基本的注意义务即可以明察。即使认为该项出资安排存在欺诈、违反诚实信用原则，亦不能因此认为认缴制度加大了债权不能即期实现的风险。

第三，为了防止股东认缴制最终成为“一纸空文”，现行法律已经规定了救济路径，即破产程序。如若公司进入破产程序，则即便未届履行期的出资义务，也应加速到期。在破产程序中，股东出资义务的加速到期是有明文规定的，同时处于破产程序，有利于全体债权人的共同利益之保护。如果部分债权人在普通诉讼程序中要求股东提前履行其出资义务，则有违反企业破产法禁止“提前个别清偿”的规定之嫌，从另一方面损害了其他债权人的利益，不仅不能保证债权人的利益，反而可能造成到期债权人抢夺未到期出资股东、争相诉讼的混乱局面。

对于股东出资义务能否在诉讼中加速到期，《最高人民法院第八次全国法院民事商事审判工作会议纪要》持否认观点。债权人依据《最高人民法院关于〈中华人民共和国公司法〉若干问题的规定（三）》第十三条第二款诉请公司股东承担补充赔偿责任的，应当限于出资义务已届履行期限而未全面履行的股东，如果在股东认缴制的前提下，股东出资义务未届履行期限债权人直接起诉股东偿还债务，缺乏明确的请求权基础，于法无据，债权人可以通过破产程序以求达到出资义务加速到期的效果。

在公司进入破产程序之前，对未到期出资的加速到期，本质上就是对股东期限利益的一种剥夺，在相关规范性法律文件未对此进行明确规定的情况下，不应以诉讼方式随意突破股东实缴出资期限，以认缴时间判定股东是否履行出资义务，并对股东个人苛以责任。具体到本案，鉴于姜国超提起本案诉讼是在强制执行阶段，基于股东出资义务不能加速到期的结论，不能追加未到出资期限的股东张明海、马红细、吴从金、杨长钟四股东作为被执行人。

编写人：北京市第一中级人民法院　孙鑫

19

其他执行案件的申请执行人能否参与被执行人为企业法人的执行案件的以物抵债程序

——广州亿浩贸易有限公司与茂名市茂南区区直债权债务清偿中心等外汇保证金代理交易纠纷执行异议案

【案件基本信息】

1. 裁判书字号

广东省广州市中级人民法院（2018）粤01执复12号执行裁定书

2. 事由：执行异议

3. 当事人

申请复议人（异议人）：广州亿浩贸易有限公司（以下简称亿浩公司）

申请执行人：茂名市茂南区区直债权债务清偿中心（以下简称茂南区中心）、茂名市茂南区高山镇农金会债权债务清偿中心（以下简称高山镇中心）、茂名市茂南区新坡镇农金会债权债务清偿中心（以下简称新坡镇中心）

被执行人：星汉期货经纪有限公司（以下简称星汉公司）、中国广东国际合作（集团）公司（以下简称中广公司）

【基本案情】

广东省广州市越秀区人民法院（以下简称越秀法院）在执行茂南区中心、高山镇中心、新坡镇中心与星汉公司、中广公司外汇保证金代理交易纠纷一案［（2014）穗越法执字第9209号］中，依法查封中广公司名下的涉案物业并进行了评估，经三次拍卖流拍后，茂南区中心、高山镇中心、新坡镇中心一致同意以变卖保留价对上述房产以物抵债给茂南区中心，以抵偿星汉公司、中广公司所欠茂南区中心、高山镇中心、新坡镇中心的部分债务。

另外，本案执行过程中，广州市中级人民法院依据亿浩公司与中广公司之间的借款合同纠纷作出的（1997）穗中法经初字第707号民事判决书，轮候查封了涉案物业，执行标的为700000元。2014年12月22日，根据亿浩公司的申请，广州市中级人民法院向越秀法院发出（1998）穗中法经执字第562号《参与分配函》。

亿浩公司不服越秀法院将上述房产进行以物抵债的执行行为，提出异议，请求撤销越秀法院裁定，将本执行案移送破产审查。

2017年8月25日，越秀法院告知亿浩公司称：鉴于被执行人中广公司是法人，对于普通债权的分配，按照执行中查封的顺序清偿，故拟将涉案物业中经拍卖变卖后仍未能成交的房产以物抵债给茂南区中心、高山镇中心、新坡镇中心；如亿浩公司向广州市中级人民法院（以下简称广州中院）申请中广公司破产需在10天内提出诉讼申请，如不申请破产起诉，就以物抵债提出执行异议的，也应在10天内向越秀法院书面提出异议，否则将依法处理，将标的物以物抵债给茂南区中心、高山镇中心、新坡镇中心。

2017年10月26日，亿浩公司以中广公司不能清偿到期债务且资产不足以清偿全部债务或明显缺乏清偿能力为由，向广州中院申请对中广公司进行破产清算，广州中院以（2017）粤01破申147号立案审查。后亿浩公司提出撤回破产清算申请，法院于2017年11月23日作出（2017）粤01破申147号民事裁定，准许亿浩公司撤回其对中广公司的破产清算申请。

【案件焦点】

执行案件被执行人为企业法人的，其他执行案件的申请执行人是否可以参与以物抵债。

【法院裁判要旨】

越秀法院经审查认为：根据《最高人民法院关于适用〈中华人民共和国民事诉讼法〉的解释》第五百零八条第一款“被执行人为公民或者其他组织，在执行程序开始后，被执行人的其他已经取得执行依据的债权人发现被执行人的财产不能清偿所有债权的，可以向人民法院申请参与分配”的规定，中广公司系独立法人，并非公民或者其他组织，故其无权申请参与分配；法院受理本执行案后，依法委托评估公司对涉案物业进行评估，并先后三次委托拍卖机构进行公开拍卖，并以第三次拍卖保留价变卖涉案物业，但均未能成交，现茂南区中心、高山镇中心、新坡镇中心同意以涉案物业直接抵偿部分债务，亿浩公司要求法院停止一切执行程序，缺乏法律依据。故越秀法院作出（2017）粤 0104 执异 159 号执行裁定：

驳回亿浩公司的异议。

亿浩公司不服，申请复议。广州中院认为：《最高人民法院关于适用〈中华人民共和国民事诉讼法〉的解释》第五百零八条第一款规定，被执行人为公民或者其他组织，在执行程序开始后，被执行人的其他已经取得执行依据的债权人发现被执行人的财产不能清偿所有债权的，可以向人民法院申请参与分配。该条款明确规定人民法院执行程序中适用参与分配制度的被执行主体是公民或者其他组织。本案被执行人中广公司是企业法人，越秀法院认为亿浩公司无权申请对执行款项参与分配，符合上述规定。本案审查的问题是亿浩公司要求参与分配的申请是否成立，亿浩公司并非越秀法院（2014）穗越法执字第 9209 号案的当事人，其复议提出将执行案件移送破产审查的问题，应向其作为申请执行人的案件的执行法院提出，另案处理。

综上所述，越秀法院裁定驳回亿浩公司异议请求的处理并无不当，亿浩公司要求撤销异议裁定的复议理由不成立，不予支持。依照《中华人民共和国民事诉讼法》第一百五十四条第一款第十一项、《最高人民法院关于人民法院办理执行异议和复议案件若干问题的规定》第二十三条第一项的规定，裁定如下：

驳回亿浩公司的复议申请，维持越秀法院（2017）粤 0104 执异 159 号执行裁定。

【法官后语】

本案例涉及执行程序中的以物抵债、参与分配及企业法人破产清算制度的关系。根据《最高人民法院关于适用〈中华人民共和国民事诉讼法〉的解释》第四百九十一条及第四百九十二条的规定，执行程序中的以物抵债可以分为申请执行人与被执行人合意的以物抵债及被执行财产无法拍卖及变卖时的以物抵债。本案例涉及的即第二种情形的以物抵债。参与分配制度是指经申请执行人申请，对被执行人为公民或其他组织的财产开始执行程序以后，该被执行人的其他已经取得执行依据的或者已经向人民法院起诉的债权人发现被执行人的财产不足清偿所有债权的，向执行法院申请，使债权得以部分受偿的制度。企业法人清算破产是在债务人丧失清偿能力时，法院强制对其全部财产清算分配、公平清偿债权人，或由债务人与债权人会议达成和解协议，或通过企业重整，避免债务人倒闭的法律制度。三种制度在执行程序，特别是被执行人财产不足以清偿所有债务之时均可能适用。在当前“基本解决执行难”的大语境下，本案例两级法院依法区别适用三种制度，体现了法治的基本精神。

1. 参与分配制度的适用范畴。我国当前的参与分配制度的根据是《最高人民法院关于适用〈中华人民共和国民事诉讼法〉的解释》第五百零八条，该条规定："被执行人为公民或者其他组织，在执行程序开始后，被执行人的其他已经取得执行依据的债权人发现被执行人的财产不能清偿所有债权的，可以向人民法院申请参与分配。”其中“其他组织”的外延是否应包括企业法人，对于该问题可运用整体解释的方法获得答案。《最高人民法院关于适用〈中华人民共和国民事诉讼法〉的解释》第五百一十三条规定：“在执行中，作为被执行人的企业法人符合企业破产法第二条第一款规定情形的，执行法院经申请执行人之一或者被执行人同意，应当裁定中止对该被执行人的执行，将执行案件相关材料移送被执行人住所地人民法院。”《企业破产法》第二条第一款即企业法人不能清偿到期债务，并且资产不足以清偿全部债务或者明显缺乏清偿能力的情形。把企业法人资不抵债的情形单列一条，由此可见，第五百零八条所确立的参与分配制度的“其他组织”的外延显然不应包括企业法人。

2. 参与以物抵债与参与分配之关系。亿浩公司先后提出异议和复议申请，请求法院停止将有关房产交茂南区中心抵偿部分债务的执行行为，其实质是要求参与以物抵债程序，以部分房产产权清偿其另案的部分债务。评判亿浩公司有无权利参与以物抵债，其问题的核心在于参与以物抵债与参与分配的关系。参与分配的本质是以被执行财产的价值清偿所有参与分配的债权。若被执行财产是存款、现金以外的动产、不动产或其他权利，需以其拍卖或变卖所得价款清偿所有参与分配的债权，是以变价款所体现的财产价值清偿债权。在被执行财产无法拍卖或变卖之时，则是以该项财产作价后的价值以清偿所有参与分配的债务，是以财产的象征价值清偿债权。因此，参与以物抵债只是参与分配中被执行财产清偿所有参与分配债权的一种形式。参与以物抵债以参与分配为前提，亿浩公司无权参与分配，故无权参与以物抵债。

3. 破产清算与以物抵债之关系。基于参与分配案件的范畴不包括被执行人为企业法人的情形，《最高人民法院关于适用〈中华人民共和国民事诉讼法〉的解释》作出了该类执行案件进入破产审查的相关规定。破产审理法院受理案件后，执行法院应当解除对被执行人财产的保全措施。但是，在本执行案中，茂南区中心等三申请执行人及被执行人中广公司均未向法院申请移送破产审查，而亿浩公司在其执行案件中，虽曾申请移送破产审查，但又撤回有关申请，故越秀法院不停止以物抵债的执行行为符合法律规定。另外，《最高人民法院关于适用〈中华人民共和国民事诉讼法〉的解释》第五百一十六条规定："当事人不同意移送破产或者被执行人住所地人民法院不受理破产案件的，执行法院就执行变价所得财产，在扣除执行费用及清偿优先受偿的债权后，对于普通债权，按照财产保全和执行中查封、扣押、冻结财产的先后顺序清偿。"越秀法院在有关房产无法清偿首封案件债权的情况下，将房产全部抵偿给茂南区中心的执行行为亦于法有据。

编写人：广东省广州市越秀区人民法院　梁嘉俊

20

申请撤销仲裁裁决、再次申请仲裁等行为是否构成执行时效的中断

——高士通中国投资有限公司与山东魅力四射文化娱乐管理有限公司执行异议案

【案件基本信息】

1. 裁判书字号

山东省高级人民法院（2018）鲁执复34号执行裁定书

2. 事由：执行异议

3. 当事人

复议申请人（申请执行人）：高士通中国投资有限公司（以下简称高士通公司）

异议人（被执行人）：山东魅力四射文化娱乐管理有限公司（以下简称魅力四射公司）

【基本案情】

中国国际经济贸易仲裁委员会（以下简称贸仲）于2014年9月11日作出（2014）中国贸仲京裁字第0786号裁决书（以下简称第0786号裁决书）。裁决主要内容为：确认魅力四射公司与高士通公司签订的《债权转让协议》合法有效，魅力四射公司应在裁决作出之日起10日内向高士通公司支付相应的债权转让款45640000元。高士通公司不服该仲裁裁决，向北京市第四中级人民法院申请撤销该仲裁裁决，该院于2015年6月19日作出（2015）四中民（商）特字第00108号民事裁定书，驳回高士通公司提出的撤销第0786号仲裁裁决书的申请。2015年2月28日，高士通公司向贸仲再次提出仲裁申请，请求魅力四射公司支付迟延付款违约金31842530元，随后于2015年8月14日变更仲裁请求为解除双方签署的《债权转让协议》及《补充协议》，裁定魅力四射公司支付迟延付款违约金31842530元。2017年7月10日，贸仲作出（2017）中国贸仲京裁字第0870号裁决书（以下简称第0870号裁决书），裁决驳回高士通公司解除《债权转让协议》《补充协议》和《债权转让协议补充协议二》的请求，魅力四射公司向高士通公司支付迟延付款违约金31202780元。2017年10月16日，高士通公司向法院申请强制执行第0786号裁决书，法院于2017年10月21日作出（2017）鲁01执701号执行通知书，责令魅力四射公司向高士通公司履行第0786号裁决书确定的义务。魅力四射公司认为高士通公司自收到该裁决书后，在长达三年的时间里未向法院申请执行，已超过申请执行时效，法院应裁定不予执行。高士通公司则认为其向魅力四射公司提出过履行请求；魅力四射公司在第0870号裁决一案仲裁审理过程中表明其出具了履行义务的承诺函；高士通公司分别向法院提出撤销仲裁裁决申请、向中国国际贸易仲裁委员会再次提出仲裁申请，这两个案件的处理结果均会影响第0786号裁决书的执行，若这两个案件支持了高士通公司的请求，则第0786号裁决书没有申请执行的必要。

【案件焦点】

1. 能否认定高士通公司在申请执行时效内提出了履行要求；2. 能否认定魅力四射公司在申请执行时效内作出了同意履行义务的意思表示。

【法院裁判要旨】

山东省济南市中级人民法院经审理认为：《最高人民法院关于适用〈中华人民共和国民事诉讼法〉的解释》第四百八十三条第一款规定，申请执行人超过申请执行时效期间向人民法院申请强制执行的，人民法院应予受理。被执行人对申请执行时效期间提出异议，人民法院经审查异议成立的，裁定不予执行。本案的争议焦点为高士通公司申请执行第0786号裁决书是否超过申请执行的时效。

《中华人民共和国民事诉讼法》第二百三十九条第一款规定，申请执行的期间为二年。申请执行时效的中止、中断，适用法律有关诉讼时效中止、中断的规定。《最高人民法院关于适用〈中华人民共和国民事诉讼法〉执行程序若干问题的解释》第二十八条规定，申请执行时效因申请执行、当事人双方达成和解协议、当事人一方提出履行要求或者同意履行义务而中断。从中断时起，申请执行时效期间重新计算。第0786号裁决书于2014年9月11日作出，其相关内容为要求魅力四射公司在裁决作出之日起10日内向高士通公司支付相应的债权转让款45640000元，即魅力四射公司应当在2014年9月22日前向高士通公司履行支付义务。据此，高士通公司向法院申请强制执行的时效也应自此时起计算两年，即截至2016年9月22日。而高士通公司向法院申请撤销第0786号裁决书以及再次申请仲裁的行为既不属于申请执行、双方达成和解协议，也不属于一方提出履行要求或者同意履行义务的法定情形，故不能认定为构成申请执行时效的中断。在第0786号裁决书作出之日起三年多的时间内，高士通公司未向法院申请执行，且无申请执行时效中止、中断的法定情形，故其申请本院强制执行上述裁决书已超过法定申请执行时效。

综上所述，魅力四射公司的异议请求成立，予以支持。依照《中华人民共和国民事诉讼法》第二百二十五条、第二百三十九条第一款，《最高人民法院关于适用〈中华人民共和国民事诉讼法〉的解释》第四百八十三条第一款，《最高人民法院关于人民法院办理执行异议和复议案件若干问题的规定》第十七条第一款第二项的规定，裁定如下：

对本院（2017）鲁01执701号案件不予执行。

高士通公司不服一审裁定，申请复议。山东省高级人民法院经审理认为，本案的焦点问题为本案是否存在申请执行时效中断的事由。根据《最高人民法院关于适用〈中华人民共和国民事诉讼法〉执行程序若干问题的解释》第二十八条规定，申请执行时效因申请执行、当事人双方达成和解协议、当事人一方提出履行要求或者同意履行义务而中断。结合高士通公司的复议理由，可以将本案的焦点问题分为两个：一是能否认定高士通公司在申请执行时效内提出了履行要求；二是能否认定魅力四射公司在申请执行时效内作出了同意履行义务的意思表示。

关于能否认定高士通公司在申请执行时效内提出了履行要求的问题。第一，高士通公司向法院提起了撤销仲裁裁决的申请、向贸仲提出了新的仲裁申请，两申请的审查结果虽然与第0786号仲裁裁决能否申请执行有关联，但这两个申请的内容并非对第0786号仲裁裁决所确认的债权主张权利，与申请执行不具有同等导致申请执行时效中断的效力。因此，上述两行为并不能引起申请执行时效的中断。第二，高士通公司主张自己提出了履行要求，系由向贸仲提出解除合同的仲裁请求推定而来，并没有其他明确的证据证明其曾向被执行人提出过履行要求。因此，不能认定高士通公司在申请执行时效届满前向魅力四射公司提出了履行要求。

关于能否认定魅力四射公司在申请执行时效内作出了同意履行义务的意思表示问题。魅力四射公司在2017年1月19日贸仲审理高士通公司申请仲裁一案的庭审过程中对履行义务作出了承诺，但是，第0786号裁决书系2014年9月11日作出，并及时送达了双方当事人。显然，在魅力四射公司作出履行承诺时，申请执行时效期间已经届满，而能够产生申请执行时效中断的履行义务的意思表示应当在申请执行期间内作出，期间届满后的履行承诺并不能产生申请执行时效中断的结果。因此，高士通公司以超出申请执行时效的履行承诺主张申请执行时效中断，没有法律依据，不予支持。

综上，本案既不能认定高士通公司在申请执行时效内提出了履行要求，也不能认定魅力四射公司在申请执行时效内作出了同意履行义务的意思表示。同时，本案也不存在其他导致申请执行时效中断的事由。因此，一审根据魅力四射公司的申请裁定本案不予执行，并无不当。综上，依照《中华人民共和国民事诉讼法》第二百二十五条、《最高人民法院关于人民法院办理执行异议和复议案件若干问题的规定》第二十三条的规定，裁定如下：

驳回高士通公司的复议申请，维持山东省济南市中级人民法院（2017）鲁01执异757号执行裁定。

【法官后语】

本案涉及的核心问题在于执行时效中断法定事由的认定以及执行时效期限届满后执行异议案件的审查处理。

关于执行时效中断法定事由的认定，《最高人民法院关于适用〈中华人民共和国民事诉讼法〉执行程序若干问题的解释》第二十八条对执行时效中断的法定事由作出了明确规定，即申请执行、当事人双方达成和解协议、当事人一方提出履行要求或者同意履行义务。本案中，作为执行依据的仲裁裁决书确认申请执行人与被执行人签订的《债权转让协议》合法有效，被执行人需要向申请执行人履行支付债权转让款的义务。申请执行人作为债权人，理应通过申请法院强制执行来实现债权，但其对该仲裁裁决书不服，通过申请撤销仲裁裁决、重新申请仲裁等行为来阻止生效仲裁裁决的履行，其本意是不想实现债权，亦不想申请执行来实现债权，并意图达到解除《债权转让协议》的目的。

当申请执行人申请法院强制执行时，被执行人主动援引执行时效进行抗辩，而申请执行人认为自己申请撤销仲裁裁决、重新申请仲裁等行为已构成执行时效中断的事由，对此，执行法院认为，执行时效制度设置的目的是督促权利人尽快主张实体权利，积极主动实现债权。而申请执行人所采取的一系列行为均不是积极主动实现债权，而是积极抵抗债权实现，这些行为均不是“申请执行”的行为，不具有与“申请执行”同等导致申请执行时效中断的效力，故无法引起执行时效中断的法律效果。

由于执行时效具有程序性权利性质，申请执行时效期间已过，申请执行人即丧失请求法院强制执行其债权的权利，但经执行依据所确认的当事人之间的实体权利并不消灭。若被执行人的异议理由成立，则法院应当针对这一程序性权利作出评价，而不应当针对实体权利作出处理。因此，本案的执行裁定书裁决事项为对法院作出强制执行通知书不予执行，而不是对仲裁裁决本身不予执行。

编写人：山东省济南市中级人民法院　李富建　尹逊航

21

生效法律文书排除执行的适用原则

——郴州市侨能达投资有限公司诉何曼忱案外人执行异议之诉案

【案件基本信息】

1. 裁判书字号

湖南省郴州市中级人民法院（2017）湘10民终825号民事判决书

2. 案由：案外人执行异议之诉

3. 当事人

原告（上诉人）：郴州市侨能达投资有限公司（以下简称侨能达公司）

被告（被上诉人）：何曼忱

第三人：林石泉

【基本案情】

2004年12月25日，林石泉与侨能达公司签订《购楼合同书（预售）》，约定购买侨能达公司开发的郴州市统一合众市场D116等十三间商铺（以下简称涉诉商铺）。合同签订后，林石泉办理了商品房预售登记备案。

法院在审理何曼忱与林石泉民间借贷纠纷一案过程中，依法查封林石泉购买的部分涉诉商铺，该案民事判决书生效后，林石泉未按期履行还款义务，何曼忱向法院申请强制执行。侨能达公司对此提出执行异议，法院裁定驳回后，侨能达公司不服，遂提起诉讼，要求解除查封。

另外，侨能达公司于2010年6月25日向另一法院提起诉讼，要求解除其与林石泉签订的《购楼合同书（预售）》，并要求赔偿损失，法院作出判决：确认终止该《购楼合同书（预售）》，并由林石泉承担违约金178752元。

【案件焦点】

侨能达公司是否对涉诉商铺享有足以排除强制执行的民事权益。

【法院裁判要旨】

湖南省郴州市北湖区人民法院经审理认为：《最高人民法院关于人民法院办理执行异议和复议案件若干问题的规定》第二十六条第二款规定，金钱债权执行中，案外人依据执行标的被查封、扣押、冻结后作出的另案生效法律文书提出排除执行异议的，人民法院不予支持。虽然涉案房屋登记在侨能达公司名下，但林石泉已办理了商品房预售合同登记备案，且侨能达公司提供的生效法律文书是在法院采取执行措施之后作出的，符合上述法律规定的情形，故对侨能达公司的诉讼请求，不予支持。依据《最高人民法院关于人民法院办理执行异议和复议案件若干问题的规定》第二十六条，《中华人民共和国民事诉讼法》第一百四十二条、第一百四十四条之规定，判决如下：

驳回侨能达公司的诉讼请求。

原告不服一审判决，提起上诉。湖南省郴州市中级人民法院经审理认为，《最高人民法院关于人民法院办理执行异议和复议案件若干问题的规定》第二十五条第一款规定："对案外人的异议，人民法院应当按照下列标准判断其是否系权利人：(一) 已登记的不动产，按照不动产登记簿判断……"侨能达公司提交了涉诉商铺的房屋所有权证，证明其为涉诉商铺的所有权人，何曼忱对此予以认可。林石泉虽与侨能达公司签订《购楼合同书（预售)》，且办理了商品房预售登记备案，但另一法院已经判决解除了该《购楼合同书（预售)》。因此，侨能达公司系涉诉商铺的所有权人，对此享有足以排除强制执行的民事权益。对侨能达公司请求停止对案涉商铺的强制执行，并解除对上述商铺查封的主张，予以支持。一审判决认定事实清楚，但适用法律错误，予以纠正。依照《中华人民共和国民事诉讼法》第一百四十四条、第一百七十条第一款第二项、第二百二十七条，《最高人民法院关于人民法院办理执行异议和复议案件若干问题的规定》第二十五条，《最高人民法院关于适用〈中华人民共和国民事诉讼法〉的解释》第三百一十二条的规定，判决如下：

一、撤销湖南省郴州市北湖区人民法院（2016）湘1002民初488号民事判决；

二、不得执行侨能达公司所有的案涉商铺，并解除对案涉商铺的查封。

【法官后语】

本案主要是认定侨能达公司对涉诉房产是否享有足以排除强制执行的民事权益，一审、二审适用不同司法解释的条款，进而得出结论相反的判决结果。对此，笔者拟就该案究竟该如何适用法律条款分析如下：

1. 执行异议是否成立的一般适用原则

执行异议是否成立大体上可以依次从以下三个方面予以考虑：一是是否享有民事权益，即案外人就执行标的是否享有民事权益。案外人依据相关法律规定对执行标的享有实体权利是案外人执行异议之诉成立的前提条件，该民事权益大致可以分为物权和债权两类。二是是否具有优先性，即该项民事权益是否优先于申请执行人所享有的权利。对此可从以下两方面考虑：一般情况下物权优于债权，数个物权并存时依相关法律规定；法定情形下特定债权优于物权，如承租人的租赁权，建筑工程施工合同中承包人的优先受偿权，土地使用权出让金的优先受偿权等。三是是否妨害权利行使，即法院的执行是否妨害了案外人相关权利的行使。某些情况下，案外人虽享有优先权，但执行行为并不妨害案外人权利的行使（如适用买卖不破租赁规定的情形），则异议也不能成立。

2. 另案生效法律文书对执行异议的影响

依照《最高人民法院关于人民法院办理执行异议和复议案件若干问题的规定》第二十六条的规定，如果另案生效法律文书对涉诉房产的权属作出新的处置，则法院应依据该文书的作出是在查封前或查封后的不同而作出不同处理。结合本案来看，另案生效法律文书是在一审法院查封以后作出的，依据该条规定，对原告要求解除查封的诉求应不予支持，似乎一审判决符合法律规定。但依据立法的本意来看，该第二十六条规定适用另案文书对涉诉房产的权属作出变更的情形，而本案生效文书是恢复原有物权。因此，一审援引法律条款错误。

3. 本案适用相关法律条文的具体情况分析

适用《最高人民法院关于人民法院办理执行异议和复议案件若干问题的规定》第二十六条的前提是另案生效法律文书对原有的物权作了变动处理，即该文书变更了不动产的权利人。而本案中，生效法律文书表面上是对物权作了变动，且是在采取执行措施之后作出的，理应适用该规定的第二十六条第二款，但仔细分析，生效文书所作的物权变动是撤销原来的物权变动，使之恢复到物权原来的状态，即从A到B，再从

B 回到 A。因此，本案并不适用该规定的第二十六条关于查封前后另案生效法律文书对执行标的所做的权属变动相关规定，而只能适用该规定的第二十五条的按执行标的登记簿记载来判断权属的规定。

编写人：湖南省郴州市北湖区人民法院　刘斌

22

隐名股东权益不能阻却金钱债权执行

——刘德恒等诉梁元和案外人执行异议之诉案

【案件基本信息】

1. 裁判书字号

重庆市第一中级人民法院（2017）渝 01 民终 5526 号民事判决书

2. 案由：案外人执行异议之诉

3. 当事人

原告（上诉人、案外人）：刘德恒、毛树明、蒋方绪

被告（被上诉人、申请执行人）：梁元和

第三人（被上诉人、被执行人）：蒋代龙

第三人（被上诉人）：汉源县东明煤业有限公司（以下简称东明公司）

【基本案情】

重庆市合川区人民法院在审理梁元和与蒋代龙民间借贷纠纷一案中，于 2016 年 7 月 29 日作出（2016）渝 0117 执保 255 号保全执行裁定书，冻结了蒋代龙名下在东明公司 20% 的股份，后该案进入执行程序。案外人刘德恒、毛树明、蒋方绪、何景伦提出异议申请，重庆市合川区人民法院于 2016 年 11 月 17 日作出（2016）渝 0117 执异 120 号执行裁定书，驳回刘德恒、毛树明、蒋方绪、何景伦的异议请求。刘德恒、毛树明、蒋方绪对该裁定不服，依法提起诉讼。

东明公司于 2010 年 3 月 23 日成立，注册资本为 600 万元，经营范围为煤炭生

产、销售。其公司章程第八条载明：股东徐广东，出资额300万元，股东顾国发，出资180万元，股东蒋代龙，出资120万元；第十五条第三项载明：股东依法转让其出资后，公司应将受让人姓名、住所以及受让的出资额记载于股东名册。2010年4月19日，刘德恒、蒋代龙、何景伦、杨伟签订《合伙协议》，约定四人各自出资90万元（共计360万元）共同购买东明公司原煤开采权和经营权，购买该企业20%的股权，2010年12月8日，见证人徐广东、顾国发在协议上签字，并加盖公司印章，但东明公司的公司章程及在工商行政管理机关登记的股东信息和企业信用信息公示系统公示的信息均未发生变更。

【案件焦点】

刘德恒、毛树明和蒋方绪三人依据《合伙协议》而享有的权益能否排除梁元和在生效判决书项下的金钱债权请求权。

【法院裁判要旨】

重庆市合川区人民法院经审理认为：《中华人民共和国公司法》规定，公司应当将股东的姓名或者名称及其出资额向公司登记机关登记，登记事项发生变更的，应当变更登记，未经登记或者变更登记的，不得对抗第三人。刘德恒、毛树明、蒋方绪虽认为诉争股份系其与蒋代龙、何景伦共同所有，但并未进行登记及变更，不能以其与蒋代龙有协议约定为由，对抗外部债权人对登记股东主张的正当权利，其债权人依据工商登记中心记载的股权归属，有权向法院申请对该股份的强制执行。故刘德恒、毛树明、蒋方绪是否为蒋代龙名下在东明公司20%股份的实际出资人，不影响梁元和进行强制执行的权利主张，故其请求停止对蒋代龙名下在东明公司20%股份强制执行的请求，不予支持。对于刘德恒、蒋代龙、何景伦、杨伟签订的《合伙协议》及刘德恒、毛树明、蒋方绪所称的享有合伙协议约定的份额，可另行向合同相对方主张权利。

重庆市合川区人民法院依照《中华人民共和国公司法》第三十二条第三款、《最高人民法院关于人民法院办理执行异议和复议案件若干问题的规定》第二十五条第一款第四项、《中华人民共和国民事诉讼法》第二百二十七条、《最高人民法院关于适用〈中华人民共和国民事诉讼法〉的解释》第三百一十二条第一款第二项之规定，作出如下判决：

驳回刘德恒、毛树明、蒋方绪的诉讼请求。

刘德恒、毛树明、蒋方绪不服一审判决，提起上诉。重庆市第一中级人民法院审理认为，依据《中华人民共和国公司法》第三十二条第三款的规定，隐名股东在公司对外关系上不具有公示股东的法律地位，不能以其与名义股东之间的约定为由对抗外部债权人对名义股东主张的正当权利。同时，东明公司章程亦载明：股东依法转让其出资后，公司应将受让人姓名、住所以及受让的出资额记载于股东名册。刘德恒、毛树明、蒋方绪未举示证据证明其受让股份后按照公司章程规定，将其姓名、住所以及受让的出资额记载于股东名册。因此认定刘德恒、毛树明、蒋方绪举示的证据不能证明其对执行标的享有足以排除强制执行的民事权益，一审判决驳回刘德恒、毛树明、蒋方绪的该项诉讼请求并无不当。

重庆市第一中级人民法院依照《中华人民共和国民事诉讼法》第一百七十条第一款第一项的规定，作出如下判决：

驳回上诉，维持原判。

【法官后语】

首先，《合伙协议》部分条款具有股权代持性质。在蒋代龙将其持有的15%的股权以总价270万元的价格转让给刘德恒、何景伦、杨伟三人后，基于特殊考虑，由蒋代龙继续持有该20%的股份，实际上是蒋代龙持本人股份5%，代刘德恒、何景伦、杨伟三人持有股份15%。“蒋代龙直接代理行使股东权利和承担股东义务，其他三人不直接对该企业行使股东权利和承担股东义务”，属于典型的股权代持安排，其中蒋代龙为显名股东，刘德恒与何景伦、杨伟作为隐名股东。其后，杨伟将自己名下5%的股权转让给毛树明和蒋方绪，毛树明和蒋方绪、刘德恒、蒋代龙、何景伦仍然履行《合伙协议》关于股东代持及合伙等相关安排，毛树明、蒋方绪、刘德恒、何景伦仍为隐名股东。

其次，隐名股东尚不具备股东的法定身份地位。《最高人民法院关于适用〈中华人民共和国公司法〉若干问题的规定（三）》第二十四条第三款规定，实际出资人“显名”须经过公司其他股东过半数同意。显然，股权代持协议并不具有约束公司的法律效力。因此，《公司法》虽承认股权代持协议的效力并对实际出资人予以保护，但这种保护是以股权代持协议为基础，体现对协议双方私法领域意思自治的尊重，而对于实际出资人能否在公司中享有股东权益的问题，仍然应当遵守公司法的规定。实际出资人向名义股东主张权利的基础仍然是债权请求权。隐名股东在尚未完成股东名册登记或者股东名册上的股东名义变更前，不具有股东的身份地位，不能以其股权安排对抗公司。

最后，隐名股东不具有对抗第三人之法律效力。《公司法》第三十二条第二款规定："记载于股东名册的股东，可以依股东名册主张行使股东权利。"第三款规定："公司应当将股东的姓名或者名称向公司登记机关登记；登记事项发生变更的，应当办理变更登记。未经登记或者变更登记的，不得对抗第三人。"从条款上下文的逻辑含义看，记载于股东名册的股东，具有股东的身份地位，行使股东权利，承担股东义务；记载于股东名册的股东未经公司登记机关登记或者股东名册的登记事项发生变更而未在公司登记机关进行变更登记的，不得对抗第三人。记载于股东名册但未经登记的股东尚不具有对抗第三人的效力，未记载于股东名册的幕后出资人更无对抗效力可言。

另外，从责任财产角度看，在执行程序中坚持权利外观主义具有一定的合理性。实际出资人通过股权代持将其股权登记在他人名下，客观上造成实际出资人名下可以用来承担民事责任的财产减少，股权被法院当作责任财产被执行的概率大幅降低。因此，基于公平原则，当借名人将其财产登记在他人名下时，降低了借名人作为被执行人时该财产被执行的可能性，就应当承担被借名人作为被执行人时该财产被执行的风险。所以，隐名股东权益不能阻却金钱债权执行。

编写人：重庆市第一中级人民法院　杨红平

23

执行案件结案通知书是否为发生物权变动的法律文书

——朱正龙诉朱春甫等执行异议之诉案

【案件基本信息】

1. 裁判书字号

江苏省淮安市中级人民法院（2017）苏08民终74号民事判决书

2. 案由：执行异议之诉

3. 当事人

原告（上诉人、执行案外人）：朱正龙

被告（被上诉人、申请执行人）：朱春甫

被告（被执行人）：淮安市常绿园林工程有限公司（以下简称常绿公司）、王在君

【基本案情】

2012年5月1日，王在君从朱正龙处借款1610000元，由常绿公司等进行担保。2012年8月1日，朱正龙诉至江苏省淮安市淮安区人民法院（以下简称淮安区法院）。2012年8月3日，朱正龙与常绿公司、王在君经淮安区法院主持调解，双方自愿达成协议：常绿公司、王在君于2012年8月5日前给付朱正龙1610000元。据此，淮安区法院作出（2012）淮法席民初字第0356号民事调解书。该民事调解书生效后，常绿公司、王在君没有履行还款义务，朱正龙向淮安区法院申请强制执行。执行期间，朱正龙与王在君、常绿公司于2013年5月21日订立和解协议，其中第二条内容为：王在君、常绿公司用位于本区席桥镇黄桥村淮安市常绿园林工程有限公司上下二层四间约1200平方米房屋作价1500000元（含车库、地下室及庭院面积）给朱正龙折抵借款。2013年5月21日，淮安区法院作出（2012）淮法执字第802号执行案件结案通知书，内容为：朱正龙依据已发生法律效力的（2012）淮法席民初字第0356号民事调解书，向淮安区法院申请执行民间借贷纠纷一案，在执行中：1. 被执行人给付现金60001.55元；2. 淮安市常绿园林工程有限公司所有的位于本区席桥镇黄桥村某房屋（涉案房屋）作价1500000元给朱正龙折抵借款；3. 执行余款69288.45元，朱正龙表示放弃。该案已全部执行完毕。后常绿公司、王在君将涉案房屋及所有权证交付给朱正龙，朱正龙又将涉案房屋出租给王在君使用。

2012年6月17日，王在君、常绿公司因绿化工程需要资金周转向朱春甫借款996000元，由杨爱军提供了担保。朱春甫向常绿公司、王在君索要未果，于2015年2月9日诉至淮安区法院，该院于2015年3月23日作出（2015）淮法席民初字第00205号民事判决书，判决：王在君和淮安市常绿园林工程有限公司于本判决生效之日起十日内共同返还朱春甫借款996000元；杨爱军对王在君、淮安市常绿园

林工程有限公司的上述债务承担连带清偿责任。后朱春甫据此向淮安区法院申请强制执行。在执行过程中，淮安区法院于2015年6月29日作出（2015）淮法执字第1339号执行裁定书，查封了涉案房屋。朱正龙遂向淮安区法院提出书面执行异议，要求解除查封。

【案件焦点】

（2012）淮法执字第802号执行案件结案通知书是否属于导致物权变动的法律文书。

【法院裁判要旨】

淮安区法院经审理认为，《最高人民法院关于适用〈中华人民共和国民事诉讼法〉的解释》第四百九十一条规定，经申请人和被执行人同意，且不损害其他债权人合法权益和社会公共利益的，人民法院可以不经拍卖、变卖，直接将被执行人的财产作价交申请人抵偿债务。第四百九十三条规定，拍卖成交或者依法定程序裁定以物抵债的，标的物所有权自拍卖成交裁定或者抵债裁定送达买受人或者接受抵债物的债权人时转移。涉案房屋用于抵债的协议，系朱正龙与王在君、常绿公司之间在法院执行期间自行订立的和解协议，而法院并未依法作出涉案房屋的抵债裁定，故涉案房屋的所有权并没有发生转移，仍属于常绿公司所有。朱正龙未提供充分证据证明其对涉案房屋享有足以排除强制执行的民事权益，其要求法院停止对涉案房屋强制执行，并解除查封的诉讼请求，缺乏法律依据，不予支持。判决：

驳回朱正龙的诉讼请求。

朱正龙不服一审判决，提起上诉。江苏省淮安市中级人民法院经审理认为：本案争议焦点为在执行和解过程中，王在君、常绿公司已将涉案房屋抵押给朱正龙，一审法院再次对涉案房屋进行查封是否合法。

物权的变动分为基于法律行为而进行的物权变动以及非基于法律行为而发生的物权变动。前者主要是基于当事人单方或者双方的意思表示而对物权进行的变动，这种变动要遵循物权公示的一般原则才能发生公信力的效力。《中华人民共和国物权法》（以下简称《物权法》）第九条第一款规定，不动产物权的设立、变更、转让和消灭，经依法登记，发生效力；未经登记，不发生效力，但法律另有规定的除外。第二十三条规定，动产物权的设立和转让，自交付时发生效力，但法律另有规定的除外。后者主要有：人民法院、仲裁机构作出的法律文书、人民政府作出的征收决定以及继承、受遗赠、合法建造、拆除房屋等。这是物权变动一般原则的例外。《物权法》第二十八条规定，因人民法院、仲裁委员会的法律文书或者人民政府的征收决定等，导致物权设立、变更、转让或者消灭的，自法律文书或者人民政府的征收决定等生效时发生效力。涉案房屋的物权归属问题显然属于后者，那么淮安区法院的执行案件结案通知书是否属于法律文书则成为关键。

《最高人民法院关于适用〈中华人民共和国物权法〉若干问题的解释（一）》第七条规定，人民法院、仲裁委员会在分割共有不动产或者动产等案件中作出并依法生效的改变原有物权关系的判决书、裁决书、调解书，以及人民法院在执行程序中作出的拍卖成交裁定书、以物抵债裁定书，应当认定为物权法第二十八条所称导致物权设立、变更、转让或者消灭的人民法院、仲裁委员会的法律文书。《最高人民法院关于人民法院办理执行异议和复议案件若干问题的规定》第二十六条第一款第三项规定，金钱债权执行中，案外人依据执行标的被查封、扣押、冻结前作出的另案生效法律文书提出排除执行异议，人民法院应当按照下列情形，分别处理：（三）该法律文书系案外人受让执行标的的拍卖、变卖成交裁定或者以物抵债裁定且其权利能够排除执行的，应予支持。可见，淮安区法院的执行案件结案通知书不属于《物权法》第二十八条规定的法律文书，并不发生物权变动的法律效力。故朱正龙的上诉请求不能成立，应予驳回；一审法院认定事实清楚，适用法律正确，应予维持。判决：

驳回上诉，维持原判。

朱正龙不服一审、二审判决，申请再审。江苏省高级人民法院经审理认为：朱正龙与王在君、常绿公司在执行中达成和解协议，约定用案涉房产抵债，淮安区法院仅在执行结案通知书中载明了以案涉房产抵债的情况，并未作出以案涉房产抵债的裁定，现案涉房产并未过户登记，所有权未转移，本案也不符合《最高人民法院关于人民法院办理执行异议和复议案件若干问题的规定》第二十六条第一款第三项规定的可以排除执行的情形，故案涉房产所有权仍属于常绿公司所有，朱正龙对案涉房产不享有法定可以排除执行的权利。朱正龙申请再审理由依据不足，不予支持。裁定如下：

驳回朱正龙的再审申请。

【法官后语】

本案涉及执行和解协议的效力、执行阶段“以房抵债”的效力以及法院出具的执行案件结案通知书的性质及效力三个问题，此三种情形的效力认定直接影响涉案房屋所有权转移成立与否。

1. 执行和解协议的自愿性及对所有权转移的影响

执行和解协议是在执行过程中双方当事人自行和解达成协议，是双方当事人基于自愿，本着互谅互让、自愿处分的原则进行协商达成的。当事人对自己的权利自愿处分，同时也应对风险有一定的预见并自愿承担。

如果一方当事人不履行已经达成的和解协议，法院只能依据对方当事人的申请恢复对原生效法律文书的执行，而不能对该和解协议予以强制执行。故执行和解协议能否对执行标的所有权产生影响，主要考察和解协议内容，如果双方依照和解协议进行了所有权转移变更，则该变更在不违反法律且不损害国家、集体及第三人利益的情况下，可以产生变更所有权的效力，反之则无效力。

本案中，朱正龙与常绿公司、王在君约定用涉案房屋给朱正龙折抵借款。该协议出于双方自愿，在双方没有办理产权转移手续的情况下，以和解协议方式履行完毕。上述行为是朱正龙对其权利的自愿处分，也应承担没有办理产权转移手续可能引起其他法律纠纷的风险。在和解协议合法性无问题时，法院在此过程中保持中立，尊重双方对其权利的处分和风险的承担。因双方未办理产权转移手续，故不能产生所有权转移的效力。

2. 执行阶段“以物抵债”的效力

为提高执行效率，法律赋予法院在一定条件下，可以裁定将被执行人的财产作价交付给申请执行人抵偿债务。《最高人民法院关于适用〈中华人民共和国民事诉讼法〉的解释》第四百九十一条规定，经申请执行人和被执行人同意，且不损害其他债权人合法权益和社会公共利益的，人民法院可以不经拍卖、变卖，直接将被执行人的财产作价交申请执行人抵偿债务。对剩余债务，被执行人应当继续清偿。第四百九十三条规定，拍卖成交或者依法定程序裁定以物抵债的，标的物所有权自拍卖成交裁定或者抵债裁定送达买受人或者接受抵债物的债权人时转移。根据上述规定，法院就执行程序中的以物抵债行为，应严格审查当事人之间的以物抵债协议是否存在损害其他债权人合法权益、社会公共利益的情形，通过以物抵债实现债权清偿的同时，亦应防止侵犯他人权益及社会公共利益。由此规定还可以看出，除了当事人之间可以通过和解协议对“以物抵债”作出约定，法院也可以使用裁定将被执行人财产作价抵债，并且该裁定具有转移所有权的效力。

3. 执行案件结案通知书不具有裁定的效力

执行案件结案通知书作为执行案件终结的告知类法律文书，它的主要作用在于告知双方当事人该起执行案件已经执行完毕，其是在经过执行阶段的查封、扣押、拍卖等程序后，财产关系等已经处理完毕后作出的程序性告知，该通知书本身不具备确定申请执行人与被执行人之间权利义务、财产关系的属性。

《最高人民法院关于适用〈中华人民共和国物权法〉若干问题的解释（一）》第七条规定，在案件审判及执行过程中，可以对不动产或者动产等改变其原有物权关系的法律文书有判决书、裁决书、调解书，以及人民法院在执行程序中作出的拍卖成交裁定书、以物抵债裁定书。本案中涉及的执行案件结案通知书并不属于这类法律文书的一种，不具备改变涉案房产所有权的效力。

编写人：江苏省淮安市淮安区人民法院　任志凤

24

执行程序中不宜直接认定民事调解书以违约为条件的给付内容

——无锡崇蝠房产开发有限公司与葛渭清、吴兰英执行异议案

【案件基本信息】

1. 裁判书字号

江苏省高级人民法院（2017）苏执复160号执行裁定书

2. 事由：执行异议

3. 当事人

异议人（复议申请人、被执行人）：无锡崇蝠房产开发有限公司（以下简称崇

蝠公司）

申请执行人：葛渭清、吴兰英

【基本案情】

葛渭清、吴兰英与崇蝠公司、云蝠投资控股有限公司、郭健商铺置换合同纠纷一案，江苏省无锡市中级人民法院（以下简称无锡中院）作出（2014）锡民初字第0111号民事调解书，明确：一、崇蝠公司于2016年8月31日前交付葛渭清、吴兰英相应商铺（详见附图阴影部分，对于目前由第三人占用的面积，葛渭清、吴兰英同意宽限至2016年10月31日前由崇蝠公司全部交付）。二、因第二层商铺的功能、结构更改，崇蝠公司于2016年8月31日前支付葛渭清、吴兰英违约金300万元。三、崇蝠公司支付葛渭清、吴兰英担保不能的补偿款1400万元（自2014年4月26日起至2016年8月26日止，按每年600万元计算）。付款期限：2016年9月30日前支付700万元；2016年10月31日前支付700万元。四、崇蝠公司支付葛渭清、吴兰英租金补偿款600万元（自2015年10月1日起至2016年8月26日止）。付款期限：2016年8月31日前支付500万元；2016年9月30日前支付100万元。五、崇蝠公司于2016年10月31日前将商铺产权证办至葛渭清、吴兰英名下，葛渭清、吴兰英应予以协助。六、崇蝠公司如期完成产权办证手续，葛渭清、吴兰英不再向崇蝠公司主张2016年8月27日之后的担保不能补偿款。七、如崇蝠公司因自身原因未如期完成产权办证手续，崇蝠公司应承担自2016年8月27日起至完成办证手续之日止的担保不能补偿款（按600万元/年计算）；如由于葛渭清、吴兰英的原因致使崇蝠公司未能如期完成产权办证手续的，崇蝠公司不承担相关责任。八、云蝠投资控股有限公司、郭健对崇蝠公司关于上述第二、三、四、七项的付款、违约责任承担连带责任。

因崇蝠公司未履行上述义务，葛渭清、吴兰英向无锡中院申请执行。无锡中院在执行中作出（2016）苏02执490号执行裁定并冻结崇蝠公司银行存款213.7万元。崇蝠公司向无锡中院提出执行异议，称其已履行完毕调解书规定的义务，延迟办证不是基于其自身原因故不应承担责任，请求法院停止执行，解除对其银行账户的查封。

【案件焦点】

案件进入执行程序后，执行法官发现生效民事调解书给付内容不明确、须以新发生的违约事实为条件的，能否在执行程序中直接解决当事人在履行民事调解书过程中新产生的违约责任争议。

【法院裁判要旨】

无锡中院经审理认为：依据调解书约定，崇蝠公司须于2016年10月31日前将涉案商铺产权证办至葛渭清、吴兰英名下。但因崇蝠公司取得初始登记证延期，未如期将产权证办理至葛渭清、吴兰英名下。且崇蝠公司未能举证证明2016年10月31日前未办理产权证系葛渭清、吴兰英导致，根据调解书应承担违约责任。又因调解书第七条已明确崇蝠公司违约责任的计算方法，即承担自2016年8月27日起至完成办证手续之日止的担保不能补偿款（按600万元/年计算），故无需另行诉讼。执行法官依据调解书确定担保不能补偿款的数额并进行查封并无不当。无锡中院裁定：

驳回崇蝠公司的异议请求。

崇蝠公司不服无锡中院所作执行裁定，申请复议。江苏省高级人民法院经审理认为：本案民事调解书第五、六、七项三项规定并未明确崇蝠公司承担担保不能补偿款的内容。崇蝠公司是否因自身原因未如期完成产权办证手续；如果是，则其因自身原因导致产权办证手续延误的时间应如何计算；相应的担保不能补偿款应如何承担等问题，均属于与案件审结后新发生事实相结合而形成的新的实体权利义务争议，并非简单的事实判断，在执行程序中直接予以认定，缺乏程序的正当性和必要的程序保障。为能够更加有效地保障各方当事人的合法权益，应通过另行提起诉讼的方式予以解决。江苏省高级人民法院遂裁定：

一、撤销无锡中院（2017）苏02执异78号执行裁定；

二、撤销无锡中院（2016）苏02执490号执行裁定。

【法官后语】

1. 生效民事调解书确定的给付内容以新发生的违约事实为条件，不宜在执行程序中直接认定违约责任

《最高人民法院关于适用〈中华人民共和国民事诉讼法〉的解释》第四百六十

三条第一款规定："当事人申请人民法院执行的生效法律文书应当具备下列条件：(一) 权利义务主体明确；(二) 给付内容明确。"由此可见，申请法院强制执行的调解书必须给付内容明确、具体，具有可执行性。本案生效调解书第五、六、七项规定了崇蝠公司限期办理产权证义务、葛渭清和吴兰英的协助义务、各自违约所应当承担的违约责任等内容，但对协助义务、各自原因为何并未明确，导致双方就违约主体各执一词，不能达成一致。况且，双方当事人在履行生效调解书过程中是否违约、是否系自身原因造成的违约、对方是否存在违约、因自身原因导致产权办证手续延误的时间应如何计算等均属于与案件审结后新发生事实相结合而形成的新的实体权利义务争议。而审执分离原则及执行程序的特殊性决定了在执行程序中无法审查判断当事人超出执行依据的实体权利诉求，否则缺乏程序的正当性和必要的程序保障。本案中，执行法官对崇蝠公司未按调解书确定的期限履行义务，延期办产权证导致的违约责任径直予以判断，出具执行裁定并对崇蝠公司财产采取强制执行措施显属执行权的扩张。《民事诉讼法》第二百二十五条第一款规定，当事人、利害关系人认为执行行为违反法律规定的，可以向负责执行的人民法院提出书面异议。故本案中通过执行异议复议程序对执行行为是否违法问题进行判断并裁定撤销相关执行行为。

2. 生效法律文书执行内容不明确的解决路径

实践中，生效法律文书尤其是民事调解书易出现给付内容不明确的问题，不仅给执行工作造成困扰，而且易导致涉执信访。若此类案件已经执行立案，执行人员应通过下列方式明确执行内容后予以执行：(1) 由当事人自行协商或组织当事人协商，尽可能协商一致使执行内容明确；(2) 若生效法律文书事实认定、说理部分对有关给付内容已进行认定的，可视为执行内容明确，经合议研究后予以执行；(3) 征询作出生效法律文书的承办人及其合议庭意见，待其补正或者说明使执行内容明确；(4) 与当事人沟通，力促达成执行和解并履行。经采取上述方式执行内容仍无法明确的，可裁定驳回执行申请，告知当事人另行诉讼确认。

编写人：江苏省无锡市中级人民法院 杨曦 朱金彩

25

执行程序中物权登记制与夫妻共同财产约定制的冲突及解决

——张女诉梁某案外人执行异议之诉案

【案件基本信息】

1. 裁判书字号

广东省江门市蓬江区人民法院（2016）粤0703民初5631号民事判决书

2. 案由：案外人执行异议之诉

3. 当事人

原告：张女

被告：梁某

第三人：李某男

【基本案情】

张女和李某男于2012年1月19日登记结婚，之后共同购买了位于江门市蓬江区五邑碧桂园漫绿十街1幢×室房屋，并经登记取得了产权人为张女、李某男的房产证。2013年7月8日，张女和李某男协议离婚并约定上述涉案房屋归女方所有，男方配合女方办理产权变更登记手续。女方自愿支付40000元补偿男方买房首付费用，在没有成功办理产权变更登记手续前，女方每月向男方账户支付4000元用于支付每月房贷和物业管理费。协议签订后，张女依约向李某男支付了40000元补偿费和每月通过转账的方式将房贷款转到李某男的账号用于偿还涉案房屋的银行贷款等。2015年5月15日，张女与王某签订了《房屋租赁协议》，约定将讼争房屋出租给他人居住使用至2015年12月31日。李某男针对委托张女办理还贷、出售、出租讼争房屋等事宜进行了公证。

2014年8月30日，李某男向梁某借款60000元，后因李某男逾期未还款，梁某起诉至法院，经法院调解结案后，李某男仍不履行法律文书所确定的义务，梁某便向法院申请强制执行。2015年11月23日，法院查封了张女和李某男共同共有的涉案房屋，张女为此向法院提出案外人异议。2016年9月12日，法院作出（2016）粤0703执异40号执行裁定书，裁定驳回张女的异议，张女对该裁定不服，遂提起本案诉讼。

【案件焦点】

张女依据《离婚协议书》对讼争房产享有的权利是否足以排除执行。

【法院裁判要旨】

广东省江门市蓬江区人民法院经审理认为，张女与李某男于2013年7月8日签订《离婚协议书》，约定讼争房产归张女所有，该约定是就婚姻关系解除时财产分配的约定，且现有证据并不能证明张女与李某男之间存在恶意串通逃避债务的主观故意，故在讼争房产办理过户登记之前，张女享有将讼争房产的所有权变更登记至其名下的请求权，具有排除执行的效力，理由如下：

第一，从成立时间上看，该请求权要早于梁某因与李某男民间借贷纠纷所形成的金钱债权。债权的成立时间尽管并不影响债权的平等性，但是在若干情形下对于该债权能否继续履行以及继续履行的顺序会产生影响。第二，从内容上看，张女的请求权系针对讼争房屋的请求权，而梁某的债权为金钱债权，并未指向特定的财产。在张女占有讼争房屋的前提下，其要求将讼争房产的所有权变更登记至其名下的请求权，也应当优于梁某的金钱债权。第三，从性质上看，梁某与李某男之间的金钱债权，系李某男与张女的婚姻关系解除后发生的，属于李某男的个人债务。在该债权债务发生之时，讼争房屋实质上已经因张女与李某男之间的约定而不再成为李某男的责任财产。第四，从发生的根源上看，讼争房产系张女与李某男婚姻关系存续期间因共同购买而产生的夫妻共同财产，在张女与李某男婚姻关系解除之时约定讼争房产归张女所有。从功能上看，该房产具有为张女提供生活保障的功能，况且张女在签订《离婚协议书》后亦按约定向李某男支付了相关补偿款项以及实际承担了讼争房产每月产生的房贷和物管费用至今，故与梁某的金钱债权相比，张女享有的请求权在伦理和情理上均具有一定的优先性。广东省江门市蓬江区人民法院依法作出判决：

不得执行位于江门市蓬江区五邑碧桂园漫绿十街1幢×室房产。

【法官后语】

1. 应正确定位执行程序与审判程序的审查标准

案外人执行异议是指案外人对全部或部分执行标的主张所有权，或者有其他足以阻止执行标的转让、交付的实体权利的情形，进而要求法院停止或变更执行的请求。该类诉讼因涉及案外人实体权利争议，应进入审判程序由法官审理裁判。由于执行程序需要贯彻已生效判决的执行力，注重对执行程序效率及申请执行人利益的维护。相比诉讼程序，执行程序相对简单，执行人员以裁定方式解决案外人或当事人提出的实体性异议。因此在执行程序中，对物权权属的判断采用形式判断的方法，主要是根据权利外观如是否进行过物权登记来进行判断，而执行异议之诉作为诉讼程序，其对权属的判断标准应是实质判断，即对案外人是否对执行标的物享有足以阻止执行的权利进行全面审查而作出判断。异义是否成立，应根据案件的具体情况和异议人所主张的权利、申请执行人债权实现的效力以及被执行人对执行标的的权利作出比较后综合判断，从而确定异议人的权利是否能够排除执行。

2. 应正确协调适用《物权法》与其他相关法律

在司法实践中，审理该类案件的难点之一是在执行程序中物权登记公示公信力与夫妻财产约定制之间的冲突问题。该冲突会在执行程序中引出不同程序价值、当事人利益之间的诸多矛盾。若停止执行不仅影响了物权登记的公示效力，也有悖于执行程序基于内在价值追求对执行标的权属进行形式化判断的一般做法，进而影响执行程序的效力以及申请执行人的利益，故案外人若以其对执行标的享有所有权而提起该类诉讼的，法院应在全面审查案件的基础上进行审慎判断和处理。就本案而言，究其冲突的根本原因，是《物权法》与《婚姻法》在适用上的优先选择问题。我国《物权法》第九条确定了不动产登记的公示原则，但是其但书规定：“未经登记，不发生效力，但法律另有规定的除外。”这为包括《婚姻法》在内的相关法律留下了在具体案件中适用上的空间。司法实践中有观点认为，在物权变动原因行为真实有效，不涉及第三人利益的情况下，应注重保护事实物权人。笔者赞同该观点，而将该观点运用到本具体案例中可发现，案外人与被执行人所签订的离婚协议是其双方真实意思表示，所约定的涉案房屋归属发生在被执行人与申请执行人的债权债务产生之前，该离婚协议签订当时并不涉及第三人的利益，且案外人根据约定内容已实际履行了协议义务，对涉案房屋因银行贷款未还清、法院采取查封措施而无法过户登记至自己名下没有过错。综合以上因素考虑，本案在涉及家事伦理的公平价值与执行程序的效率价值间进行平衡而优先保护了案外人在先成立的合同履行请求权，进而保护了事实物权人。这一裁判思路能较好地解决房屋权属登记情况与实际情况不一致进而与执行程序产生冲突的问题。

3. 应正确把握案外人执行异议之诉的救济目的

案外人执行异议之诉是案外人因法院强制执行措施的启动或实施损害了其实体权益而提出的，其不再是单纯解决当事人之间因经济往来或社会生活所产生的矛盾，而是通过赋予案外人私法诉权的方式使其具有对抗执行程序这一公权力行使的合法权源，是保护案外人合法民事权益的重要法律途径。从司法实践看，除案外人基于对特定执行标的所享有的物权，包括所有权、共有权、用益物权、担保物权等基于法律明文规定能较好进行判断的权利外，司法难点往往在于其他足以阻却执行行为的实体权利的判断，如特定债权，其虽不具有物权的公示效力和对抗效力，如本案原告对讼争房屋的请求权，但已经具备足以排除执行行为的效力；又如，最具物权性质的租赁权、具有一定权利外观要求的股权、作为一种事实状态的合法占有等。针对该类权益，当事人往往争议较大，法院应审慎判断私法上实体法律关系，以保护真正的权利人，并平衡案外人执行异议之诉中存在的强制与救济的紧张关系。

编写人：广东省江门市蓬江区人民法院　陈华

26

执行担保与债务加入之辨析

——袁长宝申请追加被执行人案

【案件基本信息】

1. 裁判书字号

北京市高级人民法院（2017）京执复101号执行裁定书

2. 事由：变更、追加当事人

3. 当事人

复议申请人（申请执行人）：袁长宝

被执行人：北京中亚香实业集团有限公司（以下简称中亚香公司）

第三人：齐麟

【基本案情】

2016年8月23日，北京仲裁委员会就袁长宝与中亚香公司合同纠纷一案，作出（2016）京仲裁字第1138号仲裁裁决："一、中亚香公司向袁长宝返还合同款600000元；二、中亚香公司承担袁长宝因本案支付的差旅费800元及律师费16000元；三、仲裁费29577.44元，由袁长宝承担5915.49元，由中亚香公司承担23661.95元，中亚香公司直接向袁长宝支付垫付的仲裁费23661.95元……"袁长宝于2016年9月12日申请执行，北京市第二中级人民法院于2016年9月19日以（2016）京02执830号立案执行。

执行过程中，袁长宝与中亚香公司、齐麟三方于2016年12月15日达成《执行和解协议书》并提交法院。该协议书约定，"乙（即中亚香公司）、丙（即齐麟）对裁决书确定的支付义务不持有异议""甲（即袁长宝）、乙、丙三方约定：（1）丙方承诺和乙方共同向甲方支付仲裁款项。（2）乙、丙承诺分五笔向甲方支付仲裁款项640461.95元，于2016年1月25日前向甲方支付第一笔款项180000元；2017年3月11日前向甲方支付第二笔款项……（3）乙、丙若能如期履行上述第一笔款项的约定，甲方同意于收到第一笔全部款项的次日撤回追加史晴、齐麟为被执行人的申请。（4）乙、丙若能如期履行上述款项，甲方同意免除乙方逾期利息支付的责任""丙方自愿对乙方向甲方履行本协议确定的支付款项承担连带保证责任并承诺如未能按期支付同意执行法院直接执行其个人名下全部财产直至还清全部本息止""本协议履行过程中，如乙、丙方不履行或不完全履行和解协议约定的内容即未按期支付相应款项的视为所欠款项全部到期，甲方可向法院申请恢复对原生效文书的执行，并要求丙方承担连带保证责任"。

袁长宝申请追加齐麟为案件的被执行人。袁长宝称，协议书签订后，中亚香公司、齐麟仅支付了部分款项，未再如约履行。根据约定，应视为所欠款项全部到期，请求依法追加齐麟为被执行人。

【案件焦点】

第三人作出的“担保债务履行，否则我履行”的意思表示，究竟属于执行担保，还是债务加入。

【法院裁判要旨】

北京市第二中级人民法院经审理认为，根据法律和相关司法解释规定，他人提供执行担保的，人民法院可以在被执行人不履行义务的情况下，直接执行担保财产，或者裁定执行担保人的财产。首先，在执行过程中袁长宝与中亚香公司、齐麟三方达成的《执行和解协议书》第三条规定“丙方自愿对乙方向甲方履行本协议确定的支付款项承担连带保证责任并承诺如未能按期支付同意执行法院直接执行其个人名下全部财产直至还清全部本息止”，现袁长宝依据该和解协议要求追加齐麟为被执行人，无论认定齐麟提供的执行担保是否成立，该理由不是追加齐麟为被执行人的依据，应由执行实施部门对执行担保是否成立作出判断并径行裁定执行，故袁长宝依据该理由要求追加齐麟的请求，不予支持；其次，袁长宝认为齐麟为被执行人作为中亚香公司高管，个人财产与公司财产混同，违反《中华人民共和国公司法》有关规定，要求追加齐麟为被执行人的请求，缺乏法律依据，不属于执行程序中追加被执行人的法定情形，故不予支持。综上，袁长宝要求追加齐麟为被执行人缺乏事实和法律依据，不予支持。依据《中华人民共和国民事诉讼法》第一百五十四条第一款第十一项，《最高人民法院关于民事执行中变更、追加当事人若干问题的规定》第三十条的规定，裁定：

驳回袁长宝要求追加齐麟为（2016）京02执830号执行案件被执行人的请求。

袁长宝不服北京市第二中级人民法院（2017）京02执异155号执行裁定，申请复议。

北京市高级人民法院经审理认为，执行中追加被执行人，应当严格按照执行方面法律、司法解释的规定进行审查，判断是否符合追加的法定情形。袁长宝提出齐麟系中亚香公司的高管、齐麟的个人财产与公司财产混同、违反公司法的规定等主张，不属于执行程序中追加被执行人的法定情形。袁长宝、齐麟、中亚香公司三方签订的《执行和解协议书》约定，“丙方（齐麟）自愿对乙方（中亚香公司）向甲方（袁长宝）履行本协议确定的支付款项承担连带保证责任并承诺如未能按期支付同意执行法院直接执行其个人名下全部财产直至还清全部本息止”。该约定并非第三人代为履行债务的约定，不符合法律、司法解释规定的追加被执行人的情形。综上，袁长宝要求追加齐麟为案件的被执行人，缺乏事实根据和法律依据。北京市高级人民法院依法裁定：

驳回袁长宝追加被执行人的申请。

【法官后语】

执行程序中，基于延长履行期限、防止被人民法院立即采取措施等的考虑，与债务人相关的第三人会作出“担保债务履行，否则我负责”的意思表示。这种意思表示究竟是执行担保，还是债务加入？由于执行担保、债务加入均有为债权的实现提供保障之功能，两者在利益指向、约定目的上存在重叠，使得人民法院在执行担保、债务加入的区分认定上存在困难。对于第三人意思表示性质的判断，决定着人民法院是直接裁定执行，还是须先经审查程序将第三人变更、追加为被执行人。为高效、规范地推进涉及执行担保、债务加入案件的执行程序，对两者进行辨析很有必要。

认定一个意思表示属于执行担保还是债务加入，应根据第三人意思表示的不同进行认定：如果第三人作出较为明显的担保意思表示，则应当认定为执行担保；如果第三人作出较为明显的债务加入意思表示，则应当认定为债务加入；如果无从判断第三人在担保、债务加入哪一方面的意思表示更为明显，一般情况下应将其认定为执行担保。理由如下：首先，认定为执行担保的情形下，人民法院可直接裁定执行。而在认定为债务加入的情形下，还要审查变更追加当事人，无法实现执行程序的快速启动。其次，认定为执行担保的情形下，一般是启动对担保财产的执行，即使是第三人提供的保证，也仅限于对其财产的执行。而在认定为债务加入的情形下，人民法院会对被变更追加的第三人采取间接强制执行措施或强制措施。将第三人不明确的意思表示认定为债务加入，不仅导致执行效率的损耗，更加重了第三人的诉讼风险，可能导致其人身自由、交易自由等受到侵害。最后，执行程序虽然也就某些实体争议问题进行判断，但往往限于程序性审查，不足以充分保障当事人的实体权利。即使在审判程序中，担保、债务加入的辨析也是一个十分复杂的实体法律问题，难以作出判断，更不要说执行程序了。因此，将第三人不明确的意思表示认定为执行担保，也是执行程序谦抑的一种体现。

在接收第三人作出涉及执行担保或债务加入意思表示的材料时，人民法院应当加强法律释明工作，由第三人明确其意思表示究竟属于执行担保还是债务加入。必要时，可以要求第三人对提交的材料作出修改或申明，甚至可以要求第三人明确其与被执行人之间有无其他实体法律关系，以防止后续在执行担保、债务加入的辨析上产生争议。

编写人：北京市高级人民法院　刘旭峰

27

案外人以其对违法建筑享有阻却执行的实体权利为由提起执行异议之诉，不属于人民法院的受理范围

——江阴市华科新材料有限公司诉江苏江阴农村商业银行股份有限公司申港支行等案外人执行异议之诉案

【案件基本信息】

1. 裁判书字号

江苏省无锡市中级人民法院（2017）苏02民终2507号民事裁定书

2. 案由：案外人执行异议之诉

3. 当事人

原告（上诉人）：江阴市华科新材料有限公司（以下简称华科公司）

被告（被上诉人）：江苏江阴农村商业银行股份有限公司申港支行（以下简称江阴农商行申港支行）

第三人（被上诉人）：江阴市东宁变压器制造有限公司（以下简称东宁公司）、潘夫林、何亚萍

【基本案情】

2016年4月19日，江阴农商行申港支行申请法院对东宁公司的地上物进行查

封并准备强制执行。华科公司获知后于2016年5月3日向法院提出书面执行异议，请求法院依法停止执行东宁公司厂区内的七间四层面积约1500平方米的办公楼并解除查封。后被法院裁定驳回。华科公司对该裁定书不服，认为法院应当停止执行，理由如下：1. 东宁公司及其法定代表人潘夫林分别于2014年7月3日、2015年10月10日等多次承诺，只要东宁公司帮其偿还江阴农商行申港支行的贷款，该办公楼就归华科公司所有。2015年11月24日，华科公司代东宁公司清偿了1059120.94元债务，那么根据华科公司与东宁公司的协议及承诺，华科公司已经合法占有该办公楼，且于同年12月8日完成了实际交付，华科公司至今依约合法占有并使用，法院裁定驳回异议违背了华科公司实际占有该办公楼的事实；2. 东宁公司抵押给江阴农商行申港支行的财产中并不包括该办公楼。

【案件焦点】

华科公司对案涉执行标的是否享有阻却强制执行的实体权利。

【法院裁判要旨】

江苏省江阴市人民法院经审理认为：华科公司请求停止执行的标的是东宁公司厂区范围内七间四层面积约1500平方米的办公楼，华科公司认为其已按照协议和承诺合法占有该办公楼，因此，其对该执行标的享有阻却执行的实体权利。经审查发现，该办公楼至今未取得房屋所有权证，也未办理建设工程规划许可等规划审批手续，华科公司占有该办公楼的行为亦无法改变房屋的属性。故本案的处理必然涉及诉争办公楼是否符合规划和经合法批建，即是否属于违法建筑的认定。依照相关规定，此不属于人民法院受理民事诉讼的范围，依法应当驳回起诉。

江苏省江阴市人民法院依照《中华人民共和国民事诉讼法》第一百一十九条第四项、第一百五十四条第一款第三项，《最高人民法院关于适用〈中华人民共和国民事诉讼法〉的解释》第二百零八条第三款规定，作出如下裁定：

驳回华科公司的起诉。

华科公司不服一审裁定，提起上诉。江苏省无锡市中级人民法院经审理认为：案外人以其对执行标的享有阻却执行的实体权利为由提起执行异议之诉，经审查发现该执行标的是违法建筑的，人民法院对该执行异议之诉案件应当不予受理；已经受理的，裁定驳回起诉。东宁公司厂区范围内七间四层面积约1500平方米的办公楼属于无证建筑物，原审裁定并无不当。

江苏省无锡市中级人民法院依照《中华人民共和国民事诉讼法》第一百七十条第一款第一项、第一百七十一条的规定，作出如下裁定：

驳回上诉，维持原裁定。

【法官后语】

违法建筑是民事案件中经常遇到的一类问题，其中涉及与行政管理的相互交叉。通常来说，违法建筑是指未取得建设工程规划许可证或者未按建设工程规划许可证，或者按照失效的建设工程规划许可证进行建设的建筑物、构筑物及其他设施。《城乡规划法》第四十条第一款规定，在城市、镇规划区内进行建筑物、构筑物、道路、管线和其他工程建设的，建设单位或者个人应当向城市、县人民政府城乡规划主管部门或者省、自治区、直辖市人民政府确定的镇人民政府申请办理建设工程规划许可证。第六十四条规定，未取得建设工程规划许可证或者未按照建设工程规划许可证的规定进行建设的，由县级以上人民政府城乡规划主管部门责令停止建设；尚可采取改正措施消除对规划实施的影响的，限期改正，处建设工程造价百分之五以上百分之十以下的罚款；无法采取改正措施消除影响的，限期拆除，不能拆除的，没收实物或者违法收入，可以并处建设工程造价百分之十以下的罚款。城乡规划法属于行政管理方面的法律，从上述法律规定可以看出，违法建筑的认定、查处是城乡规划主管部门的行政职责。违法建筑是法律明确禁止的，不受法律保护，因此，也就不存在所有权的问题，在民事案件审理中，应当避免通过审理对建筑物、构筑物等是否系违法建筑进行认定，也不应当变相为违法建筑确权。因此，当事人对违法建筑主张民事权利的，法院应当不予受理，已经受理的，应当驳回起诉。

本案中，华科公司与东宁公司签订协议，东宁公司将案涉建筑物抵顶给华科公司，华科公司占有使用了案涉建筑物，但经过核查，案涉建筑物未办理建设工程规划许可证，也就是所谓的“违法建筑”。华科公司认为其是通过帮助东宁公司偿还贷款而取得案涉建筑物的民事权利，主张阻却江阴农商行申港支行申请的执行。而法院在对华科公司是否对该建筑物享有民事权利进行判断时，势必会涉及对该建筑物是否为违法建筑的认定，而违法建筑的认定不属于司法权的行使范畴，因此对于该类案件，法院应当不予受理，已经受理的，应当驳回起诉。类似案件的正确处理途径应当是先由城乡规划主管部门对案涉建筑物进行处理，如果采取改正措施可以消除对规划实施的影响的，可以采取改正措施；如果不能采取改正措施消除对规划实施的影响的，应当由行政机关采取强制拆除等措施。如案涉建筑物被依法强制拆除，华科公司对案涉建筑物主张民事权利也就成为无源之水、无本之木。

编写人：江苏省江阴市人民法院　浦峥　廖宏娟

四、查封问题

28

首查封是否产生分配优先权

——周信诉吴祖华等执行分配方案异议之诉案

【案件基本信息】

1. 裁判书字号

湖南省株洲市中级人民法院（2017）湘02民终1997号民事判决书

2. 案由：执行分配方案异议之诉

3. 当事人

被告（上诉人）：吴祖华、王勇军、武汉大通窑炉机械设备有限公司（以下简称大通公司）

原告（被上诉人）：周信

【基本案情】

周信诉贺文光、贺桂平、贺佳平、刘俊、炎陵县新型墙体材料厂民间借贷纠纷一案经调解结案，原审法院出具（2014）株荷法民一初字第1355号民事调解书，确认贺文光、贺桂平、贺佳平、刘俊、炎陵县新型墙体材料厂连带偿还借款本金60万元，逾期则支付利息。大通公司诉贺文光、张小兰、贺桂平买卖合同纠纷一案，经炎陵县人民法院于2013年1月22日调解结案，炎陵县人民法院出具（2013）炎法民二初字第37号民事调解书，确认贺文光、张小兰、贺桂平2015年12月31日前给付货款589320元，逾期则支付利息。吴祖华诉贺文光民间借贷纠纷一案，经炎陵县人民法院2014年10月24日调解结案，炎陵县人民法院出具（2014）炎法民一初字第218号民事调解书，确认贺文光分批次偿还借款30万元，逾期则支付利息。王勇军诉贺文光、贺桂平民间借贷纠纷一案，经炎陵县人民法院2016年4月20日判决结案，炎陵县人民法院作出（2016）湘0225民初64号民事判决书，判决贺文光、贺桂平偿还王勇军借款本金66.6万元及利息。

在执行周信诉被告贺文光、贺桂平、贺佳平、刘俊、炎陵县新型墙体材料厂民间借贷纠纷一案中，2016年12月13日，原审法院委托拍卖机构将被执行人贺文光位于炎陵县霞阳镇井岗路华联一小区1栋×号房屋进行拍卖并成交。2016年9月3日，王勇军向炎陵县人民法院申请参与分配贺文光被查封的财产。2016年12月19日，炎陵县人民法院通过邮寄方式函告原审法院，以贺文光没有其他可供执行的财产，王勇军等人因此申请参与房屋拍卖款的分配。2017年2月22日，大通公司向炎陵县人民法院申请参与对房屋拍卖款分配。2017年5月9日，吴祖华向原审法院申请参与对房屋拍卖款分配。2017年5月25日，原审法院制作了执行财产分配方案，认定原告周信依据原审法院（2014）株荷法民一初字第1355号民事调解书确认的债权本金数额为60万元，吴祖华依据炎陵县人民法院（2014）炎法民一初字第218号民事调解书确认的债权本金数额为20万元，王勇军依据炎陵县人民法院（2016）湘0225民初64号民事判决书确认的债权本金数额为66.6万元，大通公司依据炎陵县人民法院（2013）炎法民二初字第37号民事调解书确认的债权本金数额为58.932万元。上述债权均为普通债权。在为被执行人保留2万元租房费用，核减执行费、公告费、评估费、公证费等实际发生的费用后，由四当事人按照债权比例分配。原告对分配方案不服，遂向原审法院提起诉讼。

【案件焦点】

周信的执行分配方案异议是否成立。

【法院裁判要旨】

湖南省株洲市荷塘区人民法院经审理认为：本案系执行分配方案异议之诉。《最高人民法院关于人民法院执行工作若干问题的规定（试行）》第九十条规定，被执行人为公民或其他组织，其全部或主要财产已被一个人民法院因执行确定金钱给付的生效法律文书而查封、扣押或冻结，无其他财产可供执行或其他财产不足清偿全部债务的，在被执行人的财产被执行完毕前，对该被执行人已经取得金钱债权执行依据的其他债务人可以申请对该被执行人的财产参与分配。原审法院在强制执行周信诉被告贺文光、贺桂平、贺佳平、刘俊、炎陵县新型墙体材料厂民间借贷纠纷一案中，对贺文光名下的房屋委托拍卖。在拍卖成交后，房屋拍卖款已成为抵偿债务的执行款，意味着被执行人的该项财产已经执行完毕，该执行款已特定化，有别于一般意义的债务人财产。当事人于房屋拍卖后请求参与分配，已经超过申请参与分配的时限。同时，上述申请参与分配的案件中，亦存在其他债务人，本案相关案件的被告未能提供证据足以证明其他债务人无财产可供执行和不能履行债务。根据《最高人民法院关于人民法院执行工作若干问题的规定（试行）》第八十八条第一款的规定，多份生效法律文书确定金钱给付内容的多个债权人分别对同一被执行人申请执行，各债权人对执行标的物均无担保物权的，按照执行法院采取执行措施的先后顺序受偿。故原告周信对房屋拍卖款可以优先受偿，对王勇军、吴祖华、大通公司申请参加分配的请求，不予支持。

湖南省株洲市荷塘区人民法院作出如下判决：

一、撤销原审法院（2017）湘0202执恢90号执行财产分配方案；

二、房屋拍卖款扣除被执行人租房金和相关执行费用后全部由原告受偿。

吴祖华、王勇军、大通公司持原审起诉意见提起上诉。湖南省株洲市中级人民法院经审理认为：本案系执行分配方案异议之诉纠纷。本案的争议焦点为被上诉人周信的执行分配方案异议是否成立。根据《最高人民法院关于适用〈中华人民共和国民事诉讼法〉的解释》第五百零九条“申请参与分配，申请人应当提交申请书。申请书应当写明参与分配和被执行人不能清偿所有债权的事实、理由，并附有执行依据。参与分配申请应当在执行程序开始后，被执行人的财产执行终结前提出”之规定，当事人参与分配申请应当在执行程序开始后，被执行人的财产执行终结前提出。原审法院在执行周信诉被告贺文光、贺桂平、贺佳平、刘俊、炎陵县新型墙体材料厂民间借贷纠纷一案中，虽然被执行人贺文光房屋已经于2016年12月13日进行拍卖并成交，但该财产并未执行终结，且王勇军于2016年9月3日向炎陵县人民法院申请参与分配贺文光被查封的财产，其参与分配申请符合申请时限，原审认为当事人已经超过申请参与分配的时限不当。根据《最高人民法院关于适用〈中华人民共和国民事诉讼法〉的解释》第五百零八条“被执行人为公民或者其他组织，在执行程序开始后，被执行人的其他已经取得执行依据的债权人发现被执行人的财产不能清偿所有债权的，可以向人民法院申请参与分配。对人民法院查封、扣押、冻结的财产有优先权、担保物权的债权人，可以直接申请参与分配，主张优先受偿权”之规定，炎陵县人民法院出具情况说明称被执行人无其他可供执行的财产，故三上诉人王勇军、吴祖华、大通公司均可申请参加分配。

综上所述，上诉人吴祖华、王勇军、大通公司的上诉请求成立，应予支持；一审认定事实清楚，适用法律错误，法院予以纠正。依照《中华人民共和国民事诉讼法》第一百七十条第一款第二项之规定，判决如下：

一、撤销湖南省株洲市荷塘区人民法院（2017）湘0202民初848号民事判决；

二、驳回被上诉人周信的诉讼请求。

【法官后语】

本案处理重点主要在于首查封是否产生分配优先权问题。《最高人民法院关于适用〈中华人民共和国民事诉讼法〉的解释》第五百零九条规定，申请参与分配，申请人应当提交申请书。申请书应当写明参与分配和被执行人不能清偿所有债权的事实、理由，并附有执行依据。参与分配申请应当在执行程序开始后，被执行人的财产执行终结前提出。

具体到本案中，一审、二审法院审理思路出现分歧，其主要原因即在于对上述规定的不同理解。一审法院认为在强制执行周信诉被告贺文光、贺桂平、贺佳平、刘俊、炎陵县新型墙体材料厂民间借贷纠纷一案中，对贺文光名下的房屋委托拍卖。在拍卖成交后，房屋拍卖款已成为抵偿债务的执行款，意味着被执行人的该项财产已经执行完毕，该执行款已特定化，有别于一般意义的债务人财产。当事人于房屋拍卖后请求参与分配，已经超过申请参与分配的时限。二审认为，原审法院在执行周信诉被告贺文光、贺桂平、贺佳平、刘俊、炎陵县新型墙体材料厂民间借贷纠纷一案中，虽然被执行人贺文光房屋已经于2016年12月13日进行拍卖并成交，但该财产并未执行终结，且王勇军于2016年9月3日向炎陵县人民法院申请参与分配贺文光被查封的财产，其参与分配申请符合申请时限，原审认为当事人已经超过申请参与分配的时限不当，故二审作出改判。

编写人：湖南省株洲市中级人民法院　姜胜强

29

案外人可以已取得房屋为由要求解除对应土地使用权的保全查封

——韩某霞与李某明等案外人异议案

【案件基本信息】

1. 裁判书字号

北京市第二中级人民法院（2017）京02执异110号执行裁定书

2. 事由：案外人异议

3. 当事人

案外人：韩某霞

申请保全人：李某明

被保全人：内蒙古立元房地产建设（集团）实业有限责任公司（以下简称立元房地产公司）、内蒙古立元新技术应用有限责任公司、锡林郭勒盟蒙元煤炭有限责任公司、内蒙古神泽蒙华能源有限责任公司、黄睿

【基本案情】

北京市第二中级人民法院在审理李某明诉立元房地产公司等借款合同纠纷一案中，依李某明的申请作出（2016）京02民初197号民事裁定，保全查封了立元房地产公司名下位于内蒙古自治区呼和浩特市新城区海拉尔东街北的一处国有土地使用权（以下简称涉案土地使用权）。韩某霞对此提出异议，请求依法撤销保全裁定并解除对涉案土地使用权的查封。其理由主要是：立元房地产公司与内蒙古泓森建筑安装工程有限责任公司（以下简称泓森建筑公司）在涉案土地上合作开发建设尚都综合楼，建成后，泓森建筑公司分得尚都综合楼部分房屋。因泓森建筑公司欠韩某霞2000万元装饰装修工程款，就用其分得的尚都综合楼部分房屋抵债并交付给了韩某霞。后韩某霞又与立元房地产公司签订上述房屋中401号、403号房屋（以

下简称涉案房屋）的《商品房买卖合同》并出具了购房款收据，且在呼和浩特市住房保障和房屋管理局办理了网上房屋转让合同的签订及备案，韩某霞占有使用涉案房屋至今。后韩某霞要求立元房地产公司办理涉案房屋产权证书时得知北京市第二中级人民法院查封了涉案土地使用权，故提出异议。

李某明不同意韩某霞的异议请求，认为韩某霞实际上并没有支付购房款，也没有提供充分有效的证据证明其已合法占有涉案房屋，并且韩某霞怠于办理房屋过户登记手续，对涉案房屋未办理过户登记存有过错。

【案件焦点】

1. 案外人针对法院诉讼保全查封的财产主张实体权利，法院能否依照《中华人民共和国民事诉讼法》第二百二十七条进行审查；2. 案外人以其已取得房屋所有权为由要求解除对该房屋所占用土地使用权的查封，能否适用《最高人民法院关于人民法院办理执行异议和复议案件若干问题的规定》（以下简称《异议复议规定》）第二十八条进行审查认定。

【法院裁判要旨】

北京市第二中级人民法院经审理认为：涉案土地使用权登记在被保全人立元房地产公司名下，法院依法保全立元房地产公司名下的财产并无不当。泓森建筑公司与韩某霞签订《房屋抵顶协议书》，约定泓森建筑公司以包括涉案房屋在内的房屋抵顶欠韩某霞的工程款，但韩某霞却与立元房地产公司签订《商品房买卖合同》，约定韩某霞向立元房地产公司购买涉案房屋，前后主体不一致，仅凭《房屋抵顶协议书》和《商品房买卖合同》无法认定以房抵债的真实性。另外，立元房地产公司为韩某霞开具的是购房款收据，并非发票，且无其他证据佐证韩某霞已交付全部购房款，故韩某霞与立元房地产公司房屋买卖关系的真实性亦无法认定。综上，韩某霞以其通过抵债已取得涉案房屋为由要求法院解除对涉案土地使用权查封的异议请求不成立，不予支持。依照《中华人民共和国民事诉讼法》第一百五十四条第一款第十一项、第二百二十七条及《最高人民法院关于人民法院办理财产保全案件若干问题的规定》（以下简称《保全规定》）第二十七条第一款的规定，裁定：

驳回韩某霞的异议请求。

【法官后语】

本案系《保全规定》施行以来，北京市第二中级人民法院受理的首批案外人针对该院民事诉讼保全过程中查封的财产主张实体权利并要求解封的案件之一。《民事诉讼法》第二百二十七条规定的案外人异议是指执行程序中，案外人对执行标的物主张排除执行的实体权利，要求解除查封所提的异议，并未规定保全程序中如果案外人对法院保全查封的财产主张排除查封的实体权利如何处理，而《保全规定》对此进行了明确，即案外人基于实体权利对被保全的财产提出异议，法院应当依照《民事诉讼法》第二百二十七条规定审查处理并作出裁定，案外人和申请保全人对该裁定不服的，可以提出执行异议之诉。本案的情况即为案外人韩某霞对北京市第二中级人民法院保全查封的立元房地产公司名下的一处国有土地使用权提出异议，应当依照《民事诉讼法》第二百二十七条进行审查。

传统的涉及房屋土地使用权的案外人执行异议案件，一般是法院查封被执行人名下的房屋或土地使用权后，案外人以其已购买或取得房屋或土地使用权为由要求解除查封，法院一般依据《异议复议规定》第二十八条或第二十九条审查。本案的特殊性在于，北京市第二中级人民法院保全查封了被告名下的土地使用权，案外人以其已取得涉案土地上建设的房屋所有权为由要求解除对相应的土地使用权的查封，所以案外人并非系针对其已取得土地使用权而要求解封，而是认为其已取得土地上的房屋所有权而要求解除对房屋对应的土地使用权的查封，即查封的是土地使用权，而案外人主张的是土地上的房屋实体权利，属于新类型案外人异议案件。依据“房地一体”原则，查封土地使用权的效力及于地上建筑物，故本案创造性地参照《异议复议规定》第二十八条来审查案外人对涉案房屋是否享有排除执行的权利，以此来判断案外人对房屋所对应的土地使用权是否享有排除执行的权利。本案中，案外人韩某霞与立元房地产公司及泓森建筑公司之间就涉案房屋存在复杂的关系，无法认定韩某霞所主张的以房抵债和房屋买卖的真实性，故参照《异议复议规定》第二十八条的规定，对韩某霞的异议请求不予支持。

编写人：北京市第二中级人民法院　侯成成

五、夫妻共同债务的执行问题

30

案外人执行异议之诉由案外人就其对执行标的享有足以排除强制执行的民事权益承担举证责任

——陈某芳诉王某、陈某清案外人执行异议之诉案

【案件基本信息】

1. 裁判书字号

北京市第二中级人民法院（2017）京02民终9762号民事判决书

2. 案由：案外人执行异议之诉

3. 当事人

原告（执行案外人）：陈某芳

被告（申请执行人）：王某

第三人（被执行人）：陈某清

【基本案情】

陈某清、陈某芳原系夫妻关系，1991年2月20日登记结婚，2012年6月2日登记离婚。二人于2007年2月14日取得涉案房屋产权证（所有权人登记为陈某清）。双方于2012年6月2日签署的离婚协议书中约定“涉案房屋归女方所有（此房的一半现已被男方抵押银行）”。

2012年11月23日，法院对陈某清与王某民间借贷纠纷一案作出（2012）丰民初字第23413号民事调解书。2013年1月8日，王某向法院申请强制执行，法院依

法受理，执行案号为（2013）丰执字第01564号。执行过程中，法院依法查封了陈某清名下位于北京市丰台区星河苑1号院15号楼2层×号的房屋，查封期限至2018年11月3日。2017年1月5日，陈某芳以查封的涉案房屋系其所有为由，向法院提出执行异议，法院于2017年3月15日作出（2017）京0106执异69号执行裁定书，驳回陈某芳的异议请求。随后，陈某芳提起本次诉讼，请求判令不予执行北京市丰台区星河苑1号院15号楼2层×号房屋（以下简称涉案房屋）并由被告承担本案诉讼费用。

【案件焦点】

1. 婚姻存续期间夫妻共同债务与个人债务的认定问题；2. 案外人执行异议之诉的举证责任分配问题。

【法院裁判要旨】

北京市丰台区人民法院经审理认为，案外人提起执行异议之诉的，应当就其对执行标的享有足以排除强制执行的民事权益承担举证证明责任。依据原告提交的证据，涉案房屋为陈某清与陈某芳在婚姻关系存续期间取得的财产，虽仅登记在陈某清名下，但依据《中华人民共和国婚姻法》第十七条的规定，应属夫妻共同财产。陈某清与陈某芳在登记离婚时约定涉案房屋归陈某芳所有，但未办理不动产变更登记，依据《中华人民共和国物权法》第十四条的规定，该约定不发生物权变动的效力，陈某芳仅获得相应的债权请求权。因此，涉案房屋应当认定为陈某清、陈某芳的夫妻共同财产，二人享有共同所有权。

《最高人民法院关于适用〈中华人民共和国婚姻法〉若干问题的解释（二）的补充规定》第二十四条第一款规定，债权人就婚姻关系存续期间夫妻一方以个人名义所负债务主张权利的，应当按夫妻共同债务处理。但夫妻一方能够证明债权人与债务人明确约定为个人债务，或者能够证明属于婚姻法第十九条第三款规定情形的除外；该条第三款规定，夫妻一方在从事赌博、吸毒等违法犯罪活动中所负债务，第三人主张权利的，人民法院不予支持。《中华人民共和国婚姻法》第十九条第三款规定，夫妻对婚姻关系存续期间所得的财产约定归各自所有的，夫或妻一方对外所负的债务，第三人知道该约定的，以夫或妻一方所有的财产清偿。本案中，执行依据虽仅确定夫妻一方即陈某清对债务承担责任，但该笔债务产生于陈某清、陈某芳二人婚姻关系存续期间，现陈某芳未能举证证明王某与陈某清之间明确约定为个人债务，亦未能举证证明其与陈某清达成过夫妻财产归各自所有的约定且王某知晓该约定，故对于陈某芳称陈某清借款未用于夫妻共同生活、不属于夫妻共同债务的陈述，法院不予采信。陈某清称其借款“用于找小姐、吸毒、给小姐买房”，但未能提供相关证据佐证，结合本案案情、当事人陈述、证人证言，法院不予采信。因此，(2012) 丰民初字第23413号民事调解书确认的74万元借款及利息应当认定为陈某清、陈某芳的夫妻共同债务。

北京市丰台区人民法院于2017年7月25日作出 (2017) 京0106民初9374号判决书，判决如下：

驳回原告陈某芳的诉讼请求。

判决后，原告陈某芳提起上诉。二审法院同意一审裁判意见。

【法官后语】

本案处理的关键在于以下三点：

其一，原告的举证证明责任问题。《最高人民法院关于适用〈中华人民共和国民事诉讼法〉的解释》第三百一十一条规定，案外人或者申请执行人提起执行异议之诉的，案外人应当就其对执行标的享有足以排除强制执行的民事权益承担举证证明责任。本案原告陈某芳作为原执行案件的案外人，提起了对原执行案件申请执行人和被执行人的执行异议之诉，并要求停止对涉案房产执行，就应当承担对该房产享有所有权并排除强制执行的证明责任。这是影响本案裁判结果走向的核心问题，本案原告陈某芳必须提出足够的证据来证明其诉求合法，而本案被告王某相对而言只需对原告的诉求进行反驳即可，并无证明原告诉求不合法的证明责任。

其二，本案的争议焦点在于被告王某与第三人陈某清之间发生的债务是陈某清的个人债务还是夫妻共同债务。《最高人民法院关于适用〈中华人民共和国婚姻法〉若干问题的解释（二）的补充规定》第二十四条第一款规定，债权人就婚姻关系存续期间夫妻一方以个人名义所负债务主张权利的，应当按夫妻共同债务处理。但夫妻一方能够证明债权人与债务人明确约定为个人债务，或者能够证明属于婚姻法第十九条第三款规定情形的除外；第三款规定，夫妻一方在从事赌博、吸毒等违法犯罪活动中所负债务，第三人主张权利的，人民法院不予支持。《婚姻法》

第十九条第三款规定，夫妻对婚姻关系存续期间所得的财产约定归各自所有的，夫或妻一方对外所负的债务，第三人知道该约定的，以夫或妻一方所有的财产清偿。本案中，原告陈某芳若要证明该笔债务系属第三人陈某清的个人债务，必须证明其在与陈某清婚姻存续期间有过债权债务归各自所有的约定并且本案被告王某知晓该约定抑或陈某清与王某发生债权债务关系时明确表示为个人行为与原告陈某芳无关，又或者第三人陈某清与王某发生债权债务关系时明确表示该笔借款用于吸毒等违法犯罪活动。而本案原告并没有明确具体的证据证明有上述任一情形存在，故丰台区人民法院与北京市第二中级人民法院均认定被告王某与第三人陈某清之间发生的债权债务关系应当为夫妻共同债务，由夫妻双方共同偿还。

其三，原告陈某芳与第三人的离婚协议约定的房产归属是否具有物权法上的排他性。《物权法》第十四条规定：不动产物权的设立、变更、转让和消灭，依照法律规定应当登记的，自记载于不动产登记簿时发生效力。本案中原告陈某芳未在离婚后依照离婚协议办理房屋过户手续，因此并未发生物权法上的变动，而只享有对第三人陈某清的债权，不能完全对抗其他合法债权。

综上，根据《最高人民法院关于适用〈中华人民共和国民事诉讼法〉的解释》第三百一十二条第一款第二项之规定，案外人就执行标的不享有足以排除强制执行的民事权益的，判决驳回诉讼请求。本案原告陈某芳作为原执行案件的案外人，并未证明对执行的房产享有排他性权利，因此最终败诉。

编写人：北京市丰台区人民法院　李雪

31

执行标的被查封后另案离婚析产判决不能对抗执行

——罗某芳与李某祥、廖某声案外人执行异议案

【案件基本信息】

1. 裁判书字号

山东省济南市中级人民法院（2017）鲁01执异543号执行裁定书

2. 事由：案外人执行异议

3. 当事人

案外人（被执行人）：罗某芳

申请执行人：李某祥

被执行人：廖某声

【基本案情】

在李某祥申请执行廖某声、罗某芳合同纠纷一案中，案外人罗某芳对山东省济南市中级人民法院（以下简称济南中院）（2016）鲁01执559号之十三、之十四执行裁定不服，提出书面异议，以其仅承担500万元共同债务且已经履行完毕为由，请求中止执行（2016）鲁01执559号之十三、之十四执行裁定，并解除对案外人承担500万元债务份额以外夫妻共同财产中罗某芳部分财产的查封。

济南中院在执行实施过程中查封、冻结了廖某声和罗某芳名下多处房产、股权和银行存款，其中2017年7月4日，济南中院作出（2016）鲁01执559号之十三执行裁定书，拍卖廖某声持有的济南嘉拓房地产开发有限公司股权1092万股；作出（2016）鲁01执559号之十四执行裁定书，拍卖廖某声持有的德州融达置业有限公司股权507万股。

在该异议审查过程中，罗某芳向济南中院再次提出异议，请求停止对登记在廖某声和其本人名下部分财产的执行，并提供济南市历下区人民法院于（2017）鲁0102民初1928号民事判决书一份，该判决内容主要是准予罗某芳与廖某声离婚，并对其夫妻共同财产和债务进行了分割，涉案股权罗某芳分得55%，廖某声分得45%。

【案件焦点】

罗某芳与廖某声的另案离婚析产判决能否对抗执行。

【法院裁判要旨】

济南中院认为，在夫妻一方为被执行人的案件中，如果执行依据明确债务为夫妻一方个人债务的，除能执行债务人的个人财产外，可以执行夫妻共同财产中的一半份额。本案中，执行依据确定的廖某声与罗某芳所欠李某祥的500万元共同债务已经基本能够得到清偿，如再拍卖廖某声名下属于其与罗某芳夫妻共同所有的全部股权，将侵害股权共有人罗某芳的合法权益。

但《最高人民法院关于人民法院办理执行异议和复议案件若干问题的规定》第二十六条第二款规定，金钱债权执行中，案外人依据执行标的被查封、扣押、冻结后作出的另案生效法律文书提出排除执行异议的，人民法院不予支持。根据上述法律规定，在法院查封执行标的之后，案外人就执行标的另行起诉所取得的生效法律文书不能对抗执行。本案中，案外人罗某芳在法院查封了其与廖某声名下财产之后，另行起诉廖某声离婚并分割夫妻共同财产。济南市历下区人民法院作出（2017）鲁0102民初1928号民事判决，对罗某芳、廖某声的部分夫妻共同财产进行了分割。该判决不能对抗济南中院执行，判决中所确定的夫妻共同财产分割比例，在执行中也不予认可。据此，济南中院裁定：

中止对廖某声持有的济南嘉拓房地产开发有限公司6%的股权（546万股）和德州融达置业有限公司5%的股权（253.5万股）的执行。

【法官后语】

执行程序中，夫妻离婚取得的析产判决不得对抗申请执行人。

根据《最高人民法院关于依法妥善审理涉及夫妻债务案件有关问题的通知》和《关于审理涉及夫妻债务纠纷案件适用法律有关问题的解释》，夫妻一方为被执行人的，在执行程序中不得推定为夫妻共同债务进而执行全部共同财产，但一般情况下可以执行夫妻共同财产中的一半份额。例外情况是夫妻对于婚姻关系存续期间取得的财产有约定，而且申请执行人在债务发生时知晓该约定的，则应当按照该约定的内容来确定夫妻共同财产中属于被执行人的部分。

对于法院查封的夫妻共同财产中属于被执行人一方财产份额的确定，除了法院依职权推定外，还可以通过当事人协商或者析产诉讼这两种方式解决，但无论哪种方式都需要有申请执行人的参与，否则不能对抗申请执行人。《最高人民法院关于人民法院民事执行中查封、扣押、冻结财产的规定》第十四条规定："……共有人协议分割共有财产，并经债权人认可的，人民法院可以认定有效……共有人提起析产诉讼或者申请执行人代位提起析产诉讼的，人民法院应当准许。诉讼期间中止对该财产的执行。"根据上述规定，执行程序中需执行夫妻共同财产时，应首先推定其中一半份额归被执行人一方所有。如果配偶一方有异议，可以与被执行人协商分割，在取得申请执行人认可的前提下，法院按照其协商份额处分；若协商不成，则可提起析产诉讼。而析产诉讼有三种提起方式：一是申请执行人提起，二是被执行人配偶以执行异议之诉的方式提起，三是夫妻双方离婚析产。前两种方式都有申请执行人的参与，据此取得的析产判决可以作为确定被执行人财产份额的依据；第三种方式则应通知申请执行人作为无独立请求权第三人参加诉讼，否则取得的析产判决或调解书不能对抗申请执行人。因为，一方面，通过离婚析产诉讼取得的判决书或调解书仅对诉讼当事人产生既判力，对未参加诉讼的申请执行人不具有约束力；另一方面，《最高人民法院关于人民法院办理执行异议和复议案件若干问题的规定》第二十六条第二款规定：金钱债权执行中，案外人依据执行标的被查封、扣押、冻结后作出的另案生效法律文书提出排除执行异议的，人民法院不予支持。法院查封涉案执行标的后，被执行人与其配偶再通过另行提起离婚诉讼取得的析产判决或调解书，不能对抗执行。

当然，如果离婚析产判决或调解书是在法院查封涉案执行标的之前生效，则属于被执行人个人财产与夫妻共同财产的判断问题，而不是夫妻共同财产的分割问题。

编写人：山东省济南市中级人民法院　陈明

32

执行程序中能否追加被执行人配偶或原配偶为共同被执行人

——郭甲与周某、郭乙案外人执行异议案

【案件基本信息】

1. 裁判书字号

陕西省咸阳市中级人民法院（2017）陕04执复43号执行裁定书

2. 事由：案外人执行异议

3. 当事人

复议申请人：郭甲（原系郭乙之妻）

申请执行人：周某

被执行人：郭乙

【基本案情】

2015年12月7日，泾阳县人民法院（2015）泾民初字第01706号民事调解书确认：郭乙归还周某借款80000元，调解书当事人分别为周某与郭乙。2016年1月21日，郭甲与郭乙登记离婚，离婚协议将位于泾阳县文艺路的门面房及大众牌小轿车归女方郭甲所有；所有债权归男方所有，所有债务由男方偿还。陕A××R宝来牌轿车登记在郭甲名下。泾阳县人民法院在执行中，依据（2016）陕0423执436号之一执行裁定书追加郭甲为本案共同被执行人；依据（2016）陕0423执436号之二执行裁定书查封、扣押郭甲名下陕A××R宝来牌轿车一辆。郭甲不服，申请执行异议。

【案件焦点】

执行过程中能否追加郭甲为共同被执行人。

【法院裁判要旨】

陕西省人民法院认为，离婚时，原为夫妻共同生活所负的债务应当共同偿还。该离婚协议对夫妻共同财产的分割依法不能对抗法院对已生效法律文书的执行。而郭乙的借款行为亦发生在其与郭甲夫妻关系存续期间，该债务应当属于郭乙与郭甲的夫妻共同债务。郭甲主张该笔借款系郭乙为朋友曾某全所借，并非用于夫妻存续期间的共同生活，且其已与郭乙离婚。但法院查明事实是郭乙与郭甲离婚登记时间在郭乙的借款行为发生之后，另因异议人郭甲未能对其所述主张该笔借款系郭乙为朋友曾某全所借以及该债务系被执行人郭乙的个人债务提供证据证明，或证明郭乙与郭甲对婚姻关系存续期间的所得财产的归属作了明确约定，且申请执行人周某知道该约定。故对于郭甲的执行异议请求不予支持，裁定：

驳回郭甲的异议请求。

郭甲不服，申请复议。陕西省咸阳市中级人民法院经审理认为，追加被执行人必须遵循法定主义原则，即应当限于法律和司法解释明确规定的追加范围，既不能超出法定情形追加，也不能直接引用有关实体裁判规则进行追加。从现有法律和司法解释的规定看，并无关于在执行程序中可以追加被执行人的配偶或原配偶为共同被执行人的规定。原审法院以郭乙的借款行为发生在其与郭甲夫妻关系存续期间，该债务应当属于郭乙与郭甲的夫妻共同债务为由追加郭甲为被执行人错误。另外，郭甲应为本案的案外人。案外人对执行标的提出书面异议的，应适用《中华人民共和国民事诉讼法》第二百二十七条进行审查，并在裁定驳回案外人异议后告知其相关救济途径。泾阳县人民法院适用《中华人民共和国民事诉讼法》第二百二十五条进行审查，属适用法律错误。故依照《最高人民法院关于人民法院办理执行异议和复议案件若干问题的规定》第二十三条第一款第五项之规定，裁定：

一、撤销泾阳县人民法院（2017）陕0423执异19号异议裁定；

二、发回泾阳县人民法院重新审查。

【法官后语】

1. 追加被执行人配偶作为被执行人没有法律依据

执行权具有公权性质，应当遵循公权行使的一般原则，即“法无授权皆禁止”。追加执行主体是执行权行使方式之一，它依据法律或司法解释的授权性规定，不能简化特定民事责任及责任主体的确认程序，不能以在执行过程中直接追加诉讼案件当事人以外的其他人作为被执行人承担民事责任的方式，实现生效法律文书既判力的扩张。民事责任主体及具体责任内容的确定应当通过诉讼或仲裁程序解决，因此执行中直接追加应当非常慎重，法无明文规定或授权不能进行追加。关于可以追加或变更执行主体的情形，《民事诉讼法》《最高人民法院关于人民法院执行工作若干问题的规定（试行）》总共规定了13种情形，追加被执行人配偶不属于上述13种法定情形之一，若直接追加被执行人配偶没有法定授权依据，违背了公权行使的一般原则。

2. 非授权性规范不能作为执行主体的追加依据

《最高人民法院关于适用〈中华人民共和国婚姻法〉若干问题的解释（二）》第二十四条规定：“债权人就婚姻关系存续期间夫妻一方以个人名义所负债务主张

权利的，应当按夫妻共同债务处理。但夫妻一方能够证明债权人与债务人明确约定为个人债务，或者能够证明属于婚姻法第十九条第三款规定情形的除外”。该条虽然直接规定了夫妻一方所负债务按夫妻共同债务处理，但该条是人民法院解决当事人民事争议确定民事责任所依据的实体裁判规则，不属于执行权的授权规定。与之类似的相关民事实体规范很多，如连带保证等。另外，该条虽推定“婚姻关系存续期间所发生的债务”为夫妻共同债务，但法律同时还规定了例外情形，即《婚姻法》第十九条第三款“夫妻对婚姻关系存续期间所得的财产约定归各自所有的，夫或妻一方对外所负的债务，第三人知道该约定的，以夫或妻一方所有的财产清偿”之规定。该款规定的例外情形是否存在，需要通过当事人双方的起诉抗辩、法庭审理、举证质证等诉讼程序，最终由法院作出裁判进行认定。在执行程序中径行认定夫或妻一方作为共同债务人承担连带责任，从而追加夫或妻一方作为被执行人缺乏法律依据。应当告知债权人另行起诉，取得针对被执行人配偶的执行依据后合并执行。

3. 追加执行主体应当从严，收缩追加范围是发展趋势

执行程序中追加新的执行主体已倾向于严格，特别强调依法进行。在执行中不予追加被执行人配偶，可以促使原告在主张权利时认真考虑诉讼请求，更全面地在诉讼中解决民事责任主体问题，将民事责任的确定归入普通审判程序中，即当事人主张什么法院判什么，执行也限定在当事人起诉时的主张范围内，以符合“无请求无判决、无判决无执行”的诉讼法理念。将当事人起诉时未提出实体主张向法院执行部门提出，由执行部门审查确定民事责任，不仅不符合执行工作的本质，这些纷争也不是执行所应该解决的。以本案为例，原告起诉时未主张夫妻共同承担共同债务，执行中却进行既判力扩张直接追加被执行人配偶，对未参加诉讼的另一方显然不公平，必然导致被追加的被执行人对法院执行工作的不满。

综上，民事责任主体及责任具体内容的确定应当通过诉讼或仲裁程序解决，执行中直接追加被执行人配偶作为被执行人应当非常慎重，法无明文规定或授权不能进行追加。不能以非授权性规范作为执行主体的追加依据。本案对执行程序中追加被执行人配偶的问题予以明确，对同类案件的处理具有示范意义。

编写人：陕西省咸阳市中级人民法院　樊志强

六、执行依据问题

33

劳动仲裁裁决中给付内容不明确的竞业限制补偿金部分人民法院可不予执行

——普雷茨特激光技术（上海）有限公司与郑龙吟劳动仲裁裁决执行异议案

【案件基本信息】

1. 裁判书字号

北京市丰台区人民法院（2017）京0106执异182号执行裁定书

2. 事由：劳动仲裁裁决执行异议

3. 当事人

申请人（被执行人）：普雷茨特激光技术（上海）有限公司（以下简称普雷茨特公司）

被申请人（申请执行人）：郑龙吟

【基本案情】

郑龙吟（乙方）原系普雷茨特公司（甲方）职工，双方签订的劳动合同中载明，甲方在本合同终止后应向乙方支付人民币72000元作为对其竞业限制的补偿金。但如果甲方放弃其竞业限制的权利，则无需支付补偿金。补偿金的30%于终止本合同后即时支付，而补偿金的另外70%于本合同终止三年后支付。后双方因劳动争议诉至北京市丰台区劳动争议仲裁委员会。

北京市丰台区劳动争议仲裁委员会在审理时认为，根据该劳动合同载明的内容，对于双方就2年的竞业限制期限及竞业限制补偿金72000元的约定予以认可，但双方关于该竞业限制补偿金支付方式的约定，因不利于维护劳动者的合法权益，显失公平，故不予采信。据此作出京丰劳仲字［2014］第2790号裁决书：“……三、普雷茨特激光技术（上海）有限公司于本裁决生效之日起十日内，一次性支付郑龙吟2014年9月至2015年2月竞业限制补偿金18000元，并自2015年3月起按照每月3000元的标准支付郑龙吟竞业限制补偿金直至其竞业限制期满或丧失领取条件……”裁决生效后，郑龙吟向北京市丰台区人民法院申请强制执行。

2016年8月17日，因普雷茨特公司未履行生效法律文书，郑龙吟向北京市丰台区人民法院申请强制执行，法院依法立案受理并向普雷茨特公司邮寄送达执行通知书和报告财产令。被执行人普雷茨特公司在收到执行通知书后向法院提出书面执行异议，申请法院不予执行京丰劳仲字［2014］第2790号裁决书第三项内容。理由如下：第一，裁决书作出时郑龙吟尚未履行2015年3月后至竞业限制期间届满前的竞业限制义务，不符合领取竞业限制补偿金的法定条件。第二，公司已于2015年12月向郑龙吟送达解除竞业限制协议函，郑龙吟签收后竞业限制正式解除，公司不再负有向其支付竞业限制补偿金的义务。

郑龙吟则认为法院不应支持普雷茨特公司的异议申请，应当执行京丰劳仲字［2014］第2790号裁决书第三项内容。辩称：第一，裁决书中明确了竞业限制期限为2年，竞业限制补偿金数额为72000元，普雷茨特公司对此予以认可。第二，普雷茨特公司未在仲裁裁决书送达之日起15日内向人民法院提起诉讼，应视为其认可京丰劳仲字［2014］第2790号裁决书内容。

【案件焦点】

京丰劳仲字［2014］第2790号裁决书中关于竞业限制补偿金部分的裁决是否存在应当不予执行的情形。

【法院裁判要旨】

北京市丰台区人民法院经审理认为，郑龙吟与普雷茨特公司签订的劳动合同中约定了竞业限制补偿金的条款，该裁决书就其作出之日前的竞业限制补偿金部分进行裁决，符合法律规定，并无不当。但2015年3月之后的系尚未发生的竞业限制补偿金，由于可能存在劳动者丧失领取条件或用人单位在竞业限制期内解除竞业限制的情形，因此，普雷茨特公司是否应当继续支付竞业限制补偿金、支付的期限和具体数额，均应按照实际情况再行裁决，而不宜就尚未发生的事项提前作出裁决。据此，北京市丰台区人民法院认为，京丰劳仲字［2014］第2790号裁决书中关于2015年3月之后的竞业限制补偿金的裁决内容，未能正确适用关于竞业限制补偿金的规定，属于适用法律错误，法院应当依法裁定该部分不予执行。依照《中华人民共和国民事诉讼法》第一百五十四条第一款第九项，《最高人民法院关于审理劳动争议案件适用法律若干问题的解释》第二十一条，《最高人民法院关于审理劳动争议案件适用法律若干问题的解释（四)》第七条、第九条之规定，裁定如下：

不予执行北京市丰台区劳动争议仲裁委员会作出的京丰劳仲字［2014］第2790号裁决书第三项中“自2015年3月起按照每月3000元的标准支付郑龙吟竞业限制补偿金直至其竞业限制期满或丧失领取条件”的内容。

【法官后语】

1. 关于竞业限制补偿金

竞业限制条款旨在实现保护用人单位商业秘密和补偿劳动者经济损失。符合条件的劳动者和用人单位应按照《劳动合同法》第二十三条、第二十四条的规定在劳动合同中确定竞业限制条款，约定竞业限制补偿金数额、期限及支付方式。根据《最高人民法院关于审理劳动争议案件适用法律若干问题的解释（四)》第七条的规定，当事人在劳动合同或者保密协议中约定了竞业限制和经济补偿，当事人解除劳动合同时，除另有约定外，用人单位要求劳动者履行竞业限制义务，或者劳动者履行了竞业限制义务后要求用人单位支付经济补偿的，人民法院应予支持。

对于双方约定的竞业限制条款的数额、期限及支付方式在裁判时应当予以审查，必要时可适当变更。仲裁裁决认可竞业限制条款的数额、期限，但认为支付方式“补偿金的30%于终止本合同后即时支付而补偿金的另外70%于本合同终止三年后支付”这一约定显失公平而予以变更，将两年支付72000元换算为每月支付3000元，这属于变通执行约定的竞业限制补偿金的支付方式，旨在降低显失公平劳动合同的格式条款对劳动者权益的侵害。

2. 审执分离原则要求给付内容明确

根据《关于审理劳动争议案件适用法律若干问题的解释（四）》第九条之规定，用人单位可请求解除竞业限制协议，劳动者可请求用人单位额外支付三个月的竞业限制经济补偿。而对于竞业限制期满或丧失领取条件的认定属于审判权审查的范畴，不属于执行权审查的范畴。且执行权又分为执行实施权和执行裁判权，根据审执分离原则，执行实施法官无权对竞业限制期满或丧失领取条件予以审查和认定，执行裁判法官也只能对执行行为异议和案外人异议予以审查和认定。因此，在执行中无法确定给付竞业限制补偿金的截止日期，双方出现争议时难以解决。一方面，对仲裁裁决是否履行完毕，执行案件是否执行完毕的认定存在困难；另一方面，还可能出现劳动者在收到解除竞业限制协议函后要求法院向用人单位额外执行三个月竞业限制补偿金的情形，上述两种困境都是给付竞业限制补偿金的截止日期不明确造成的消极后果。

根据《最高人民法院关于适用〈中华人民共和国民事诉讼法〉的解释》第四百六十三条之规定，当事人申请人民法院执行的生效法律文书应当给付内容明确，而该裁决书只确定了给付的起始日期及数额标准，未明确规定给付的截止日期，不符合“给付内容明确”的要求。因此裁判文书中有关竞业限制补偿金的内容要写明给付的起止日期和给付金额，做到给付内容明确，且只能裁判用人单位对劳动者已经履行的竞业限制义务予以补偿，对于尚未发生和确定的事项不宜作出裁判。

3. 不予执行后的救济措施

对于法院作出的“不予执行”裁定，继续履行竞业限制义务的劳动者可以通过再次提起劳动仲裁的方式要求用人单位支付2015年3月之后的竞业限制补偿金来予以救济，因用人单位的原因导致三个月未支付经济补偿，劳动者可以请求解除竞业限制约定。同时用人单位也可以主张已于2015年12月向劳动者送达解除竞业限制协议函，竞业限制协议现已解除，要求停止支付后续竞业限制补偿金。

编写人：北京市丰台区人民法院　丁千里

34

不予执行仲裁裁决法定事由的认定

——北京华中兴安建筑劳务有限公司与国都建设（集团）有限公司不予执行仲裁裁决案

【案件基本信息】

1. 裁判书字号

北京市第二中级人民法院（2018）京02执异29号执行裁定书

2. 事由：不予执行仲裁裁决

3. 当事人

申请人（被执行人）：国都建设（集团）有限公司（以下简称国都公司）

被申请人（申请执行人）：北京华中兴安建筑劳务有限公司（以下简称华中兴安公司）

【基本案情】

华中兴安公司与国都公司因《装修工程劳务专业分包合同》纠纷，北京仲裁委员会（以下简称仲裁委）于2016年11月14日作出涉案仲裁裁决，该裁决书“仲裁庭意见（二）关于本案工程款”载明：双方对工程款结算数额及已经给付的数额没有异议，国都公司除抗辩质量保留金应扣除，对其他工程款给付没有提出异议，仲裁庭对给付工程款予以支持。据此，仲裁委裁决：“（一）被申请人（国都公司，下同）向申请人（华中兴安公司，下同）支付工程款4952033.92元……”

法院在执行华中兴安公司与国都公司仲裁纠纷一案过程中，国都公司申请不予执行仲裁委作出的涉案裁决书。

本案审查过程中，华中兴安公司、国都公司分别提交华中兴安公司（一项目部）与国都公司于2012年4月23日签订的《装修工程劳务专业分包合同》（以下简称“劳务分包合同一”），该合同第5页“五、工程造价5.1”约定：“工程总造价暂定为人民币574.8541万元（39645.11m^2，单价285元/m^2，其中材料140元/m^2）……（不含分包材料费，分包材料费另行签订补充协议）最终按实际面积结算。”双方当事人对“劳务分包合同一”真实性均无异议。国都公司另提交其从仲裁委调取的、仲裁过程中华中兴安公司向仲裁委提交的华中兴安公司（一项目部）与国都公司于2012年4月23日签订的《装修工程劳务专业分包合同》（以下简称“劳务分包合同二”），该合同第5页“五、工程造价5.1”约定：“工程总造价暂定为人民币1129.89万元（39645.11m^2，单价285元/m^2）……最终按实际面积计算。”华中兴安公司表示仲裁过程中其将“劳务分包合同一”与“劳务分包合同二”均提交给了仲裁委，但其未提交曾向仲裁委提交“劳务分包合同一”的相关证据。

国都公司确认其留存有双方签订的《委托采购合同》，且仲裁过程中其并未向仲裁委提交。同时对《大同云中商贸物流园区室内精装修工程结算审核确认单》的真实性予以认可，但认为由于其内部员工问题导致确认内容有误。

经调取仲裁庭审笔录并与仲裁委核实，确定如下事实：仲裁过程中，华中兴安公司向仲裁委提交“劳务分包合同二”，且仲裁卷宗中仅有“劳务分包合同二”；仲裁过程中经过质证，国都公司对“劳务分包合同二”的真实性无异议，国都公司并未提交“劳务分包合同一”；仲裁委根据双方之间签订的“劳务分包合同二”中的仲裁条款确定管辖，双方争议的工程款由仲裁委根据双方确认的《大同云中商贸物流园区室内精装修工程结算审核确认单》予以确定并作出涉案仲裁裁决。

【案件焦点】

国都公司主张涉案仲裁裁决存在“裁决所根据的证据是伪造的”以及“对方当事人向仲裁机构隐瞒了足以影响公正裁决的证据”不予执行理由是否成立。

【法院裁判要旨】

北京市第二中级人民法院经审理认为：

（一）关于国都公司主张涉案仲裁裁决存在“裁决所根据的证据是伪造的”不予执行理由是否成立的问题。在审理过程中，国都公司确认该项不予执行理由系针对《装修工程劳务专业分包合同》。法院认为，第一，本案中，仲裁委卷宗中当事人提交的“劳务分包合同二”与双方当事人向法院提交的“劳务分包合同一”关于工程总造价暂定金额的数额确有不同，但上述两份劳务分包合同在工程造价条款中均约定了“最终按实际面积计算”。随后，双方共同确认了《大同云中商贸物流园区室内精装修工程结算审核确认单》，对双方之间的工程款等事项予以确认。仲裁过程中，双方当事人对除质量保留金外的其他工程款给付没有提出异议，仲裁委亦根据上述《大同云中商贸物流园区室内精装修工程结算审核确认单》对仲裁争议的工程款予以裁决。第二，在仲裁过程中，对“劳务分包合同二”进行了质证，国都公司对“劳务分包合同二”的真实性并未提出异议。且国都公司亦留存有“劳务分包合同一”，仲裁过程中其并未向仲裁委提交。因此，涉案仲裁裁决确定的工程款数额系依据双方共同确认的《大同云中商贸物流园区室内精装修工程结算审核确认单》，国都公司在书面意见中亦认可“劳务分包合同二”不是直接关系到涉案仲裁裁决最后结论的证据。对于国都公司提出“劳务分包合同二”与《大同云中商贸物流园区室内精装修工程结算审核确认单》有着直接的联系、“劳务分包合同二”及《委托采购合同》足以影响仲裁委对事实的正确判断的抗辩意见，由于其对《大同云中商贸物流园区室内精装修工程结算审核确认单》的真实性并无异议，且在仲裁过程中其亦未提交“劳务分包合同一”，对除质量保留金外的其他工程款给付没有提出异议，故对于国都公司的上述抗辩意见，法院不予认可。综上，法院认为，国都公司提出涉案仲裁裁决存在“裁决所根据的证据是伪造的”不予执行理由缺乏充足依据，法院不予支持。

（二）关于国都公司主张“对方当事人向仲裁机构隐瞒了足以影响公正裁决的证据”不予执行理由是否成立。在法院审理过程中，国都公司确认该项不予执行理由系针对双方之间签订的《委托采购合同》。法院认为，从仲裁裁决书可以看出，涉案仲裁裁决系双方当事人之间因《装修工程劳务专业分包合同》引起的仲裁纠纷案，涉案仲裁裁决结果亦是对双方之间工程款的裁决。并且，国都公司亦留存有《委托采购合同》，仲裁过程中其亦未向仲裁委提交，故不符合“对方当事人向仲裁机构隐瞒了足以影响公正裁决的证据的”法定不予执行情形。因此，对于国都公司该项不予执行理由，法院不予支持。

法院依照《中华人民共和国民事诉讼法》第一百五十四条第一款第十一项的规定，裁定如下：

驳回国都公司不予执行涉案仲裁裁决的申请。

【法官后语】

仲裁裁决是平等主体当事人之间自愿选择的纠纷解决方式之一，当事人选择仲裁程序，亦要尊重并遵守仲裁“一裁终局”的程序特点。现行法律对仲裁裁决的司法审查，无论是撤销仲裁裁决还是仲裁裁决不予执行，法定情形基本一致。

本案涉及不予执行仲裁裁决法定情形中与案件实体问题有一定关联性的两个法定情形，即“裁决所根据的证据是伪造的”以及“对方当事人向仲裁机构隐瞒了足以影响公正裁决的证据”。

1.“裁决所根据的证据是伪造的”法定情形的司法审查

本案中，申请执行人在仲裁阶段提交仲裁委的《装修工程劳务专业分包合同》与双方当事人在本案中提交的《装修工程劳务专业分包合同》关于工程总造价暂定金额的数额确有不同，但是否可以据此认定该证据符合“裁决所根据的证据是伪造的”法定情形，进而产生不予执行仲裁裁决的法律效果？换言之，根据现有证据，当事人仲裁过程中提交的证据确有伪造可能，是否必然产生不予执行的法律效果？以上问题是本案审查的难点与关键。

经过法庭调查、调取仲裁庭审笔录、与仲裁员沟通核实，可以确定：第一，当事人争议的《装修工程劳务专业分包合同》系确定仲裁管辖的依据，当事人依据该合同对工程进行结算并另行签订结算确认单，仲裁庭亦主要依据结算确认单的结果对涉案工程款予以裁决。第二，涉案《装修工程劳务专业分包合同》在仲裁过程中经过质证，被执行人国都公司并未对真实性提出异议，且该合同原始版本国都公司处亦有留存，其亦未向仲裁庭提交。第三，被执行人国都公司在本案审理过程中提交书面答辩意见，认为《装修工程劳务专业分包合同》不是直接关系到涉案仲裁裁决最后结论的证据。

综上所述，可以认定《装修工程劳务专业分包合同》并非仲裁庭作出仲裁裁决结果所依据的主要证据。据此法院对该项不予执行请求未予支持。

在本案结案后正式施行的《最高人民法院关于人民法院办理仲裁裁决执行案件若干问题的规定》第十五条规定，符合下列条件的，人民法院应当认定为民事诉讼法第二百三十七条第二款第四项规定的“裁决所根据的证据是伪造的”情形：(一)该证据已被仲裁裁决采信；(二)该证据属于认定案件基本事实的主要证据；(三)该证据经查明确属通过捏造、变造、提供虚假证明等非法方式形成或者获取，违反证据的客观性、关联性、合法性要求。

但在具体司法实践中，还可以考虑如下因素：

第一，该证据是否仅为一方所有？如该证据仅为申请人所有并提交伪造后的证据，仲裁庭无法核实真实情况导致仲裁结果不符合事实或公平正义，则可能产生不予执行的法律后果。反之，如该证据双方当事人均所有，不予执行申请人可以提交而未提交仲裁庭，此时是否必然导致不予执行的法律后果，应结合其他因素审慎考量。例如，本案中涉案的《装修工程劳务专业分包合同》双方当事人均有留存，被执行人未向仲裁庭提交。

第二，该证据仲裁质证过程中对方当事人是否认可？例如，本案中涉案的《装修工程劳务专业分包合同》，在仲裁质证过程中，不予执行申请人对该证据的真实性予以认可，其由于自身过错未对证据真实性予以认真核实，此时是否必然导致不予执行的法律后果，应结合其他因素审慎考量。

第三，如何判断"该证据属于认定案件基本事实的主要证据"？应结合仲裁审查的整个过程对该证据与仲裁认定的事实及裁决结果之间的关系进行个案考量。本案中，当事人之间签订不同版本的《装修工程劳务专业分包合同》均约定工程造价条款"最终按实际面积计算"并另行签字确认了工程结算审核确认单，经与仲裁庭核实，仲裁结果主要依据工程结算审核确认单作出，并且不予执行申请人亦自认《装修工程劳务专业分包合同》并非作出仲裁结果的直接证据。因此，具体到本案中，该证据并非认定案件基本事实的主要证据。

2. "对方当事人向仲裁机构隐瞒了足以影响公正裁决的证据"法定情形的司法审查

对于被执行人国都公司所提"对方当事人向仲裁机构隐瞒了足以影响公正裁决的证据"不予执行理由。在本案审理过程中，已要求国都公司确定该项理由所针对的隐瞒证据具体指向为双方另行签订的《委托采购合同》，因该合同双方当事人均有留存，且均未向仲裁庭提交，故不符合证据仅为一方当事人掌握的要件，不构成向仲裁机构隐瞒证据的基本要素。所以该项不予执行理由仲裁庭未予支持。

《最高人民法院关于人民法院办理仲裁裁决执行案件若干问题的规定》第十六条规定，符合下列条件的，人民法院应当认定为民事诉讼法第二百三十七条第二款第五项规定的"对方当事人向仲裁机构隐瞒了足以影响公正裁决的证据的"情形：

（一）该证据属于认定案件基本事实的主要证据；（二）该证据仅为对方当事人掌握，但未向仲裁庭提交；（三）仲裁过程中知悉存在该证据，且要求对方当事人出示或者请求仲裁庭责令其提交，但对方当事人无正当理由未予出示或者提交。当事人一方在仲裁过程中隐瞒己方掌握的证据，仲裁裁决作出后以己方所隐瞒的证据足以影响公正裁决为由申请不予执行仲裁裁决的，人民法院不予支持。本案的审查思路与裁判结果同上述司法解释的规定一致。

本案的审理结果虽然是在《最高人民法院关于人民法院办理仲裁裁决执行案件若干问题的规定》施行之前作出的，但是对于不予执行仲裁裁决“裁决所根据的证据是伪造的”以及“对方当事人向仲裁机构隐瞒了足以影响公正裁决的证据”法定情形的认定，却与上述司法解释的规定精神一致，也体现了本案对法律规定本源的探究以及对法律适用的准确理解。

编写人：北京市第二中级人民法院 连强

35

次债务人以执行依据生效后发生的实体事由提出的执行异议能否排除执行

——陈方满与梅金平、王立群执行异议案

【案件基本信息】

1. 裁判书字号

北京市昌平区人民法院（2017）京0114民特371号民事裁定书

2. 事由：执行异议

3. 当事人

异议人（利害关系人）：陈方满

申请执行人：梅金平

被申请执行人：王立群

【基本案情】

梅金平、王立群因民间借贷纠纷发生争议，经北京市昌平区城北街道人民调解委员会调解，于2017年3月31日达成城北民调字（2017）085号《人民调解协议书》，王立群同意于2017年4月15日前将拖欠梅金平的借款6万元一次性付清；梅金平收到上述款项后，向王立群出具收款凭证。后梅金平、王立群向法院提出申请，请求对上述《人民调解协议书》进行司法确认。法院经审查，于2017年4月5日作出（2017）京0114民特371号民事裁定书，裁定：确认梅金平、王立群于2017年3月31日达成的城北民调字（2017）085号《人民调解协议书》有效。

上述裁定生效后，王立群未按时履行生效法律文书确定的义务。2017年4月18日，梅金平向法院申请强制执行，法院以（2017）京0114执3433号立案执行。在本案执行过程中，根据相关线索查询到，被执行人王立群对第三人陈方满享有到期债权，法院依据申请执行人申请，于2017年7月25日作出（2017）京0114执3433号履行到期债务通知书，要求陈方满直接向梅金平履行其对王立群所负的债务。异议人（利害关系人）陈方满就此向法院提出书面异议，认为其和王立群之间并不存在真正的借款法律关系，且王立群未在法律规定的申请强制执行的期间内申请强制执行，请求法院撤销（2017）京0114执3433号履行到期债务通知书。

【案件焦点】

1. 次债务人陈方满主张不存在真正的借款法律关系，人民法院能否按照第三人异议制度对其异议不予审查并直接对债权不予执行；2. 次债务人陈方满主张执行依据丧失强制执行力，执行审查中应按照何种程序审查，以及是按照债务人异议还是行为异议审查。

【法院裁判要旨】

北京市昌平区人民法院经审理认为：首先，《中华人民共和国民事诉讼法》第二百三十九条规定，申请执行的期间为二年。申请执行时效的中止、中断，适用法律有关诉讼时效中止、中断的规定。前款规定的期间，从法律文书规定履行期间的最后一日起计算；法律文书规定分期履行的，从规定的每次履行期间的最后一日起计算；法律文书未规定履行期间的，从法律文书生效之日起计算。本案中，浙江省临海市人民法院作出的（2007）临民一初字第2534号民事判决书于2008年4月20日发生法律效力，法院依据本案申请执行人的申请对被执行人的债权予以执行时已超过了二年的申请执行时效，被执行人王立群亦未提交申请执行时效存在中止、中断情形的证据材料，故支持了陈方满的异议请求。其次，根据《最高人民法院关于适用〈中华人民共和国民事诉讼法〉的解释》第五百零一条第三款的规定，被执行人王立群与异议人陈方满之间的债权债务关系已经临海市人民法院生效判决确认，关于陈方满主张其和王立群之间不存在真实的民间借贷法律关系的意见，法院不予支持。法院依照《中华人民共和国民事诉讼法》第一百五十四条第一款第十一项之规定，裁定：

陈方满提出的执行异议成立，撤销于2017年7月25日作出的（2017）京0114执3433号履行到期债务通知书。

【法官后语】

本案为次债务人提出的执行异议，涉及被执行人与第三人之间的债权债务关系，争议的焦点问题有两个：一、次债务人陈方满主张与被执行人之间不存在真正的借款法律关系，人民法院能否按照第三人异议制度对其异议不予审查并直接对债权不予执行；二、次债务人陈方满主张执行依据丧失强制执行力，执行审查中应按照何种程序审查，以及是按照债务人异议还是行为异议审查。

一、关于第一个焦点问题，根据《最高人民法院关于人民法院执行工作若干问题的规定（试行）》第六十一条、第六十三条规定以及《最高人民法院关于适用〈中华人民共和国民事诉讼法〉的解释》第五百零一条规定，被执行人与第三人之间的债权债务关系，由于涉及双方之间的实体权利，如果有一方对该实体权利存在争议的，该争议应当通过诉讼程序解决，而不应在执行程序中审查处理，执行程序原则上不处理涉及实体权利争议的问题。但是，如果被执行人对第三人的到期债权已经生效法律文书确认，说明被执行人与第三人之间的实体争议已经法律程序予以解决和确定，无再通过诉讼途径解决的必要，申请执行人也无权再提起代位权诉讼。此时，第三人（次债务人）异议制度也就不再具有适用空间。具体到本案而言，第三人（次债务人）陈方满与王立群的债权债务关系已经浙江临海法院生效的民事判决书确认，依法应当不再适用《最高人民法院关于人民法院执行工作若干问题的规定（试行）》第六十三条以及《最高人民法院关于适用〈中华人民共和国民事诉讼法〉的解释》第五百零一条第二款确立的第三人异议制度。所以，陈方满主张其与被执行人王立群不存在真正的借款法律关系，系对生效法律文书确定的到期债权的否认，对此法院不予支持。

二、关于第二个焦点问题，根据《最高人民法院关于人民法院办理执行异议和复议案件若干问题的规定》第七条第二款规定确立了债务人异议参照执行行为异议的规定进行审查的制度。由于我国目前法律上尚不存在债务人异议之诉制度，只是赋予了执行异议程序在特定情形下的实体审查权，以此来保障相关债务人可以获得法律程序上的救济。就本案而言，在次债务人陈方满与被执行人王立群之间的债权债务关系已经法院生效民事判决书确定的情况下，法院根据申请执行人的申请对该债权予以执行，实质上是启动了对该到期债权的代位执行程序，是在代替王立群对其具有执行依据的债权进行执行。此时，次债务人陈方满是利害关系人的身份，如果陈方满对此提出执行异议，主张债权已经超过申请执行的期间，性质上是属于以执行依据生效后发生的实体事由提出排除执行的异议。法院认为应参照《最高人民法院关于人民法院办理执行异议和复议案件若干问题的规定》第七条第二款的规定，在执行异议程序中依法对该实体事由是否存在和成立进行审查认定。据此，法院经过审查支持了陈方满的异议请求，依法裁定撤销法院于2017年7月25日作出的（2017）京0114执3433号履行到期债务通知书。

编写人：北京市昌平区人民法院　王慧霞、冯自华

36

国际商事仲裁中当事人的特别约定与当事人选择适用的仲裁规则之间冲突的解决及司法审查

——来宝资源国际私人有限公司与上海信泰国际贸易有限公司申请承认和执行外国仲裁裁决案

【案件基本信息】

1. 裁判书字号

上海市第一中级人民法院（2016）沪01协外认1号民事裁定书

2. 事由：申请承认和执行外国仲裁裁决

3. 当事人

申请人：来宝资源国际私人有限公司（以下简称来宝公司）

被申请人：上海信泰国际贸易有限公司（以下简称信泰公司）

【基本案情】

2014年10月29日，来宝公司与信泰公司通过电子邮件签订了《铁矿石买卖合同》，约定由来宝公司销售铁矿石给信泰公司，合同争议须提交新加坡国际仲裁中心（以下简称SIAC）进行仲裁，且仲裁庭应由三名仲裁员组成。后双方在合同履行过程中发生争议，来宝公司于2015年1月14日向SIAC提出仲裁申请，主张信泰公司构成根本违约，要求信泰公司承担违约赔偿责任，同时申请仲裁程序按照快速程序进行。同年4月20日，SIAC依据其2013年第五版仲裁规则，以双方当事人未就快速程序下独任仲裁员人选达成合意为由，指定独任仲裁员审理该案，信泰公司缺席该案审理。2015年8月26日，仲裁庭作出最终裁决，支持了来宝公司全部仲裁请求。上述仲裁裁决作出后，信泰公司未履行裁决项下的义务，故来宝公司向我国法院申请承认并执行上述仲裁裁决。

【案件焦点】

案涉仲裁裁决是否存在《纽约公约》第五条第一款（丁）项所规定的“仲裁机关之组成或仲裁程序与各造间之协议不符”的情形？其涉及两个问题：1. 案涉仲裁程序是否能够适用快速仲裁；2. 当事人约定的仲裁庭的组成人员人数（三人）与快速程序仲裁规则规定的独任仲裁庭人数（一人）不一致，仲裁庭是否可以行使裁量权决定由一名仲裁员审理和裁决案件。也即涉及仲裁协议的约定与仲裁规则在某一问题上发生冲突时，如何解决。

【法院裁判要旨】

上海市第一中级人民法院经审理认为，双方当事人之间存在有效的书面仲裁条款，案涉争议提交仲裁时适用的仲裁规则为SIAC 2013年第五版仲裁规则。SIAC依据该规则之规定适用快速程序进行仲裁并无不当，信泰公司亦不存在因他方之故未能申辩之情形，但案涉仲裁庭的组成与当事人约定不符。本案双方当事人已在仲裁条款中明确约定应由三名仲裁员组成仲裁庭，且未排除该组成方式在仲裁“快速程序”中的适用，SIAC 2013 年第五版仲裁规则亦未排除“快速程序”中适用其他的仲裁庭组成方式。SIAC 2013 年第五版仲裁规则第 5.2 条（b）项所规定的“主席另有决定的除外”不应解释为 SIAC 主席对仲裁庭的组成方式享有任意决定权；相反，在其行使决定权时应当充分尊重当事人关于仲裁庭组成方式的合意，保障当事人的意思自治。SIAC 在仲裁条款约定仲裁庭由三名仲裁员组成且信泰公司明确反对独任仲裁的情况下，仍然依据仲裁规则之规定决定采取独任仲裁员的组成方式，违反了案涉仲裁条款的约定，属于《纽约公约》第五条第一款（丁）项所规定的“仲裁机关之组成或仲裁程序与各造间之协议不符”的情形。据此，上海一中院裁定：

不予承认和执行案涉 SIAC 作出的仲裁裁决。

【法官后语】

本案系上海市首例不予承认和执行外国仲裁裁决纠纷案，也是 SIAC 快速程序裁决在境外被拒绝承认与执行的首例。

该案作出后被多家国内外媒体报道，引起司法界和国际仲裁界的广泛关注。对于当事人的约定同当事人选择适用的仲裁规则之间的关系，以及二者相冲突时何者优先适用，无论是在理论界还是在不同法域的司法实践中，均存在不一致的看法和做法。仲裁司法审查实践中，由于各国立法关于对仲裁司法审查的法律适用、法律概念以及对纽约公约条款的理解不同，对于有可能依赖其他法域的法院协助执行的仲裁裁决来说，上述冲突问题的不同处理可能会产生截然相反的结果。

本案围绕上述仲裁司法审查难题展开，在审慎考虑了当事人意思自治与仲裁规则之间的关系后认为，当事人意思自治是仲裁制度运作的基石，仲裁庭的组成方式属于仲裁基本程序规则，仲裁机构根据其仲裁规则行使决定权时应当充分尊重当事人关于仲裁庭组成方式的合意。即便当事人约定仲裁程序适用某一仲裁机构的仲裁规则，但是如果当事人就仲裁规则中的相关规定如仲裁庭的组成又作出与选定的仲裁规则相冲突的特别约定时，在此种约定不违背仲裁地的强制性规定的前提下，仲裁程序的进行应当遵循当事人之间的特别约定。在承认与执行外国仲裁裁决案件中，法院对被申请人提出的仲裁程序性瑕疵抗辩进行司法审查时，对当事人符合正当程序的“特别约定”应当予以合理保护。本案的裁判结果体现了保护当事人意思自治，改善自贸区营商环境的精神，对今后涉上海自贸区的同类案件审理和我国仲裁制度的进步具有积极意义。

编写人：上海市第一中级人民法院　任明艳　闫伟伟

37

规避执行的调解书应被撤销

——贺春源诉王世晶、王索菲第三人撤销之诉案

【案件基本信息】

1. 裁判书字号

北京市第一中级人民法院（2017）京01民终9165号民事判决书

2. 案由：第三人撤销之诉（所有权确认纠纷）

3. 当事人

原告（被上诉人）：贺春源

被告（上诉人）：王世晶

被告（原审被告）：王索菲

【基本案情】

贺春源和王索菲原是夫妻关系，后二人离婚。王世晶是王索菲的母亲。王世晶起诉贺春源和王索菲，要求二人偿还借款，法院认定是夫妻共同债务，判决贺春源和王索菲共同偿还借款。王世晶申请执行该债权判决，法院查封了登记在王索菲名下的房屋（以下简称涉案房屋）。后王世晶撤回执行申请，法院对涉案房屋予以解封。解封后，王世晶以所有权确认纠纷为由将王索菲起诉至法院，主张王世晶借用王索菲名义买房，审理过程中，王世晶和王索菲达成调解协议，王索菲将涉案房屋过户至王世晶名下，法院依据调解协议作出调解书。房屋过户后，王世晶再次向法院申请对债权判决书的执行。该次执行过程中，贺春源知悉涉案房屋依据调解书已经过户，遂将王世晶、王索菲起诉至法院，认为其执行顺位受到损害，遭受损失，要求撤销王世晶和王索菲达成的所有权确认调解书。

【案件焦点】

1. 第三人撤销之诉的提出主体如何确定；2. 如何理解裁判文书确有错误；3. 如何判断是否损害第三人民事权益。

【法院裁判要旨】

北京市昌平区人民法院经审理认为：首先，本案需要判断的是贺春源是否有权提起第三人撤销之诉。第三人既可以是有独立请求权的第三人也可以是无独立请求权的第三人。王世晶和王索菲达成的民事调解书可能影响到贺春源的执行利益，故贺春源与该案有法律上的利害关系，其是无独立请求权的第三人，有权提起第三人撤销之诉。其次，王世晶和王索菲明确表示调解时没有告知贺春源，贺春源未能参加诉讼不能归责于其本人，贺春源在执行时知道调解书的存在，其在法定6个月时间内提起诉讼，符合程序要求。再次，王世晶虽然支付了全部购房款，但不是借用王索菲名义购买。在王世晶本人所写的《承诺书》中，明确表明王世晶有居住权，涉案房屋是王索菲婚前个人财产。由此可知，王世晶当初并没有借用王索菲名义的意思表示。王世晶在该调解案件中主张是借名买房，并以此为调解依据。因借名买房的事实不存在，故法院认定调解书错误。最后，在双方不存在借名买房关系的情况下，再结合各方之间的利益纠葛，王世晶和王索菲之间具有恶意串通之嫌。对于王世晶的债务，王索菲和贺春源是共同清偿责任，不分先后顺位。对于王世晶的债务，王索菲和贺春源均有偿还义务。偿还完毕后，两人之间债务最终如何分担，是二人内部之间的法律关系，偿还债务一方对另一方享有追偿权。贺春源表示其名下现有财产可供执行，但王索菲名下没有财产，势必造成贺春源行使追偿权受损。

北京市昌平区人民法院依照《中华人民共和国民事诉讼法》第五十六条，《最高人民法院关于适用〈中华人民共和国民事诉讼法〉的解释》第二百九十二条、第三百条第一款第二项之规定，作出判决：

撤销（2016）京0114民初12484号民事调解书。

王世晶不服一审判决，提起上诉。北京市第一中级人民法院认定的事实和理由与一审一致。依照《中华人民共和国民事诉讼法》第一百七十条第一款第一项之规定，作出如下判决：

驳回上诉，维持原判。

【法官后语】

民事诉讼中损害案外第三人权益的现象时有发生，有些甚至是双方恶意诉讼，假借公权力侵害第三人权益。法律从制度上赋予第三人不同的救济途径，主要有三种：执行异议制度、审判监督制度、第三人撤销之诉制度。

执行异议制度限于执行程序，案外人对执行标的主张权利，可以提起执行异议，进而提起执行异议之诉。执行异议之诉的核心要点是有明确的排除对执行标的执行的诉讼请求，且诉讼请求与原判决、裁定无关。如果诉讼请求与原判决、裁定有关，就需要通过审判监督程序进行救济。

审判监督程序针对的是已经发生法律效力的裁判。当事人对已经发生法律效力的判决、裁定、调解认为有错误的，可以申请再审。案外人权益受到侵害时也可以申请再审，但要符合法律规定。

第三人撤销之诉是法律新规定的制度。第三人撤销之诉和审判监督程序在维护第三人权益时有相同之处，即都是否认生效法律文书的效力，但不同点在于，再审是基于原判决，是对原案件的继续审理。而第三人撤销之诉是基于新的事实主张撤销原判决，是一个新的诉讼。

提起第三人撤销之诉，必须符合一定条件。

第一，主体条件：第三人。提起主体既可以是有独立请求权第三人，也可以是无独立请求权第三人。对于无独立请求权第三人应当从宽把握，即案件处理结果影响到第三人利益的，都可以作为无独立请求权第三人。

第二，程序条件：第三人因不能归责于自己的事由未参加诉讼，第三人负有举证证明责任证明自己未参加诉讼不是自身过错造成。如果第三人知道或应当知道诉讼已经存在，其应当申请参加诉讼，未申请参加诉讼的，则应当被认为有过错。同时，未参加诉讼是指没有成为诉讼的第三人，而不是指第三人没有实际参加诉讼过程。例如，在诉讼中，第三人旁听，但是没有申请作为第三人参加诉讼，此时，该第三人具有过错，不能提起第三人撤销之诉。再如，如果第三人成为诉讼案件当事人，即使在诉讼中放弃自己权利未实际参与到诉讼过程中，也不能视为未参加诉讼，应当视为其已经参加诉讼，无权提起第三人撤销之诉。

第三，时间条件：自知道或应当知道其民事权益受到损害之日起6个月。该6个月规定是不变期间，不适用期间的延长、中止和中断。该时间的确定，可以参考裁判文书送达第三人时间、执行时通知第三人时间等综合判断。

第四，实体条件：有证据证明发生法律效力的判决、裁定、调解书部分或全部内容错误。判决、裁定、调解书内容错误，是指判决、裁定、调解书中裁决事项有错误，主要是因为事实认定错误和法律适用错误导致的实体处理错误。这里的错误仅指实体处理内容，不包括程序内容。如果是程序方面，应当通过审判监督程序救济。

第五，结果条件：损害其民事权益。即因为判决、裁定、调解书的错误损害了第三人民事权益。要求判决、裁定、调解书的内容与第三人民事权益损害之间具有因果关系。

本案就是从事实出发，紧紧围绕第三人撤销之诉的构成要件，逐一判断，最终作出判决。

编写人：北京市昌平区人民法院　陆婧

38

民事执行中以物抵债的审查和效力

——秦某军诉季某明等第三人撤销之诉案

【案件基本信息】

1. 裁判书字号

北京市第三中级人民法院（2017）京03民终10155号民事判决书

2. 案由：第三人撤销之诉

3. 当事人

原告（被上诉人）：秦某军

被告（上诉人）：季某明、王某成

被告：王某龙

第三人：郭某利

【基本案情】

王某成与季某明于1995年10月4日登记结婚，于1997年2月24日生育一子王某龙。2003年3月30日，王某成购买北京市平谷区平谷镇某小区221号房屋（以下简称221号房屋）并登记在其名下。2006年7月26日，双方协议离婚，离婚协议中约定221号房屋产权归王某龙所有。2008年1月17日，法院作出（2007）平民初字第04052号民事判决书，判决季某明和王某成连带偿还秦某军欠款近50万元。2009年5月8日，王某成与秦某军在法院的主持下自愿达成执行和解协议，约定将王某成名下的221号房屋作价478633.6元交秦某军抵偿债务，同日，法院作出（2008）平执字第02349号执行裁定书载明，将被执行人王某成所有的221号房屋作价478633.6元交申请执行人秦某军抵偿债务。2016年1月25日，季某明将王某龙诉至法院要求确认221号房屋归其所有，王某成协助其办理房屋过户登记手续，王某成以第三人的身份参加了诉讼，法院于2016年7月14日作出（2016）京0117民初1303号民事判决书载明，221号房屋归季某明所有（王某成在本判决生效后十日内协助季某明办理房屋过户登记）。2016年6月14日，秦某军将郭某利诉至法院，要求确认221号房屋归其所有、由其使用，在该起诉讼中，郭某利称王某成已将该房屋卖与郭某利。现秦某军认为其在2009年已经过法定程序取得了221号房屋的所有权，故要求依法撤销北京市平谷区人民法院（2016）京0117民初1303号民事判决书，确认221号房屋归其所有。

【案件焦点】

1. 执行法院在以物抵债时对物权的审查标准如何确定；2. 以物抵债裁定书何时发生物权转移效力。

【法院裁判要旨】

北京市平谷区人民法院经审理认为：执行法院在王某成与秦某军同意的情况下作出以物抵债裁定书，自秦某军收到上述裁定之日起，涉案房屋的所有权已经发生转移，王某成所负转移涉案房屋所有权的义务已经完成。该执行案件的案外人如对执行标的即涉案房屋持执行异议，应通过提出执行异议、提起执行异议之诉的方式寻求救济，但该案于2009年已经结案，执行程序已经终结，案外人未能在法定时限内提出执行异议，已经丧失了该权利，上述以物抵债裁定合法有效。从该执行案件的实体内容角度分析，王某成与季某明离婚协议中约定涉案房屋所有权归属后未办理登记过户手续，涉案房屋一直登记在王某成名下，根据物权登记的公示公信原则，秦某军有理由相信王某成为该房屋的所有权人，他人主张秦某军不构成善意的，应承担举证证明责任，但在本案中并无证据显示秦某军受让该房屋存在重大过失从而不构成善意，且王某成对秦某军所负近50万元的债务得以豁免，因此可以认定秦某军已支付合理对价。导致物权变更的人民法院法律文书生效也是不动产转移的标志之一，即自秦某军收到法院以物抵债裁定时起涉案房屋所有权已经转至秦某军名下。

对于本案当事人提到的执行法院履行审查职责的问题和季某明未参与执行的问题，法律明确规定了执行法院履行职责的标准，即上述的“已登记的不动产，按照不动产登记簿判断”，执行法院没有职责也没有条件越过不动产登记簿深入审查房屋的实际所有权人；王某成作为连带债务人之一，与秦某军自愿达成的执行和解协议合法有效，无需季某明的参与。故从实体角度分析，秦某军善意取得221号房屋，上述以物抵债裁定合法有效。王某成在（2016）京0117民初1303号案中未向法院告知涉案房屋归属于秦某军的重要法律事实，致使法院在该案中作出与原以物抵债裁定相悖的错误判决，对于该判决，应予撤销。现秦某军要求确认涉案房屋归其所有，具有相应的事实和法律依据，法院予以支持。王某成与郭某利于2015年4月16日买卖涉案房屋的事实即便存在，因不存在王某成向郭某利转移涉案房屋所有权的事实，郭某利也不构成善意取得，故该事实不影响法院确认该房屋归秦某军所有。王某成请求法院调取其与秦某军之间的转账记录，即使双方确有转账记录，也不能证实该款项系上述执行案件所涉的债务清偿，故法院对其申请不予准许。

北京市平谷区人民法院依照《中华人民共和国物权法》第九条、第十四条、第二十八条，《最高人民法院关于适用〈中华人民共和国物权法〉若干问题的解释(一)》第一条、第七条、第十五条、第十八条第三款，《中华人民共和国民事诉讼法》第二百二十七条、第四百九十三条，《最高人民法院关于人民法院办理执行异议和复议案件若干问题的规定》第六条第二款、第二十五条第一款第一项的规定，判决如下：

一、撤销北京市平谷区人民法院（2016）京0117民初1303号民事判决书；

二、221号房屋归秦某军所有。

季某明、王某成不服一审判决，提起上诉，北京市第三中级人民法院经审理同意一审法院裁判意见。依照《中华人民共和国民事诉讼法》第一百七十条第一款第一项的规定，判决如下：

驳回上诉，维持原判。

【法官后语】

1. 民事执行中以物抵债的适用

以物抵债时应符合以下条件：（1）被执行人无金钱给付能力；（2）申请执行人同意以物抵债；（3）不得损害其他债权人合法权益和社会公共利益；（4）被执行人同意时，拍卖或变卖非必经程序；（5）抵债物的作价须双方一致认可。

本案中，王某成作为连带债务人之一，其在执行程序中同意将涉案房屋抵偿给秦某军，也同意不经过拍卖、变卖手续，且双方对于抵债物即涉案房屋的作价一致认可，故执行法院所出具的以物抵债裁定书具有合法性和强制执行力。

2. 对抵债物的权属审查应以形式审查为原则

以物抵债过程中，执行法院在对抵债物的权属进行审查时应以形式审查为原则，不再审查实质事项。采取形式审查的原因主要有两个：

（1）强制执行程序的效率优先原则。根据《民事诉讼法》及相关司法解释规定，执行过程中，案外人如对执行标的存在异议，可以向执行法院提出书面异议申请，执行法院对异议的审查期限为15日，不得延长。此规定的目的是避免在强制执行程序基础上衍生的异议审查程序占用时间过长反而影响到原生执行案件的继续执行。执行程序中的以物抵债也是如此，对已登记的不动产的权属进行审查时，依据物权登记的公示公信原则，执行法院的审查标准即不动产登记簿上的权属人与被执行人是否是同一人。如果其他案外人认为自己对抵债物享有权利，可以提出案外人异议申请。案外人异议申请应在执行程序终结前提出，否则案外人丧失该权利。

（2）区别审判程序与执行程序。审判程序的主要任务是查明事实、分清是非、确认当事人之间的权利义务关系或者确认一定的事实状态，并在此基础上作出裁判，而执行程序则是以实现生效法律文书确定的内容为其主要任务。在以物抵债执行中，如果进行实质审查，会混淆执行与审判的界限，也使案外人异议之诉的存在形同虚设。

本案中，执行法院经过审查确定涉案房屋登记在王某成名下，在对抵债物的审查标准上已经履行了相应的职责，执行法院有理由相信涉案房屋的所有权人为王某成，王某成作为承担连带责任的被执行人之一，其同意以涉案房屋抵偿生效法律文书中应该给付秦某军的近50万元的债务，秦某军对此表示同意，以物抵债行为合法有效。季某明如果对涉案房屋作为抵债物执行存有异议，应向执行法院提出案外人异议申请，在法律规定的期限即执行程序终结前，季某明并未向执行法院提出任何异议，其该项权利已经丧失。

3. 以物抵债裁定产生的物权变动效力

根据法律规定，物权变动分为基于法律行为的变动和非基于法律行为的变动。拍卖成交或者依法定程序以物抵债的，标的物所有权自拍卖成交裁定或者抵债裁定送达买受人或者接受抵债物的债权人时转移，这种物权变动方式属于非基于法律行为变动的一种。执行法院将以物抵债裁定书送达秦某军时，涉案房屋的所有权由王某成转移给秦某军，虽未变更登记，不能对抗善意第三人，但不影响物权变动的效力。

以物抵债裁定书合法有效，涉案房屋物权已经发生变动，而（2016）京0117民初1303号判决将涉案房屋判归季某明所有，发生在后判决与在前裁定相悖的情形，权利人秦某军诉至法院要求撤销该份判决，并确认涉案房屋归其所有，应予以支持。

编写人：北京市平谷区人民法院　杨张林　李晓彤

七、执行中的质押问题

39

保证金质押的效力认定

——中国民生银行股份有限公司天津分行诉
张小娜等案外人执行异议之诉案

【案件基本信息】

1. 裁判书字号

天津市滨海新区人民法院（2016）津0116民初1228号民事判决书

2. 案由：案外人执行异议之诉

3. 当事人

原告：中国民生银行股份有限公司天津分行

被告：张小娜、聊秀义、天津滨海伟业浩汇酒业销售有限公司

【基本案情】

2014年12月24日，中国民生银行股份有限公司天津分行与聊秀义、天津滨海伟业浩汇酒业销售有限公司签订借款合同及质押担保合同，约定二被告在指定账户内存入25万元作为借款担保。合同签订后，聊秀义、天津滨海伟业浩汇酒业销售有限公司将25万元存入指定账户，原告发放借款。现借款到期，发生逾期。后中国民生银行股份有限公司天津分行收到天津市滨海新区人民法院送达的执行裁定，知悉上述账号内存款被冻结，冻结事由为张小娜与聊秀义、天津滨海伟业浩汇酒业销售有限公司借款的强制执行程序。中国民生银行股份有限公司天津分行向天津市

滨海新区人民法院提出书面执行异议，法院于2015年12月7日作出（2015）滨执异字第0098号执行裁定书，驳回了中国民生银行股份有限公司天津分行的申请。中国民生银行股份有限公司天津分行向天津市第二中级人民法院申请复议，天津市第二中级人民法院于2016年3月8日作出（2016）津02执复00023号执行裁定书，裁定撤销（2015）滨执异字第0098号执行裁定书，指令天津市滨海新区人民法院重新作出裁定。后天津市滨海新区人民法院于2016年4月19日作出（2016）津0116执异22号执行裁定书，驳回了中国民生银行股份有限公司天津分行的请求。中国民生银行股份有限公司天津分行认为执行标的物系被告借款的质押财产，于单独的子账号保管，且原告与第三人签订了书面质押合同，根据物权法的规定，属于有效成立的质权，同时也符合相关司法解释关于以特定化账户形式进行担保的规定，请求立即撤销（2016）津0116执异22号执行裁定书，中止对执行标的物——聊秀义在民生银行天津分行账号内全部存款的执行（截至2016年5月4日，存款余额为139916.58元）、确认中国民生银行股份有限公司天津分行对上述执行标的物享有质权。

张小娜认为银行金融机构有义务协助法院进行相关的执行工作，如果聊秀义、天津滨海伟业浩汇酒业销售有限公司与中国民生银行股份有限公司天津分行存在债务关系并已违约，中国民生银行股份有限公司天津分行应向有管辖权的法院提起诉讼，并依法申请强制执行，请求依法驳回中国民生银行股份有限公司天津分行诉请。经询问聊秀义表示不同意中国民生银行股份有限公司天津分行的诉讼请求，同意法院执行账户中的款项，但认可其在中国民生银行股份有限公司天津分行处作为质押的民生银行的账号。

【案件焦点】

中国民生银行股份有限公司天津分行对聊秀义名下账号内的25万元存款是否享有质权。

【法院裁判要旨】

天津市滨海新区人民法院经审理认为：金钱作为一种特殊的动产，具备条件的情况下可以用于质押。中国民生银行股份有限公司天津分行主张对该账户内剩余存款享有质权，应当从中国民生银行股份有限公司天津分行与聊秀义之间是否存在质押合意以及质权是否设立两点进行审查。

第一，中国民生银行股份有限公司天津分行与聊秀义签订了最高额担保合同，合同中明确约定了聊秀义以金钱作为质押，向中国民生银行股份有限公司天津分行申请贷款，并约定若聊秀义无法偿还贷款，中国民生银行股份有限公司天津分行有权直接扣划相应的存款以抵偿债务，证明双方具备质押的合意，质押合同成立。

第二，《最高人民法院关于适用〈中华人民共和国担保法〉若干问题的解释》第八十五条规定明确了金钱质押的设立条件，即对质押物的特定化并移交债权人占有。中国民生银行股份有限公司天津分行对涉案账户账号的资金使用进行了限制，该账号内25万元存款聊秀义无法用于日常的存取、结算。金钱是特殊的动产，对于金钱的特定化要求不等于将其固定化，涉案银行卡只是保证金的物质载体，不应以外化的卡号作为否认其内含账户账号的特定化，因此该定期的账户账号符合特定化的要求。另，中国民生银行股份有限公司天津分行提交的证据证明其可以随时扣划涉案定期账户账号内的保证金，对该账户账号具有实际的控制和管理权，符合对物占有的特点和事实状态，中国民生银行股份有限公司天津分行对账户账号内的25万元存款享有处置权。

综上，中国民生银行股份有限公司天津分行对涉案账户账号内存款的质押符合金钱质押的生效条件。根据《最高人民法院关于适用〈中华人民共和国民事诉讼法〉的解释》第三百一十二条关于案外人提起执行异议之诉的处理规定，案外人就执行标的享有足以排除强制执行的民事权益的，判决不得执行该执行标的，案外人同时提出确认其权利的诉讼请求的，人民法院可以在判决中一并作出裁判。本案中，中国民生银行股份有限公司天津分行对聊秀义的账号享有质权，符合法律的规定。

天津市滨海新区人民法院依照《中华人民共和国民事诉讼法》第二百二十七条、《最高人民法院关于适用〈中华人民共和国担保法〉若干问题的解释》第八十五条、《最高人民法院关于适用〈中华人民共和国民事诉讼法〉的解释》第三百一十二条的规定，判决如下：

一、不得执行聊秀义在中国民生银行股份有限公司天津分行处账号内保证金25万元。

二、中国民生银行股份有限公司天津分行对聊秀义账户内的保证金25万元享有质权。

【法官后语】

保证金专门账户金钱质押是信贷业务广泛采用的一种担保方式，是银行防范信贷风险、保证资金安全的一种有效措施。银行保证金专门账户是银行为客户开立的一类专门存放信用保证金的结算账户，银行对客户进行授信时要求缴存一定比例的自有资金，通过专户管理以规范客户履约行为，所担保的事项没有完结之前，保证金不得提前支取或挪作他用。现行法律没有明确规定保证金质押的担保方式，《最高人民法院关于适用〈中华人民共和国担保法〉若干问题的解释》第八十五条规定，债务人或者第三人将其金钱以特户、封金、保证金等形式特定化后，移交债权人占有作为债权的担保，债务人不履行债务时，债权人可以以该金钱优先受偿。此规定是实务中判断保证金专门账户金钱质押是否有效的法律依据。金钱一般不可以作为质押物，但是如果将金钱予以特定，应当认定其可以作质物。综上，保证金专门账户金钱质押生效需满足两个条件：一是保证金专门账户内金钱特定化；二是保证金账户金钱移交债权人占有。

若双方当事人按照协议约定为出质金钱开立担保保证金专户，出质人根据每次担保贷款额度的一定比例向该专户内缴存保证金，专户内转出的金钱为质权人对保证金的退还和扣划专款专用，专户未作日常结算，可以与一般结算账户、基本账户相区分，出质人不可以自由支配该专户内的金钱，保证金账户内的金钱不可以自由进出，符合金钱特定化的要求。

《物权法》第二百一十二条规定，质权自出质人交付质押财产时设立。质权若要创设并生效，必须经过转移质物占有和公示。未经质权人同意，出质人不得动用担保保证金专户内的资金，担保的贷款到期未获清偿时，质权人有权直接扣划担保保证金专户内的资金，质权人作为债权人取得保证金专门账户的控制权，实际控制和管理该专户。此种控制权移交符合出质金钱移交债权人占有的要求，应当认定双方当事人已就涉案保证金账户内的资金设立质权。

保证金以专门账户形式特定化并不等于固定化。案涉账户在使用过程中，随着担保业务的开展，保证金账户的资金余额是浮动的。出质人开展新的贷款担保业务时，需要按照约定存入一定比例的保证金，必然导致账户资金的增加；在出质人担保的贷款到期未获清偿时，扣划保证金账户内的资金，必然导致账户资金的减少。虽然账户内资金根据业务发生情况处于浮动状态，但均与保证金业务相对应，除缴存的保证金外，支出的款项均用于保证金的退还和扣划，而不得用于非保证金业务的日常结算。即质权人可以控制该账户，出质人对该账户内的资金使用则受到限制，故该账户资金浮动仍符合金钱作为质权的特定化和移交占有的要求，不影响该金钱质权的设立。

综上，保证金专门账户金钱质押满足《物权法》第二百一十条、第二百一十二条，《最高人民法院关于适用〈中华人民共和国担保法〉若干问题的解释》第八十五条之规定具备订立书面质押合同、保证金账户金钱特定化、保证金账户金钱移交债权人占有要件，其合法性应予以认可。

编写人：天津市滨海新区人民法院　杨学秋　高欢

40

根据书面质押合同约定占有的金钱产生质权的效力

——中国建设银行股份有限公司云南省分行诉邹彬案外人执行异议之诉案

【案件基本信息】

1. 裁判书字号

云南省昆明市中级人民法院（2017）云01民终2645号民事判决书

2. 案由：案外人执行异议之诉

3. 当事人

原告（被上诉人）：中国建设银行股份有限公司云南省分行

被告（上诉人）：邹彬

第三人：云南世宏融资担保有限公司

【基本案情】

2014年4月8日，第三人云南世宏融资担保有限公司（甲方）与原告中国建设银行股份有限公司云南省分行（乙方）签订《担保合作协议》，约定双方开展担保及其配套业务的全面合作，甲方为乙方客户提供全额连带责任保证、最高额保证金质押、保证金质押等担保。在协议签署五个工作日内，甲方应将金额不低于5000000元整的风险保证金存入乙方开立的保证金账户中，并与乙方签署《最高额保证金质押合同》，风险保证金按照《最高额保证金质押合同》的约定作为主合同项下一系列债务的质押担保，乙方有权要求甲方补充、追加风险保证金。同日，双方签订了《最高额保证金质押合同》，约定甲方为多个不特定债务人在2014年4月8日至2015年4月7日与乙方签订的人民币资金借款合同、外汇资金借款合同、银行承兑协议、信用证开证合同、出具保函协议等业务提供最高额保证金质押担保。甲方应在合同签订之日起五个工作日内将5000000元整的保证金存入保证金专户。非经乙方同意，甲方不得对保证金专户内资金进行使用、划转或做其他任何处分。保证金专户名称为云南世宏融资担保有限公司。担保范围为主合同项下全部债务，包括但不限于全部本金、利息（包括复利和罚息）、违约金、赔偿金、债务人应向乙方支付的其他款项及乙方为实现债权而发生的费用。本最高额保证金质押项下担保责任的最高限额为50000000元整。如甲方根据本合同履行了担保义务，则该最高额按履行的金额相应递减。债务人不履行主合同项下到期债务或不履行被宣布提前到期的债务，或违反主合同的其他约定，乙方有权从保证金专户中划收相应款项。双方还对其他权利义务进行了约定。

2014年4月3日，第三人云南世宏融资担保有限公司在上述保证金账户中存入5000000元，该笔款项在2015年4月22日转销结息后于同日再次存入5000000元，在2015年6月11日因代偿转账支取1610000元，在2015年10月28日结息转账销户并扣划250000元用于代偿，同日转存入3190000元。2016年4月27日被司法扣划3190000元。

2014年10月10日，第三人在上述保证金账户中存入3000000元，该笔款项在2015年9月11日因代偿转账支取1250000元，在2015年10月10日自动转存结息，在2015年10月14日结息转账销户并扣划800000元用于代偿，同日转存入950000元，在2015年10月22日转账支取700000元。2016年4月27日被司法扣划130000元后账户余120000元，在2016年10月14日自动转存结息。

2014年11月26日，第三人在上述保证金账户中存入225000元，在2015年11月26日自动转存结息。2016年4月27日被司法扣划3495000元。

根据证据及庭审中原告与第三人的陈述查明，第三人存入保证金账户的三笔款项分别以定期存单的形式存入，一年期满后自动转存，三笔款项单独结算进出账目。

2014年8月28日，原告与昆明牧旺商贸有限公司签订《人民币流动资金贷款合同》，向牧旺公司发放贷款8000000元。2015年12月29日，原告与云南向阳园林科技有限公司签订《人民币流动资金贷款合同》，向向阳公司发放贷款4250000元。2015年12月24日，原告与云南九凯建设工程有限公司签订《人民币流动资金贷款合同》，向九凯公司发放贷款5500000元。上述贷款期限均为一年，由第三人云南世宏融资担保有限公司提供连带责任保证。

被告邹彬与第三人云南世宏融资担保有限公司借款合同纠纷一案，经法院（2015）盘法民初字3153号民事调解书确认，世宏公司应于2016年2月2日前一次性向邹彬归还借款4000000元，并承担案件受理费19400元。法院根据邹彬的执行申请，于2016年4月27日扣划了第三人世宏担保公司在原告处保证金账户上的款项3495000元。原告提出执行异议被驳回，遂于2016年10月11日向法院提出执行异议之诉，主张其权利。

原告认为，其与第三人签署了《最高额保证金质押合同》，第三人交付了质物，并且原告为该笔出质的金钱开立了与合同约定一致的保证金专门账户，按合同约定及操作实际建行均取得对该专门账户的占有控制权，质权已经设立，原告享有对该笔款项的优先受偿权，法院应停止对该款项的全部执行行为。请求：确认原告对第三人存在原告城西支行营业网点环城西路支行的保证金3495000元享有质权，对该款享有优先受偿权并立即终止对该款项的所有执行行为。

被告认为，其与第三人存在债权债务关系并有生效法律文书确认，按照法院执行裁定书该笔款项不符合保证金质押生效的条件，质押合同不成立，该笔款项不是质押保证金，请求法院依法驳回原告诉请。

第三人辩称，我方与被告存在债权债务关系，签订了民事调解书，被告陈述属实，我方没有异议。我方认为该笔款项并非保证金，而是存款。

【案件焦点】

原告对第三人在原告处开立的保证金账户中的款项是否享有质权，是否足以排除强制执行。

【法院裁判要旨】

云南省昆明市盘龙区人民法院经审理后认为：《中华人民共和国物权法》第二百一十条规定，设立质权，当事人应当采取书面形式订立质权合同。质权合同一般包括下列条款：（一）被担保债权的种类和数额；（二）债务人履行债务的期限；（三）质押财产的名称、数量、质量、状况；（四）担保的范围；（五）质押财产交付的时间。本案中，原告与第三人签订了《担保合作协议》和《最高额保证金质押合同》，约定第三人为多个不特定债务人在2014年4月8日至2015年4月7日与原告签订的一系列合同提供最高额保证金质押担保，开立专门的保证金专户，合同签订之日起五个工作日内将保证金5000000元存入保证金专户，保证金质押项下担保责任的最高限额为50000000元。债务人不履行主合同项下到期债务或不履行被宣布提前到期的债务，或违反主合同的其他约定，原告有权从保证金专户中划收相应款项。合同明确约定了质权合同所需具备的条款，符合法律的形式要件。原告中国建设银行股份有限公司云南省分行与第三人云南世宏融资担保有限公司之间订立了书面质押合同。《物权法》第二百一十二条规定，质权自出质人交付质押财产时设立。《最高人民法院关于适用〈中华人民共和国担保法〉若干问题的解释》第八十五条规定，债务人或者第三人将其金钱以特户、封金、保证金等形式特定化后，移交债权人占有作为债权的担保，债务人不履行债务时，债权人可以以该金钱优先受偿。根据上述规定，金钱质权的设立必须具备书面质押合同和特定化占有两个条件。本案中，原告与第三人之间订立了书面质押合同，质押合同约定的质押物是5000000元，在保证金专户中第三人世宏担保公司共计存入三笔款项，根据庭审查明的事实，三笔款项分别以定期存单的形式存入，单独结算进出款项，互不混淆，即在一个保证金账号中存在三笔特定款项。第一笔款项与《最高额保证金质押合同》相对应，5000000元作为保证金质押担保50000000元的债务，该款项的进出由原告实际控制和管理，并已实际发生为担保债务进行代偿，此笔款项符合订立书面质押合同和特定化占有的两个条件，质权依法成立。原告对被扣划前金额为3140000元剩余保证金依法享有质权。第二笔款项3000000元在2014年10月10日存入，第三笔款项225000元在2014年11月26日存入，该两笔款项不在合同约定的质押金5000000元的范围内，不属于合同约定的质押保证金，虽然也曾用于代偿债务，但是因欠缺书面合同的约定，质权没有依法设立，原告对该两笔款项不享有质权。综上所述，原告对第三人质押保证金账户中质押合同约定的保证金剩余部分3140000元享有质权，对其余款项不享有质权。根据《中华人民共和国物权法》第二百一十条、第二百一十二条，《最高人民法院关于适用〈中华人民共和国担保法〉若干问题的解释》第八十五条，《中华人民共和国民事诉讼法》第一百一十八条、第二百二十七条及《最高人民法院关于适用〈中华人民共和国民事诉讼法〉的解释》第三百一十二条的规定，判决如下：

一、不得执行第三人云南世宏融资担保有限公司账户中的人民币3140000元；

二、原告中国建设银行股份有限公司云南省分行对第三人云南世宏融资担保有限公司账户中的人民币3140000元享有质权。

二审法院同意一审法院的裁判意见。

【法官后语】

1. 案外人执行异议之诉的审理实质

案外人执行异议之诉与普通民事诉讼相比较是一种特殊的诉讼，涉及生效裁判的执行，以及申请执行人、被执行人、案外人等多方当事人的权利。因此，对于案外人执行异议之诉的审查应当较为严格。案外人执行异议之诉的审理实质上是审查案外人所主张的对执行标的的实体权益是否足以排除强制执行。对此类案件的审理应从以下几个方面进行审查：第一，审查被执行人是否对执行标的享有实体权益。被执行人对执行标的享有实体权益是对该标的执行的前提条件，如果被执行人对执行标的不享有实体权益，则不应执行该标的；第二，审查提出异议的案外人对执行标的享有的实体权益是否优先于执行申请人的债权。一般而言，物权优先于普通债权；第三，对执行标的的执行行为是否会妨害提出异议的案外人对执行标的所享有的权益，如对执行标的享有抵押权不能作为排除执行的依据，而只能要求在执行价款中优先受偿。

2. 金钱质权成立生效的确认

根据《物权法》和《担保法》的相关规定，金钱质权的设立必须具备书面质押合同和特定化占有两个条件。仅根据法律条款的规定，质权的成立生效似乎很简单，但在审判实践中，书面质押合同存在各种各样的内容，书面质押合同与占有是否存在对应关系，是判断质权成立、生效与否的关键。在本案中，书面质押合同约定的质押金为500万元，担保最高额5000万元的债权，为原告在2014年4月8日至2015年4月7日签订的借款合同提供质押担保。合同对质权所担保的债权合同的签订期间做出了限定，只有在此期间签订的主债权合同才能根据约定由500万元的质押金进行担保，在此期间之外的债权合同不在质押担保范围内。本案涉及的另一个问题是特定化占有，质押担保以特定的账户作为占有方式，但账户中又分别以不同的存单方式进出不同的款项，并非单一的一笔款项，区分出属于质押担保合同范围的质押保证金，是正确界定原告享有的质权范围的关键。本案的审理正是以这样的思路将不同的款项与质押合同的约定相对应，区分开质押金与非质押金，从而界定原告享有的质权范围。综上，金钱质权的成立生效以签订书面质押合同为前提，以与合同对应的金钱特定化占有为要件，两者同时具备，才能确认质权成立生效。

3. 对财产保全案件的案外人执行异议之诉的思考

根据2016年12月1日开始实施的《最高人民法院关于人民法院办理财产保全案件若干问题的规定》(以下简称《办理财产保全案件的规定》) 第二十七条规定，人民法院对诉讼争议标的以外的财产进行保全，案外人对保全裁定或者保全裁定实施过程中的执行行为不服，基于实体权利对被保全财产提出书面异议的，人民法院应当依照民事诉讼法第二百二十七条规定审查处理并作出裁定。案外人、申请保全人对该裁定不服的，可以自裁定送达之日起十五日内向人民法院提起执行异议之诉。此规定改变了《最高人民法院关于适用〈中华人民共和国民事诉讼法〉的解释》(以下简称《民事诉讼法解释》) 第一百七十一条的规定，当事人对保全或者先予执行裁定不服的，可以自收到裁定书之日起五日内向作出裁定的人民法院申请复议。人民法院应当在收到复议申请后十日内审查。裁定正确的，驳回当事人的申请；裁定不当的，变更或者撤销原裁定。《民事诉讼法解释》并未赋予当事人对财产保全可提出执行异议之诉的权利，而是规定了申请复议的权利。后出台的《办理财产保全案件的规定》赋予了对财产保全提出执行异议之诉的权利。两个司法解释的规定不一致，导致在司法实践中对此的处理产生各种问题。根据案外人执行异议之诉的规定，案外人可同时提出确认其权利的诉讼请求，也可只要求停止执行。在提出执行异议之诉时执行行为会暂时停止，待诉讼完结根据生效裁判文书再予以处理。而对执行裁定申请复议并不产生停止执行行为的效果。对权利的确认可另案提起诉讼。2011年《最高人民法院关于执行权合理配置和科学运行的若干意见》第二十六条规定，审判机构在审理确权诉讼时，应当查询所要确权的财产权属状况，发现已经被执行局查封、扣押、冻结的，应当中止审理；当事人诉请确权的财产被执行局处置的，应当撤销确权案件；在执行局查封、扣押、冻结后确权的，应当撤销确权判决或者调解书。根据上述规定，如在提出复议申请后进行确权诉讼的，确权诉讼案件只能中止，等待执行的处理。由此可见，针对同一个财产保全，申请复议或提起执行异议之诉会产生不同的法律后果，申请复议不产生停止执行的效果，确权的诉讼在程序上也受限制；而执行异议之诉可以产生停止执行的效果，并且可同时解决权利确认的诉请，即使未提出确权的诉讼请求，实质上也要先解决确权才能确定是否停止执行。从保护案外人权益的角度，提起执行异议之诉显然比申请复议有力得多。为了有利于司法统一和最大限度保护当事人的权益，避免同一事由因不同规定产生不同的法律后果，应尽快出台相关规定，对在财产保全中涉及的相关问题做出统一规定。

编写人：云南省昆明市盘龙区人民法院　陈娜

41

质权设立的认定

——赵立顺与冯合珍、杨茂华案外人执行异议案

【案件基本信息】

1. 裁判书字号

北京市丰台区人民法院（2017）京0106执异422号执行裁定书

2. 事由：案外人执行异议

3. 当事人

原告（案外人）：赵立顺

被告（申请执行人）：冯合珍

第三人（被执行人）：杨茂华

【基本案情】

原告冯合珍与被告杨茂华民间借贷纠纷一案，北京市丰台区人民法院于2016年5月3日立案后，依法适用普通程序，公开开庭进行了审理。后北京市丰台区人民法院作出如下判决：一、被告杨茂华于本判决生效后十日内偿还原告冯合珍借款210万元。二、被告杨茂华自2016年4月11日起至借款还清之日止，以欠款210万元为基数，按照年利率24%的标准向原告冯合珍支付利息。如果未按本判决指定的期间履行给付金钱义务，应当按照《中华人民共和国民事诉讼法》第二百五十三条之规定，加倍支付延迟履行期间的债务利息。案件受理费23600元，由被告杨茂华负担（于本判决生效后七日内向原告冯合珍履行）；公告费560元，由被告杨茂华负担（于本判决生效后七日内向原告冯合珍履行）。

判决生效后，杨茂华未履行生效法律文书确定的义务。2017年2月27日，冯合珍依法向北京市丰台区人民法院申请执行，北京市丰台区人民法院依法受理，执行案号为（2017）京0106执3160号。2017年3月30日，北京市丰台区人民法院查封了杨茂华名下车牌号为京AK××号汽车的车辆档案。2017年9月7日，北京市丰台区人民法院扣押了涉案车辆。

本案案外人赵立顺于2017年9月11日对执行车牌号为京AK××号车辆（以下简称涉案车辆）提出书面异议，案外人赵立顺认为其是涉案车辆的质权人，对涉案车辆享有留置权和优先受偿权。赵立顺与杨茂华签订《借款合同》，根据合同约定，赵立顺向杨茂华出借人民币30万元，杨茂华将其所有的涉案车辆为前述借款提供质押担保。《借款合同》签订当日，杨茂华即将涉案车辆交付给赵立顺，赵立顺也因此向杨茂华支付了借款30万元。赵立顺认为质权自出质人交付质押财产时即设立，后来也没有在车辆管理部门备案，请求法院解除（2017）京0106执3160号案中对车牌号为京AK××号车辆的查封和扣押。经审查，法院认为案外人赵立顺的异议请求缺乏事实和法律依据，法院不予支持。最终法院驳回了赵立顺的异议请求。

【案件焦点】

1. 案外人是否对涉案车辆享有质权；2. 作为特殊动产设立质权的效力如何；3. 对于涉案车辆的质权是否影响法院对涉案车辆的查封和扣押。

【法院裁判要旨】

案外人向法院主张自己的权利，应当提交相应的证据加以证明，如不能提交相应的证据，或提交的证据不能证明其主张的，法院将不能支持其权利主张。车牌号为京AK××的汽车现登记在杨茂华名下，杨茂华未履行生效法律文书确定的义务，法院对涉案车辆采取查封及扣押措施，符合法律规定，并无不当。案外人赵立顺主张其对涉案车辆享有质权，并提交《借款合同》、收据等作为证据，但部分收据存在出借人、出借账户等多项内容空白的情形，法院现无法核实该《借款合同》、收据的真实性，不能确认赵立顺对杨茂华的债权确实存在，也无法确认赵立顺所主张的对涉案车辆的质权的真实性和有效性。因此，案外人赵立顺的异议请求缺乏事实和法律依据，法院不予支持。最终法院判决：

驳回赵立顺的异议请求。

【法官后语】

针对本案的争议焦点即案外人是否对涉案车辆享有质权、作为特殊动产设立质权的效力如何以及对于涉案车辆的质权是否影响法院对涉案车辆的查封和扣押等问题，在《中华人民共和国物权法》（以下简称物权法）中有相关规定可以得到参考答案。

首先，物权法第二百一十条规定，设立质权，当事人应当采取书面形式订立质权合同。质权合同一般包括下列条款：（一）被担保债权的种类和数额；（二）债务人履行债务的期限；（三）质押财产的名称、数量、质量、状况；（四）担保的范围；（五）质押财产交付的时间。质权合同是设立质权的前提，只将动产交付而未设立有效的质权合同，则并不能形成质权。因此，在本案中，由于案外人提交的证据不能证明其主张的质权已经设立，故法院驳回其异议。

其次，车辆属于特殊动产，物权法第二十三条规定，动产物权的设立和转让，自交付时发生效力，但法律另有规定的除外。第二十四条规定，船舶、航空器和机动车等物权的设立、变更、转让和消灭，未经登记，不得对抗善意第三人。物权法第一百八十条规定了交通运输工具可以抵押，且抵押权自抵押合同生效时设立，未经登记，不得对抗善意第三人。物权法第二百零八条确定了动产可以出质，且在第二百一十二条规定了质权自出质人交付质押财产时设立。物权法第二百三十条规定了动产可以留置，留置权人依法可以优先受偿。物权法第二百三十九条规定，同一动产上已设立抵押权或者质权，该动产又被留置的，留置权人优先受偿。

最后，对于涉案车辆的质权并不影响法院对涉案车辆的查封和扣押。质权是一种优先受偿的权利。物权法第二百零八条第一款规定为担保债务的履行，债务人或者第三人将其动产出质给债权人占有的，债务人不履行到期债务或者发生当事人约定的实现质权的情形，债权人有权就该动产优先受偿。同时，《担保法》第六十六条排除了流质条款，即出质人和质权人在合同中不得约定在债务履行期届满质权人未受清偿前，质物的所有权归质权人所有。物权法第二百一十一条规定质权人在债务履行期届满前，不得与出质人约定债务人不履行到期债务时质押财产归债权人所有。物权法第二百三十条规定债务人不履行到期债务，债权人可以留置已经合法占有的债务人的动产，并有权就该动产优先受偿。无论是质权还是留置权都是就债务人的财产优先受偿的权利。而法院对于被执行人财产的控制，是对于被执行人自身名下财产的占有、处置权的控制，并不受质权和留置权的影响。只要是被执行人名下的财产，在法律规定的范围内，人民法院均有权进行查封、扣押，并且对于符合处置条件的财产，及时进入处置程序，将财产变现。法院应考虑申请执行人、被执行人、案外人等各方面的权利，保护其合法权利。

编写人：北京市丰台区人民法院　王凯毅

42

质押关系中质权、保证金专户等问题的认定

——福安市农村信用合作联社诉福建省津源融资担保有限公司、福安市大丰贸易有限公司案外人执行异议之诉案

【案件基本信息】

1. 裁判书字号

福建省福安市人民法院（2016）闽0981民初5838号民事判决书

2. 案由：案外人执行异议之诉

3. 当事人

原告：福安市农村信用合作联社（以下简称农信社）

被告：福建省津源融资担保有限公司、福安市大丰贸易有限公司（以下简称津源公司、大丰公司）

【基本案情】

2014年1月2日，大丰公司向农信社申请办理银行承兑汇票，总金额为2000万元，期限为6个月。该公司承诺：提供1000万元的保证金，敞口部分1000万元由其余担保人提供连带责任担保。2014年1月7日，申请人（甲方）大丰公司与承兑人（乙方）农信社签订《银行承兑汇票协议书》，约定：汇票金额为2000万元；出票日期为2014年1月7日，到期日期为2014年7月7日；保证金金额为1000万元；未经承兑银行同意，甲方不得将其资产抵（质）押给他人或为他人提供担保；甲方在汇票到期前不足额交付票据款的，甲方及担保方同意将不足支付部分的票款作为甲方的逾期贷款，且在乙方凭票付款后，乙方有权对甲方及其保证人在乙方任何账户上直接或委托扣收应付票款本息及有关费用，或在价值相当的财产（包括抵押物、质物）所获得的价款中优先受偿；如到期日之前甲方不能足额交付票款，乙方有权从甲方保证金账户及甲方在乙方开立的所有存款账户上扣划，对扣划后仍不足支付部分的票款转作甲方逾期还款，等等。同时，双方以附件《权利质物清单》形式，列明质权人为农信社、出质人为大丰公司及相关质物明细，权利质物共有4笔，名称均为“单位保证金定期存款”。同日，被告大丰公司向农信社存入1000万元。

津源公司与大丰公司等追偿权纠纷一案，经宁德市中级人民法院立案、审理后，作出（2013）宁民初字第127号民事判决，判决大丰公司承担连带偿还责任等。该判决生效后，津源公司向宁德市中级人民法院申请强制执行。宁德市中级人民法院指定法院执行该案，法院于2014年4月22日立案，于2014年5月19日作出（2014）安执字第590号执行裁定，裁定如下：冻结、扣划被执行人大丰公司的银行存款280万元，或查封、扣押其价值相当的财产。当日，法院冻结了被告大丰公司在农信社的“单位保证金账户”，共计280万元。

2014年5月，农信社针对法院（2014）安执字第590号执行裁定，向法院提出执行异议申请。2014年8月5日，法院作出（2014）安执异字第17号执行裁定，裁定驳回案外人农信社的异议。2014年8月19日，原告农信社向法院提起案外人执行异议之诉。

【案件焦点】

1. 农信社与大丰公司之间是否存在质押关系；2. 案涉质押性质是保证金质押还是存单质押，是动产质押还是权利质押；3. 案涉质权是否设立。

【法院裁判要旨】

原告农信社与被告大丰公司之间存在质押关系，体现为保证金质押。案涉质权已经设立，原告农信社对诉争账户资金280万元享有质押权。法院在强制执行阶段，根据申请执行人津源公司的申请，于2014年5月19日裁定冻结被执行人大丰公司诉争账户资金280万元。《最高人民法院、中国人民银行关于依法规范人民法院执行和金融机构协助执行的通知》第九条规定，人民法院依法可以对银行承兑汇票保证金采取冻结措施，但不得扣划。如果金融机构已对汇票承兑或者已对外付款，根据金融机构的申请，人民法院应当解除对银行承兑汇票保证金相应部分的冻结措施。原告农信社已于案涉承兑汇票到期日（2014年7月7日）对外承兑付款，故其申请解除冻结措施符合法律规定。诉争账户资金280万元系银行承兑汇票质押保证金，法院予以确认。因该笔款项280万元系农信社在承兑汇票逾期未还时应予以扣划用以清偿债务的款项，应当属于实现质权的情形，原告农信社对该款项280万元依法享有优先受偿权。因此，法院不得执行诉争账户资金280万元，原告农信社所提两项诉讼请求成立，予以支持。被告津源公司提出判决驳回原告农信社诉讼请求之抗辩理由，缺乏事实、法律依据，不能成立，不予支持。被告大丰公司经法院合法传唤，无正当理由拒不到庭参加诉讼，依法予以缺席审理和判决。据此，依照《中华人民共和国物权法》第二条第三款、第二百零八条、第二百一十条、第二百一十二条，《中华人民共和国合同法》第八条、第四十四条、第六十条，《最高人民法院关于适用〈中华人民共和国担保法〉若干问题的解释》第八十五条，《最高人民法院、中国人民银行关于依法规范人民法院执行和金融机构协助执行的通知》第九条，《中华人民共和国民事诉讼法》第一百四十四条、第二百二十七条以及《最高人民法院关于适用〈中华人民共和国民事诉讼法〉的解释》第三百一十二条之规定，判决如下：

一、不得执行被告大丰公司的280万元资金；

二、确认被告大丰公司的280万元系银行承兑汇票质押保证金，原告农信社对该280万元款项享有优先受偿权。

【法官后语】

保证金是信贷业务广泛采用的一种担保方式，是银行控制风险的重要手段。保证金质押是指借款人将金钱交存于其在银行开立的专用账户，并承诺以该账户中的款项作为偿还借款的保证。当借款人不履行债务时，贷款银行有权在保证金专用账户中直接扣划保证金用于偿还贷款。现行法律没有明确规定保证金质押担保方式，最高人民法院的司法解释是此种担保方式的主要依据。司法解释中涉及保证金质押的内容有：1.《最高人民法院关于适用〈中华人民共和国担保法〉若干问题的解释》第八十五条；2.《最高人民法院关于人民法院能否对信用证开证保证金采取冻结和扣划措施问题的规定》第一条；3.《最高人民法院、中国人民银行关于依法规范人民法院执行和金融机构协助执行的通知》第九条。

本案中，《权利质押合同》及附件《权利质物清单》《单位定期存款开户凭证》上记载内容均能明显体现案涉1000万元的性质是“保证金”，且均有相应的权利凭证文号，在农信社城北信用社开立4个专用不同账号。大丰公司承诺以该4笔1000万元账户中的保证金款项作为偿还承兑汇票2000万元的保证。当大丰公司不履行债务时，农信社有权在该4笔保证金专用账户中直接扣划保证金用于优先偿还承兑汇票款项。可见，案涉存款现金1000万元系以定期存款形式交存的保证金，实质上为保证金质押，系动产质押，而非权利质押。

动产质权以转移占有为生效要件，它并不需要转移所有权。而金钱是种类物，是一种特殊的物，取得占有即取得了所有权。金钱质押在转移占有的同时转移了所有权，显然有悖于动产质押的原则。但是，如果将金钱特定化，如“特户”“封金”等形式，使之成为“特定物”，金钱便可以成为质权的标的物了。依照《最高人民法院关于适用〈中华人民共和国担保法〉若干问题的解释》第八十五条规定，金钱质押生效的条件包括金钱特定化和移交债权人占有两个方面。

本案中，经查，大丰公司于2014年1月7日在农信社城北信用社开户，设立的4个账号与案涉《权利质押合同》附件《权利质物清单》上记载、约定的4个权利凭证文号、账号一致，即双方当事人已经按照协议约定为出质金钱开立了担保保证金专用账户。保证金专户开立当日，大丰公司按汇票金额的50%向该账户缴存保证金1000万元，该账户亦未作日常结算使用，故符合《最高人民法院关于适用〈中华人民共和国担保法〉若干问题的解释》第八十五条规定的金钱以“特户”形式特定化的要求。另占有是指对物进行控制和管理的事实状态，因案涉账户开立在农信社城北信用社，农信社作为质权人，已取得对该账户的控制权，实际控制和管理该账户，符合出质金钱移交债权人占有的要求。故案涉质权依法设立。而对于“特户”的外在形式，《最高人民法院关于适用〈中华人民共和国担保法〉若干问题的解释》第八十五条并未作出规定，故不应当以此作为质权生效的条件。同时，案涉账户在使用过程中，账户内的资金与保证金业务相对应，除缴存的保证金外，支出的款项均用于保证金的退还和扣划，未用于非保证金业务的日常结算，即农信社可以控制该账户，大丰公司对该账户内的资金使用受到限制，故该账户资金符合金钱作为质权的特定化和移交占有的要求，农信社对进入该账户内的资金均依法享有质权。

编写人：福建省福安市人民法院　罗彦霏

43

银行存款质押“特定化”的认定

——周某诉中国民生银行某某分行申请执行人执行异议之诉案

【案件基本信息】

1. 裁判书字号

湖北省高级人民法院（2017）鄂民终584号民事判决书

2. 案由：申请执行人执行异议之诉

3. 当事人

原告（申请执行人、被上诉人）：周某

被告（案外人、上诉人）：中国民生银行某某分行（以下简称民生银行某某分行）

第三人（被执行人）：张某某

【基本案情】

2014年3月7日，民生银行某某分行（乙方）与第三人张某某（甲方）签订

《个人存款质押网上自助借款合同》。合同第1条约定甲方作为民生借记卡的主卡持卡人，以卡内的本、外币定期存款作质押，通过乙方提供的网上银行系统，自行实施操作办理人民币贷款发放、归还、展期、续借的业务。第17.1条约定甲方同意以其自有的存于（包括本合同签订后新存入的）本合同约定的主卡内的本、外币定期储蓄存款作为甲方向乙方申请借款的质押财产，并为本合同项下的借款（包括展期后的借款）提供担保。

2014年3月7日，第三人张某某在民生银行某某分行开设账户为×××226的借记卡（以下简称226借记卡），并在226借记卡项下活期结算户×××605账户（以下简称605账户）转账存入活期存款120万元，并将此120万元通过网络银行转为定期存入226借记卡项下一年期整存整取户×××114账户（以下简称114账户）。同日，民生银行某某分行向第三人张某某605账户发放贷款11笔（含10万元十笔，79999元一笔），注明为“小额质押放款”。2015年3月7日，上述11笔贷款到期，民生银行某某分行从114账户中扣除11笔贷款本息。2015年3月11日，民生银行某某分行将114账户内余款及结息112209元转账至张某某605账户后，将114账户做销户处理。

2015年4月21日，第三人张某某通过网络银行将其民生银行605账户下的119万元转为定期存入226借记卡项下一年期整存整取户×××990账户（以下简称990账户）。次日，民生银行某某分行向第三人张某某605账户发放贷款11笔（含10万元十笔，70999元一笔），注明为“小额质押放款”。2015年5月27日，法院裁定冻结990账户存款119万元。2016年4月21日，990账户结息35700元后账户余额为1225700元。

综上，张某某226借记卡下设三个子账户。其中，605账户为活期结算户；114账户为“整存整取”账户，状态为已终止；990账户为“整存整取”账户，状态为活动的、已使用。605账户除案涉交易外，还有多笔其他交易，114账户和990账户除案涉贷款及计息外，无其他交易。

2014年3月12日，原告周某因与第三人张某某等人借款合同纠纷一案，依照武汉仲裁委员会作出的（2014）武仲裁字第0000054号民事裁决书，于2015年4月8日向法院申请强制执行。武汉市中级人民法院作出（2015）鄂武汉中执字第00254号执行裁定书：一、解除对被执行人张某某银行账户（990账户）存款的冻结；二、将该账户人民币 119 万元扣划到法院。次日，民生银行在回执上标注：该笔资金为我行质押款，暂无法扣划。2016 年 3 月 30 日，法院以（2015）鄂武汉中执异字第 00208 号执行裁定书撤销其于 2015 年 9 月 28 日作出的（2015）鄂武汉中执字第 00254 号执行裁定。原告周某对此不服，故诉至法院。

原告收到执行异议裁定后，认为法院撤销执行裁定的事项，缺乏事实与法律依据：被告与第三人签订的《个人存款质押网上自助借款合同》中未写明银行借记卡卡号，对被担保的贷款信息及用于质押的定期存款也没有约定。无证据证明第三人的 119 万元定期存款系《个人存款质押网上自助借款合同》所对应的担保物，标的物状态不明，质押关系并未成立。此外，被告并未实际占有该款，金钱作为动产，应当符合动产质押的一般特性，即在办理质押时应当转移占有。占有是指对动产的实际控制和管理。本案第三人的存款在其个人账户内，一直处于可随意使用的状态。被告从未实际控制和管理过该款，不符合法律对于质押转移占有的规定。被告在与第三人办理个人定期存单质押贷款时，质物既未转移占有，也未特定化，不符合法律规定。

被告民生银行某某分行认为《个人存款质押网上自助借款合同》符合质押合同成立要件，合同条款均有载明，质押关系已成立。案涉质物为特定账户下的存款，具有独立性、单一性和数额特定性，在约定期限既无出账也无入账，符合动产质押的一般特性，质物已依约移交债权人实际控制和占有。

【案件焦点】

1. 案涉《个人存款质押网上自助借款合同》中的质权是否有效设立；2. 该权利是否足以排除对第三人张某某 119 万元存款的强制执行。

【法院裁判要旨】

湖北省武汉市中级人民法院经审理认为：

一、案涉质押合同的成立与生效问题

《中华人民共和国物权法》第二百一十条规定，设立质权，当事人应当采取书面形式订立质权合同。质权合同一般包括下列条款：（一）被担保债权的种类和数额；（二）债务人履行债务的期限；（三）质押财产的名称、数量、质量、状况；（四）担保的范围；（五）质押财产交付的时间。本案中《个人存款质押网上自助借款合同》实际包含了产生主债权的借款合同及用于担保的质押合同。合同约定：主债权为每笔不超过10万元的借款，借款期不超过一年，质押财产为定期储蓄存款，此外还约定了质押担保的范围、质押存款交付时间等内容。可见，张某某与民生银行某某分行形成了质押的合意，案涉合同具备质押合同的一般条款。合同虽未载明张某某借记卡卡号及质押存款账号，也未明确各笔主债权及质押财产的具体金额，但张某某在民生银行办理226借记卡后，通过民生银行网银系统以自助操作方式先后办理了两批22笔贷款业务，双方以实际行为将合同部分概括性条款予以具体化，故该质押合同已经成立并生效。需要说明的是，本案争议的119万元存款担保的主债权是张某某2015年4月22日的11笔贷款，而非2014年3月7日的11笔贷款，贷款期限并未超过合同约定。

二、案涉质权是否设立的问题

《中华人民共和国物权法》第二百一十二条规定，质权自出质人交付质押财产时设立。

三、案涉款项是否构成动产质押问题

《最高人民法院关于适用〈中华人民共和国担保法〉若干问题的解释》第八十五条规定，债务人或者第三人将其金钱以特户、封金、保证金等形式特定化后，移交债权人占有作为债权的担保，债务人不履行债务时，债权人可以以该金钱优先受偿。该规定是将金钱特定化后转移占有，性质上属于动产质押。本案《个人存款质押网上自助借款合同》第17.3条约定贷款发放同时，相应的质押存款就会被即时冻结，双方同意该冻结已将质押存款特定化。然而结合本案实际，119万元虽存储于990账户中，但该账户交易明细中载明账户性质为“整存整取”账户，即一年期定期存款户，在外观上无法与其他普通结算账户相区别。民生银行某某分行与张某某并未将119万元以特户、封金、保证金等专用账户的形式进行保存，即未将该金钱予以特定化，不符合金钱作为特殊类动产质押的特点。如前所述，990账户既然为定期存款的一般储蓄账户，该账户下119万元定期存款本身即在民生银行某某分行的管控之下，无需再次移交占有，但民生银行对该存款的实际控制、管理和占有，在性质上仅为银行因储蓄存款合同对储户金钱的控制和占有，并非将金钱特定化并交付后基于质押关系对质物的占有。因此，本案用于质押的金钱不符合特定化要求，民生银行对该119万元的占有并非基于质押，动产质押并未有效设立。

四、案涉款项是否构成权利质押问题

《中华人民共和国物权法》第二百二十四条规定，以汇票、支票、本票、债券、存款单、仓单、提单出质的，当事人应当订立书面合同。质权自权利凭证交付质权人时设立；没有权利凭证的，质权自有关部门办理出质登记时设立。因此，如果金钱以存款单形式设定权利质押，必须以交付权利凭证为生效要件，否则质权并未设立。案涉 990 账户中 119 万元定期存款并未以传统意义上的存款单、存折的形式表现于外部，也未存储于第三方金融机构，而是在民生银行网上银行系统中以电子数据的形式存在，不具备交付权利凭证的条件。同时，我国现行法律法规也未对此类电子存单如何办理出质登记予以明确规定。因此，在该项权利质押既无权利凭证也无特定机关登记管理的情况下，民生银行应当对该存款是否设有质权以明晰可见的方式进行公示，否则难以区分该金钱是出质人交付的普通存款还是质押财产。然而案涉 990 账户不仅未标明“质押”字样，且在法院 2015 年 5 月 27 日采取冻结措施及 2015 年 11 月 26 日续行冻结时，均未显示出该账户性质为质押账户，未能以任何形式为第三人所识别。民生银行亦认可在银行操作系统以外仅能显示 226 借记卡及活期存款余额，无法显示下设子账户的相关情况。因此，即便认定该 119 万元为通过存款单形式办理的债权质押，也未交付权利凭证或办理质押登记，且缺乏公示性，质权并未有效设立，不能产生对抗第三人的法律效力。

据此，一审法院认为被告（案外人）民生银行某某分行对第三人（被执行人）张某某 119 万元存款的质权并未有效设立，不能排除人民法院对张某某 119 万元存款的强制执行，原告（申请执行人）周某的诉请应予支持。判决：准许执行第三人张某某在被告中国民生银行股份有限公司账户内的 119 万元存款。

一审判决后，被告民生银行某某分行不服，向湖北省高级人民法院提起上诉。

湖北省高级人民法院认为，《最高人民法院关于适用〈中华人民共和国担保法〉若干问题的解释》第八十五条规定，债务人或者第三人将其金钱以特户、封金、保证金等形式特定化后，移交债权人占有作为债权的担保，债务人不履行债务时，债权人可以以该金钱优先受偿。银行以储户存款作为质押财产，应当将质押金钱放置于专门的账户，并且存在对第三人能显示出设立质押的外观，否则难以区分是出质人交付的普通存款还是质押财产。本案中，张某某在民生银行开立的借记卡账户未对外标明为存放质押金钱的专门账户，下设的活期结算户和整存整取子账户亦未标明为专门账户。该借记卡账户除案涉交易外还发生了其他交易，其性质不属于特户。因此，本案中民生银行某某分行与张某某约定用于质押的金钱不符合法律规定的特定化要求，质押并未有效设立。一审判决认定事实清楚，适用法律正确。民生银行某某分行的上诉理由不能成立，应予驳回。依照《中华人民共和国民事诉讼法》第一百四十四条、第一百七十条第一款第一项之规定，判决如下：

驳回上诉，维持原判。

【法官后语】

本案系申请人执行异议之诉，核心问题是被告民生银行某某分行与第三人张某某之间质押是否有效设立，以及在此基础上认定银行是否具有优于普通债权的质押权以对抗法院强制执行。民生银行某某分行与张某某约定的质物为定期存款，从本质上而言，定期存款是金钱的一种外在表现形式，所以我们认为双方开展的是以金钱为标的物的银行存款质押行为。《最高人民法院关于适用〈中华人民共和国担保法〉若干问题的解释》第八十五条规定，债务人或者第三人将其金钱以特户、封金、保证金等形式特定化后，移交债权人占有作为债权的担保，债务人不履行债务时，债权人可以以该金钱优先受偿。据此规定不难看出，金钱质押的核心问题主要是银行存款是否能够“特定化”，以及如何实现“特定化”。

一、特定化的前提：银行存款的占有和所有可分性

金钱是一种特殊的动产，与其他动产存在较大区别。“由货币的性质和职能所决定，货币的所有权不得与对货币的占有相分离。凡占有货币者，不分合法、非法，均取得货币所有权；凡丧失对货币的占有，不论是否自愿，均丧失货币所有权”。[①] 因此，关于金钱权属的确定，一直遵循着“占有即所有”原则，申言之，随着金钱占有状态的改变，所有权一并发生转移。而与此相对的是，质押必须以转移占有权而不转移所有权为前提。依此看来，结构性缺陷似乎使金钱天然的无法作为质物实现质押功能。例如，有学者就认为当债务人将资金汇入债权人控制的账户后，由于债务人丧失对金钱的占有，也就丧失了对金钱的所有权，自然也就不能以

---

① 梁慧星：《民法总论》，法律出版社 2011 年版，第 156 页。

金钱的所有权设质，此时债务人的出质行为应属无权处分。①

事实上，随着货币形式的不断变化，特别是我国电子金融的飞速发展，传统意义上的实物金钱面临巨大的冲击，其物化形式支撑的权属理念也亟待发展。类似于银行存款等形式的电子货币，似乎凭借“账户”这样一个特殊介质重新界定了占有权和所有权、占有状态和所有状态。无论是储户抑或银行，都是通过对账户的监管、控制实现对金钱的占有、所有。回到银行存款质押层面上讲，储户虽然将金钱存入银行账户，但并没有同时丧失对账户所表征金钱的占有状态、所有状态和占有权、所有权。储户和银行通过“账户”这样一个特殊介质，实现了二元主体基于金融协议对同一笔金钱进行权限划分，或者可以说账户本身就是金融协议在操作领域的具体化。

如果储户账户中的货币可以自由即时兑付、流通、交易、转账，可以认为储户随时占有支配自己的金钱；反之，如果储户的账户被特定的功能限制所框束，只有在特定条件成就后，储户的金钱才能获得“自由”。可以认为在账户被限定期间储户并没有占有自己的金钱，此时银行通过行使监督管理权占有账户和其中的金钱。无论哪种情况，银行对账户中的金钱都没有所有权，银行作为金融主体可以按照协议监督管理账户，通过信用中介职能实现资本盈余和短缺之间的融通，但却从来不真正拥有这些金钱。综上，银行存款作为一种资本商品，可以通过特殊介质“账户”实现占有和所有的分离，并可以在此基础上实现质押担保。本案中，民生银行某某分行与张某某通过《个人存款质押网上自助借款合同》形成质押合意，双方以实际行为将合同部分概括性条款予以具体化，故该质押合同已经成立并生效。

二、银行存款账户质押特定化的条件

在厘清了银行存款可以凭借“账户”实现占有权和所有权分离的前提下，银行存款要想实现质押，就必须对存款账户进行“特定化”剥离占有权和所有权。银行存款账户质押特定化，起码要满足两个条件：

（一）账户特定化必须明确、具体、封闭，指向性清晰

银行账户是客户在银行开立的存款账户、贷款账户、往来账户的总称，是银行为国民经济各部门、各单位及个人办理资金收付的各项业务进行记录和反映而设置

---

① 参见孙鹏、肖厚国：《担保法律制度研究》，法律出版社1998年版，第247～254页；吴弘：《中国证券市场发展的法律调控》，法律出版社2001年版，第114页。

的簿籍。[1]在银行存款质押贷款中，一般都涉及多个账户，大抵包括放款账户、还款账户、质押存款账户，本案中还存在主账户，等等。在多个账户并存的情况下，明晰每一个账户的具体功能和性质显得尤为重要。这就要求质押合同中关于账户的约定条款明确具体，账户功能指向性清晰可鉴，以此避免质押存款账户敞口开放管理混同于一般账户。另外，质押存款账户也应与所担保的贷款账户一一对应，明确自己所担保的对象范围，以便厘清法律关系。同时，质押存款账户应符合封闭性和独立性的要求，不能进行一般的资金结算业务，从而使银行根据质押账户的约定对其进行管制、冻结、限制通兑。

本案中，银行对质押账户的特定化处理并不明朗。民生银行某某分行与张某某签订《个人存款质押网上自助借款合同》约定以主卡账户内的本、外币定期存款作质押，但并没有载明定期存款子账户的账号，也未明确各笔主债权及质押财产的具体金额。张某某226借记卡（主卡）下设三个子账户，605账户为活期结算户，114账户为"整存整取"账户，990账户为"整存整取"账户。借记卡（主卡）账户虽然对外标明为存放质押金钱的专门账户，但通过其三个子账户涵摄了放贷、还款、质押三项功能，缺乏独立性、封闭性，不能作为质押账户出现。《个人存款质押网上自助借款合同》对借记卡（主卡）项下的子账户，也没有明确具体用途和性质。约定主卡内的"定期存款"作质押，但没有明示定期存款对应的账户账号，也没有明示定期存款账号的质押担保职能，更没有明示定期存款账户内的资金针对哪个账号内的贷款质押担保。因此，本案涉及的几个账户均不符合质押账户特定化"明确、具体、封闭、指向性"的要求。

（二）账户特定化必须具有明显的质押外观

银行存款质押作为一种特殊的动产质押，其设定生效还应进行公示，基本形式是对银行存款占有权的转移，即通过显见的交付银行存款行为实现公示效果。公示的目的和普通质物交付的公示目的相同，一是要让质押权人真正控制质押标的物，防止质押人擅自处置行为对质押权人造成的不利影响；二是对不特定第三人彰示质权的存在，宣示质押权人的优先地位。如前所述，银行存款质押是通过账户特定化的形式，实现占有权的转移，如果账户内已经既存约定数额款项，那么对该账户进

① 王敏：《银行法实用全书》，华夏出版社1995年版，第209页。

行特定化处理的一瞬间，银行存款就已经实现了占有转移，也就是实现了交付行为。此种情形下，银行存款账户特定化行为本身就是一种交付行为。如果是空账户，账户没有约定数额的款项，等待以后注入质押款项，我们认为虽然账户进行了特定化，但并没有交付质物，所以质押权并没有设立。另外，如果双方已经对空账户进行了特定化，但约定将应收款项注入特定化账户，实质上已经不属于银行存款质押讨论的范畴，对空账户的特定化应属于债权质押的公示。

账户特定化作为一种交付公示形式，应该具有外观上的易识别性、标识性。对账户特定化显著的外观要求，也契合最高人民法院的指导精神，在（2013）民申字第2060号案件中，最高人民法院认为："银行作为具有存款业务的金融机构，将出质人交付的金钱作为质押财产，应当依法将质押金钱放置于专门的账户，并且对任何第三人均能显示出设立质押的外观，否则难以区分该金钱是出质人交付的普通存款还是质押财产。"目前，商业银行对存款账户的管理采用的是信息化数据管理系统。也就是说，按照《人民币银行结算账户管理办法》和《人民币银行结算账户管理办法实施细则》的要求，依托账户管理系统，利用技术手段对账户的开立和使用进行规范，实现了对银行账户的审核、控制、查询、统计、监测、存储和管理等功能。要对某个账户内的银行存款进行质押特定化处理，就需要在技术操作时，在相应的模块内完成描述性录入，使其外观表现为"账户名称""账户性质"等显性信息，注明"质押账户"字样，以使第三人通过外在信息知晓该账户已经进行了质押限权处理，不能实现普通账户支取现金、通存、通兑等功能。

结合本案实际，990子账户中交易明细中载明该账户性质为"整存整取"账户，即一年期定期存款户，在外观上无法与其他普通结算账户相区别。不仅未标明"质押"字样，而且在法院续行冻结时，均未显示出该账户性质为质押账户，未能以任何形式为第三人所识别。银行亦认可在银行操作系统以外仅能显示226借记卡及活期存款余额，无法显示下设子账户相关情况。因此，无法认定银行已经对990子账户进行了质押特定化处理，990子账户只是定期存款的一般储蓄账户。该账户下的119万元定期存款在性质上仅为银行因储蓄存款合同对储户金钱的控制和占有，并非将金钱特定化并交付后基于质押关系对质物的占有。因此，本案用于质押的定期存款不符合特定化要求，动产质押并未有效设立。

编写人：湖北省武汉市中级人民法院　张鹏　鲍刚

八、执行金额的确定问题

44

抵押担保范围与他项权证所载抵押担保数额不一致时如何处理

——刘荣祥诉孙向东等执行分配方案异议之诉案

【案件基本信息】

1. 裁判书字号

江苏省靖江市人民法院（2016）苏1282民初5998号民事判决书

2. 案由：执行分配方案异议之诉

3. 当事人

原告：刘祥荣

被告：孙向东、杨丹、江苏汇银典当有限公司

【基本案情】

原告与孙向东、杨丹民间借贷纠纷案，经法院主持调解，确认孙向东、杨丹结欠原告借款本息200万元；孙向东、杨丹与江苏汇银典当有限公司（以下简称汇银公司）之间签订有《借款典当合同》（金额500万元）和《最高额房屋抵押典当合同》（抵押物下称90号房屋，最高额抵押额度为500万元，在抵押登记机关进行抵押登记时，登记机关颁发的他项权记载的最高额抵押额度亦为500万元）。经法院判决，孙向东、杨丹归还汇银公司借款500万元并承担200万元利息，同时，确定汇银公司对90号房屋拍卖款享有优先受偿权，但没有明确优先受偿金额。经法院拍卖，90号房屋最终成交价为710万元，执行部门向原告以及汇银公司送达了

《关于被执行人孙向东、杨丹房屋拍卖款的分配方案》，方案确定汇银公司优先受偿700万元，原告仅能分配到10万元。原告对方案不服，向法院提出执行分配方案异议之诉。

审理中，原告认为汇银公司的优先债权金额应以他项权证所载金额500万元为准，剩余拍卖款应按比例分配。

汇银公司则认为其与孙向东等的案件判决书中载明了结欠本金、利息、违约金以及实现债权费用如何承担，即优先受偿的范围应当是包括利息等在内的全部债权，而无需审查抵押债权人在他项权证上或者登记簿上的优先受偿权的数额。其优先受偿的金额应为700万元。

【案件焦点】

案涉具有优先受偿权的范围是指借款本金500万元还是汇银公司的全部债权。

【法院裁判要旨】

《房屋登记办法》实施细则第五十三条规定，关于房屋抵押登记，仅需登记被担保债权的数额，故90号房屋他项权证仅登记最高额债权数额为500万元，虽抵押合同约定的抵押担保的范围包括主债权、利息、违约金以及实现抵押权的费用，但因与他项权证记载的数额不一致，根据《最高人民法院关于适用〈中华人民共和国担保法〉若干问题的解释》第六十一条的规定，应当以登记记载的内容为准，即汇银公司仅对90号房屋拍卖款在500万元限额内享有优先受偿权。

再根据《最高人民法院关于适用〈中华人民共和国担保法〉若干问题的解释》第八十三条的规定："抵押权人实现最高额抵押权时，如果实际发生的债权余额高于最高限额的，以最高限额为限，超过部分不具有优先受偿的效力……"故汇银公司仅对90号房屋拍卖款在500万元限额内享有优先受偿权。综上，法院判决：

汇银公司对孙向东、杨丹的房屋拍卖款的优先受偿金额为500万元。

一审判决作出后，汇银公司不服，提起上诉。二审法院经审理后同意一审法院裁判意见。

【法官后语】

法律规定抵押物可以设定担保的债权范围较广，但是，在当事人申请办理抵押登记手续时，在抵押物担保的诸债权范围中，只有担保的主债权数额是明确的、固定的，而担保的其他债权的数额尚处于未定或者未发生状态，无法事先确定其具体数额。一旦债务人不能按约履行主合同，主债权下所涉及的利息、违约金、实现抵押权的费用等均难以确定，而《房屋他项权证》中只能填写“被担保主债权的数额”或者数额固定的“权利价值”，那么抵押担保范围便只能限于主债权合同所涉及的本金部分，而利息、违约金、实现抵押权的费用等均被排除在抵押权担保范围之外。

法院根据不动产登记簿的记载认定抵押担保范围时，抵押权人对抵押物的优先受偿权利被限于主债权的本金部分，而不能及于主债权之外的利息、违约金、实现债权的费用等附属债权。因为当前不动产登记簿设计疏漏、考虑不周的物权登记方式，对抵押合同当事人担保物权权益的保护并不全面。

抵押担保数额确定的是享有优先受偿权的债务数量，而抵押担保范围确定的是享有优先受偿权的债权内容，故“被担保债权的数额”与“担保的范围”不能彼此产生替代关系。

今后在设计新版《不动产登记簿》及《不动产登记证明》的式样文本时，应在记载栏目中对不动产抵押权担保范围的登记记载内容予以细化规定，科学设计不动产登记簿证中各项抵押权的担保范围，包括主债权、主债权利息、违约金、损害赔偿金、保管抵押财产费用、实现物权的费用等，并分别规定相应的登记栏目和规则，以保障抵押权人优先受偿权利的实现。

编写人：江苏省靖江市人民法院　陈强

45

个税代扣代缴不能阻却生效裁判的全面履行

——上海世景国际贸易有限公司与施睫执行异议案

【案件基本信息】

1. 裁判书字号

上海市第一中级人民法院（2017）沪01执复49号执行裁定书

2. 事由：执行异议

3. 当事人

异议人（复议申请人、被执行人）：上海世景国际贸易有限公司

申请执行人：施睫

【基本案情】

2016年10月31日，上海市徐汇区人民法院对上海世景国际贸易有限公司（以下简称世景公司）与施睫劳动合同纠纷一案，作出民事判决：一、世景公司于判决生效之日起七日内支付施睫2015年4月1日至2016年3月31日工资差额102039.80元；二、世景公司于判决生效之日起七日内支付施睫解除劳动合同经济补偿金296000元。后世景公司提起上诉，二审法院于2017年2月23日作出民事判决：驳回上诉，维持原判。

2017年3月17日，施睫申请强制执行。法院向世景公司发出执行通知，要求世景公司履行生效民事判决确定的义务。同年3月22日，法院作出执行裁定：冻结、划拨、提取世景公司名下的银行存款、收入406498.85元或查封、扣押、拍卖其相应价值的财产。

世景公司对裁定的钱款金额不服，提出书面异议称：根据相关规定，施睫依据生效判决所得的工资差额，应当缴纳个人所得税19829.03元；施睫依据生效判决所得的经济补偿金，应当缴纳个人所得税2709.64元，合计应当由世景公司代扣代缴个人所得税22588.67元。依据我国税法规定，世景公司为施睫个人所得税的代扣代缴义务人，且已经税务局确认。若世景公司没有履行代为扣缴义务，将会受到相应惩罚。故世景公司提出执行异议，认为实际执行的款项应当扣除世景公司代为扣缴的个人所得税22588.67元，实际执行金额应为378001.23元。

施睫称：不同意世景公司提出的异议。施睫是纳税义务人，会主动去缴纳税款，不需要世景公司代为扣缴。不认可世景公司计算的个人所得税的应纳税额，且施睫不信任世景公司代其扣缴税款的行为。现已经有生效判决确定世景公司的支付义务，故应当依照生效判决确定的金额予以执行。

【案件焦点】

1. 缴纳个人所得税的最终责任主体是单位还是个人；2. 法院执行用人单位钱款即工资薪金及经济补偿款是否应扣除代扣代缴劳动者的个人所得税。

【法院裁判要旨】

上海市徐汇区人民法院经审理认为：法院应依法执行发生法律效力的文书。民事判决已于2017年2月23日生效，明确世景公司应向施睫支付的工资差额及经济补偿金，其中并未提及由世景公司代为扣缴施睫的个人所得税，故依据生效判决予以执行并无不当，法院予以确认。世景公司主张根据生效民事判决书所确定的工资差额及经济补偿金的个人所得税，应由世景公司代扣代缴。但施睫明确表示不认可世景公司计算的个人所得税应纳税额，认为世景公司无法证明该纳税额经过税务机关等专业机构核实，且施睫亦不愿意由世景公司代扣代缴税款，主张自行缴纳个人所得税，于法不悖。综上，世景公司提出的异议请求不具有法律依据，不予支持。

依照《中华人民共和国民事诉讼法》第二百二十五条、《最高人民法院关于人民法院办理执行异议和复议案件若干问题的规定》第十七条第一项的规定，裁定如下：

驳回世景公司的异议请求。

世景公司不服上述裁定，申请复议。上海市第一中级人民法院经审理认为：复议申请人要求执行金额中扣除个人所得税，申请执行人未予以认同，该争议属税务法律关系调整的范围，不属于执行异议审查范围。

依照《最高人民法院关于人民法院办理执行异议和复议案件若干问题的规定》第二十三条第一款第一项的规定，裁定如下：

驳回上海世景国际贸易有限公司复议申请，维持上海市徐汇区人民法院（2017）沪0104执异25号异议裁定。

【法官后语】

个人所得税，以所得人为纳税义务人，以支付所得的单位或者个人为扣缴义务人。同时，通过文意解释可知，“代”扣“代”缴的性质仅为“代替”劳动者缴纳个人所得税，纳税的最终责任人仍是劳动者。用人单位代扣代缴个税被形象地称为“源泉扣缴”，一般认为，在劳动关系存续期间，基于雇佣关系的信赖原则，用人单位有代扣代缴义务，而因劳动争议引发离职、辞职或者诉讼后，双方大多解除了劳动关系，用人单位代扣代缴的行为亦丧失权利“源泉”，故应由劳动者个人按照规定到主管税务机关办理纳税申报。法院依法执行发生法律效力的文书，被执行人应严格、全面履行生效裁判，这点毋庸置疑。税收的构成非常精密，具有专业性、复杂性、梯度性等特点。个税系以申报为基础，对于个税金额计算方式以及税率的确定，无论是交由执行法官或者用人单位等，都是欠妥的。且纳税人仅承担信息提交准确、真实、全面的义务，不承担税款计算错误的不利处罚，只有经过税务部门的仔细核定，才可能产生精准的税收数额。法院执行具有高效、方便等特点，如果每一个涉劳动争议案件的执行都需要等待申报税务部门层层审核个税金额，再确定执行款项，显然与执行的效率性相悖。但如果用人单位确有劳动者逃漏税的证据，可以通过向税务机关举报等方式予以解决。

综上所述，因代扣代缴个人所得税所产生的争议，不属于执行异议审查的范围，当事人可通过其他法律途径另行解决。

编写人：上海市徐汇区人民法院　叶晓晨

46

部分连带债权人申请执行全部债权的审查

——王宜易与张靖轩等执行复议案

【案件基本信息】

1. 裁判书字号

北京市第三中级人民法院（2017）京03执复125号执行裁定书

2. 事由：执行复议

3. 当事人

复议申请人（申请执行人）：王宜易

被执行人：张靖轩、陈秀荣、张靖全、祁静

【基本案情】

王钦尧、王钦禹系兄弟，起诉张靖轩、张靖全、陈秀荣、祁静，要求确认：东关大街31号院房屋归其所有；对方退还拆迁补偿款19万余元；拆除原基地上的非法建筑，恢复院内原状；将东关大街31号院的房屋予以腾退。2009年5月，通州区人民法院作出一审判决，判决四被告共同给付王钦尧5万元、王钦禹5万元经济补偿款。双方当事人均不服一审判决，上诉至北京市第二中级人民法院，其间王钦尧去世，北京市第二中级人民法院变更其子王宜易为上诉人（原审原告）。2010年12月，北京市第二中级人民法院撤销原判，改判四被告共同给付王宜易、王钦禹共20万元经济补偿款。后王宜易申请再审，被驳回。二审判决生效后，王宜易向通州区人民法院申请强制执行，标的额为10万元。通州区人民法院于2012年5月结案处理，当事人认可执行完毕。

2016年10月，通州区人民法院判决宣告王钦禹死亡。2016年11月，王宜易再次申请强制执行，标的为剩余的10万元。通州区人民法院以（2016）京0112执7506号立案执行，被执行人对此提出执行异议，称其义务已履行完毕，王宜易没有权利再次申请执行。申请执行人王宜易辩称认为王钦禹早已死亡，且无其他继承人，原执行依据确认的20万元均应属于王宜易，故其有权再次申请强制执行。通州区人民法院认为被执行人的异议成立，裁定驳回执行申请。对此，王宜易向法院申请复议，称王钦禹于1966年去世，其死亡时间应以自然死亡时间为准；执行依据确认的20万元应为王宜易、王钦禹共有，王宜易有权主张全部利益，申请强制执行此20万元。故请求撤销原执行异议裁定，裁定继续执行。

法院受理之后，召开听证会进行审查。四被执行人主张王宜易至今未提交其继承王钦尧财产的材料，亦未提交其享有全部共同财产的证据，要求维持执行异议裁定，驳回王宜易的复议请求。此外，根据王宜易的陈述，其第一次向法院申请执行时申请标的额为20万元，但立案法官认为20万元属王宜易、王钦禹共有，王宜易只能申请执行其中的10万元，因此其被迫改为10万元。

【案件焦点】

部分连带债权人申请执行全部债权是否应予支持。

【法院裁判要旨】

北京市通州区人民法院经审理认为：根据《中华人民共和国民事诉讼法》的规定，发生法律效力的法律文书，当事人必须履行。义务人拒绝履行的，权利人可以向法院申请执行，但执行过程中被执行人有权对执行案件是否符合受理条件等实体事由提出异议。本案中，根据已查明的事实，王宜易以自己的名义依据法院判决申请执行张靖轩、陈秀荣、张靖全、祁静物权保护纠纷执行案件，通州区人民法院已于2012年5月执行完毕。之后王宜易主张该判决中的全部权利，并于2016年11月再次依据上述判决以自己的名义申请强制执行，但该判决所确定的权利属于王宜易与王钦禹共同所有，王宜易未向通州区人民法院提交其享有上述法律文书所确定的全部权利的证据。故其再次以自己的名义提出强制执行申请缺乏事实和法律依据，应不予立案，已立案的应驳回其执行申请。综上所述，异议人张靖轩、陈秀荣、张靖全、祁静的执行异议理由成立，通州区人民法院予以支持。根据《中华人民共和国民事诉讼法》第一百五十四条第一款第十一项、《最高人民法院关于人民法院执行工作若干问题的规定（试行）》第十八条之规定，裁定：

驳回王宜易的强制执行申请。

王宜易不服上述裁定，申请复议。北京市第三中级人民法院经审理认为：债权人或者债务人一方人数为二人以上的，依照法律的规定或者当事人的约定，享有连带权利的每个债权人，都有权要求债务人履行义务。本案中，生效判决所确定的债权属于王宜易、王钦禹共同所有，王宜易、王钦禹二人是连带债权人，无论是王宜易或者王钦禹，都有权向连带债务人张靖轩、陈秀荣、张靖全、祁静主张权利和受领还款，债务人无权拒绝履行。故王宜易有权在王钦禹多年下落不明并被宣告死亡的情况下申请执行生效判决确定的全部债权。至于王宜易受领债权后与其他相关权利人如何分配，是连带债权人之间的分配问题，不影响王宜易申请执行全部债权的权利。综上，一审法院所作执行裁定有误，应予纠正。

依照《最高人民法院关于人民法院办理执行异议和复议案件若干问题的规定》第二十三条第一款第二项之规定，裁定如下：

一、撤销北京市通州区人民法院（2017）京0112执异54号执行裁定。

二、继续执行北京市通州区人民法院（2016）京0112执7506号案件。

【法官后语】

一、共有财产产生连带债权的实体规范

《民法通则》（现仍有效）第八十六条规定，债权人为二人以上的，按照确定的份额分享权利。债务人为二人以上的，按照确定的份额分担义务。第八十七条规定，债权人或者债务人一方人数为二人以上的，依照法律的规定或者当事人的约定，享有连带权利的每个债权人，都有权要求债务人履行义务；负有连带义务的每个债务人，都负有清偿全部债务的义务，履行了义务的人，有权要求其他负有连带义务的人偿付他应当承担的份额。这两则条文对我国现行法规定的多数人之债中按份之债与连带之债进行了说明。

《物权法》第一百零二条规定，因共有的不动产或者动产产生的债权债务，在对外关系上，共有人享有连带债权、承担连带债务，但法律另有规定或者第三人知道共有人不具有连带债权债务关系的除外；在共有人内部关系上，除共有人另有约定外，按份共有人按照份额享有债权、承担债务，共同共有人共同享有债权、承担债务。偿还债务超过自己应当承担份额的按份共有人，有权向其他共有人追偿。

《第八次全国法院民事商事审判工作会议（民事部分）纪要》中第二十五条规定：被继承人死亡后遗产未分割，各继承人均未表示放弃继承，依据继承法第二十五条规定应视为均已接受继承，遗产属各继承人共同共有。

具体到本案，案涉不动产为王钦尧、王钦禹之父的遗产，其父去世后应为王钦尧、王钦禹因继承而共同共有。王钦尧去世，其民事权利由王宜易继承，故王宜易、王钦禹确系案涉共有不动产所产生之债（经济补偿款）的连带债权人。因此，王宜易有权对全部债权20万元申请执行。

二、执行法院应当注意的重点问题

（一）在执行中确定连带债权的基本思路

我们在执行实践中一旦确定执行标的为共有财产产生的连带债权，就应当紧紧围绕执行依据进行。执行依据中对于连带债权的认定并不难识别，我们可以采取以下方法：

首先，执行依据主文，如生效判决、调解书主文、仲裁裁决主文中一般以区分判项的方式将按份之债与连带之债相区隔。例如，本案一审判决中，判决“一、四被告共同给付王钦尧经济补偿款人民币5万元，自判决生效之日起7日内清偿完毕；四被告共同给付王钦禹经济补偿款人民币5万元，自判决生效之日起7日内清偿完毕”，这就是典型的按份债权。而二审判决中，判决“四被告于本判决生效之日起15日内共同给付王宜易、王钦禹经济补偿款人民币20万元”。其他案例中对连带债权的判决亦为类似，如“被告邓某于本判决生效之日起10日内支付原告韩某、徐某欠款200万元及利息”，或“被告谢某于本判决生效之日起10日内赔偿原告吴某、李某损失2000元”。因此，判决主文中出现后者的类似表述，案涉债权应被认为是连带债权。

其次，实践中依然会存在执行依据主文表述不清晰的情况，这时仅笼统观察执行依据的主文，有失严谨，我们还应当通过其他方式，以探知裁判真意为原则，厘清连带债权法律关系。如生效法律文书引用了前述《民法通则》《物权法》等关于连带之债的法律条文，案涉债权则应当被认定为连带债权。此外，不应忽略的是，简易程序、小额程序等简易诉讼程序中，法律条文的直接引用往往被简化，我们对此应引起足够重视。如出现缺失无法从执行依据本身探知执行标的是否为连带债权的情况，我们应当积极与执行依据的作出方交流，以保护当事人的合法权益。

本案中，关于连带债权的认定问题，在执行依据（本案判决书）作出过程中没有成为争议焦点。因此，执行依据中并未对此进行充分说理。但在执行过程中，因为执行法院未注意到执行依据所确定的“连带债权”之本质，导致连带债权的认定成为当事人的争议点，这种现象在执行实践中时有发生。需要我们注意的是，这实际上是产生了对执行行为的不满或新的实体法律关系争议，当事人往往会采取申请执行救济的方式，这就需要执行法院再进行仔细审查。

（二）因执行法院的错误认识导致连带债权部分未得以执行，申请执行权尚未消灭

本案中，按照已查明的事实，二审判决生效后，王宜易向执行法院申请强制执行，标的额为10万元，经强制扣划被执行人存款后，执行法院作结案处理，被执行人也认为执行完毕。众所周知，执行完毕意味着据以执行的生效法律文书的内容得以全部实现，是执行案件实际执结的标志。由于本案的执行标的是20万元，10万元仅为其一半，因此判决并未被执行完毕，王宜易于2016年11月再次申请执行剩下的10万元合理合法。据王宜易陈述，其第一次申请执行时标的额为20万元，在立案法官要求下被迫改为10万元。因此，王宜易对剩余10万元再次申请执行，是基于执行法院先前对执行依据的错误认定所致，不能以法院已结案为由剥夺其对剩余债权的执行申请权。

按照执行理论精神和基本法律思维，若因执行法院的错误行为导致连带债权人产生了错误认识，误认为自身是按份债权人，即使执行完毕，在其余连带债权人尚未申请执行前，其仍有权利申请剩余债权的执行。

（三）连带债权人的内部分配追偿在执行中存在的问题

按前述法律条文，共有财产产生的连带债权可能会存在内部分配追偿问题。在执行过程中，需要执行法院注意的是，债权人之间的内部权利分配不能被归结为被执行人在执行过程中的抗辩事由，也不能影响申请执行人对执行依据中全部债权的申请执行权。执行法官无权替权利人分割或认定相关财产权利。个别案件的执行实践中，仍存在执行法官强行要求连带债权人全部到齐后方受理执行申请的情况，这显然是错误的。

此外，如果部分连带债权人对其内部分配问题提出以分割财产为内容的执行申请或执行救济，执行法院应当予以驳回。债权人对内部债权分配产生争议，可另行起诉，通过其他法律途径解决。

编写人：北京市第三中级人民法院　李畅

中国政法大学　太昊

九、公证债权文书的执行问题

47

第三人仅为债务人提供物保但未办理抵押登记的，出具执行证书时不应直接将其列为被执行人

——高凤英与赵建华、耿军不予执行公证债权文书案

【案件基本信息】

1. 裁判书字号

北京市第三中级人民法院（2017）京03执复45号执行裁定书

2. 事由：不予执行公证债权文书

3. 当事人

不予执行申请人（被执行人）：高凤英

不予执行被申请人（申请执行人）：赵建华

被执行人：耿军

【基本案情】

2013年12月10日，甲方赵建华（出借人）与乙方耿军（借款人）、丙方高凤英（抵押人）签订《借款合同》，当中载明“丙方高凤英以位于北京市朝阳区安华西里三区21号楼1707号房产（房屋所有权证编号：京房权证朝私08字第375122号）为该借款提供抵押担保”。方正公证处于次日出具（2013）京方正内民证字43774号公证书，对《借款合同》予以公证，并赋予强制执行效力。2014年4月29日方正公证处出具（2014）京方正执行证字第00258号执行证书，当中列明被执行人为债务人耿军、抵押人高凤英，并载明：赵建华可持本执行证书向有管辖权的人

民法院申请强制执行。执行标的为：本金人民币柒拾伍万元及相应利息、违约金及实现债权的费用（包括但不限于公证费）。

涉案房屋未办理抵押登记。(2013）京方正内民证字43774号公证卷宗中的询问笔录显示，方正公证处于2013年12月10日分别告知赵建华、耿军、高凤英“抵押需要办理抵押登记才能产生物权效力”，三人均分别表示“清楚”。

高凤英称（2014）京方正执行证字第00258号执行证书确有错误，申请对该执行证书中涉及本人的部分裁定不予执行。

【案件焦点】

出借人、借款人、抵押人签订的赋予强制执行效力的债权文书中，虽然约定了相关抵押担保内容，且明确了抵押物，但是相关抵押并未办理设立登记。在抵押人仅提供物保未提供人保的情况下，债权人能否据此申请对抵押人申请强制执行。

【法院裁判要旨】

北京市朝阳区人民法院经审查认为：公证债权文书的内容与事实不符或者违反法律强制性规定，应当认定为公证债权文书确有错误。本案中，高凤英主张的公证处违反执业区域规定出具公证书，不属于违反法律强制性规定，故其此项不予执行的理由不能成立。然而，不动产的抵押权应自登记时设立。高凤英虽在《借款合同》中承诺以自己名下的涉案房产提供抵押担保，但该房并未办理抵押登记。除此之外，高凤英并未提供其他担保或者承诺承担其他保证责任。因此，在涉案房屋未进行抵押登记且《借款合同》无其他保证责任约定的情况下，执行证书中仍将高凤英列为被执行人，属于载明内容与事实不符。高凤英据此项理由申请对执行证书中涉及其个人的部分不予执行，于法有据，应予以支持。北京市朝阳区人民法院依照《中华人民共和国民事诉讼法》第一百五十四条第一款第十项、第二百三十八条第二款，《最高人民法院关于适用〈中华人民共和国民事诉讼法〉的解释》第四百八十条第一款第三项之规定，裁定如下：

对北京市方正公证处出具的（2014）京方正执行证字第00258号执行证书中涉及高凤英的部分不予执行。

不予执行被申请人赵建华不服上述裁定，向北京市第三中级人民法院提起复议，北京市第三中级人民法院经审理认为：当事人以房产抵押的，应当办理抵押登记，抵押权自登记时设立。本案中高凤英虽在《借款合同》中约定以涉案房屋为借款提供抵押担保，但该房屋一直未办理抵押登记，故该房屋抵押未产生物权效力。本案执行证书在抵押权未成立的情况下，仍将高凤英以抵押人的身份列为被执行人，与事实不符。朝阳区人民法院裁定对执行证书中涉及高凤英的部分不予执行，符合法律规定，应予维持。赵建华主张高凤英是以抵押人身份提供担保，但未提供相应证据予以证明，对该主张法院不予支持；其提出的高凤英对房屋未办理抵押登记导致抵押权未成立有过错，应与耿军承担连带赔偿责任等理由，不属于本案异议复议审查范围，可通过其他法律途径解决。北京市第三中级人民法院依照《最高人民法院关于人民法院办理执行异议和复议案件若干问题的规定》第二十三条第一款第一项之规定，裁定如下：

驳回赵建华的复议申请，维持（2016）京0105执异269号执行裁定。

【法官后语】

从诉辩主张不难看出，本案争议焦点为在出借人、借款人、抵押人签订的赋予强制执行效力的债权文书中，虽然约定了相关抵押担保内容，且明确了抵押物，但是相关抵押并未办理设立登记。在抵押人仅提供物保未提供人保的情况下，债权人能否据此申请对抵押人申请强制执行。

对此，案件审理中也有不同观点。

一种观点认为，本案中抵押人（不予执行申请人）在《借款合同》中已经承诺愿意以其名下的房屋为债务人提供担保，且明确表示同意赋予合同强制执行效力，自愿就此接受强制执行。在此情况下，抵押人应当受到合同强制执行效力的约束，依照相应公证债权文书对其提供的抵押物接受强制执行。因此，不予执行申请人的请求不能成立。

另一种观点认为，即使抵押人通过在《借款合同》中作出承诺以自己名下房屋提供担保，但是该抵押未办理登记，缺乏必要的生效要件，故债权人行使抵押权于法无据。公证债权文书中直接将抵押人认定为被执行人，应当属于确有错误。

本案的裁判中，基于以下几方面考虑，采纳了第二种观点。

其一，就公证债权文书的性质而言，即使经过公证被赋予了强制执行效力，但该债权文书的本质依然是各方当事人达成的一致意思表示。而抵押权是《物权法》

规定的物权种类，其设立、变更均须满足必要的法定要件。而《物权法》规定，不动产的抵押应当办理抵押登记。抵押权自登记时设立。当事人之间的合意，即使经过公证，也不能达到物权设立或者变动的法律效果。因此，应当认为本案中抵押人虽承诺以其名下房屋提供担保，但抵押权并未设立。

其二，依照各方当事人签订的《借款合同》，抵押人提供的担保形式为特定物的担保。除此之外，抵押人并未作出提供其他担保和保证或者愿意作为共同借款人承担责任的意思表示，更未就抵押担保之外的责任表示愿意接受强制执行。因此，抵押权的依法登记设立，是债权人向抵押人请求就抵押物优先受偿的前提条件，亦是债权人申请对抵押人强制执行的前提条件。本案中，抵押人虽已经在《借款合同》中明确表示愿意以自己名下的房屋为借款人提供抵押担保，并且明确表示愿意放弃相应抗辩权利接受强制执行。但是由于未办理抵押登记，应当认为该抵押权因缺乏物权设立的形式要件并未依法设立。抵押人承担相应担保责任的条件并未成就，债权人就抵押物要求清偿，缺乏法律依据。

其三，公证处应当有义务对本案的债权文书当中抵押权是否依法设立，即债权人就抵押财产主张优先受偿的条件是否成就进行形式审查。本案中，执行证书出具之前，未对抵押权是否设立进行必要的形式审查即确认抵押人应当承担相应责任，亦属于公证债权文书确有错误。

此外，依照《物权法》的规定，抵押权未设立并不影响抵押合同的生效，债权人与抵押人虽未单独签订书面《抵押合同》，但双方已经就设立抵押担保在《借款合同》中达成了一致的意思表示，双方应当受此约束。关于债权人主张的未依法登记设立的抵押权对其造成的损害，抵押权未设立的各方过错问题而言，实际属于抵押人和抵押权人就抵押合同履行中产生的争议，应当在对法律关系中各方实体权利义务进行实体审查之后予以认定，而非直接在执行阶段以执代审。

综上，公证处在未办理抵押登记的情况下，直接将抵押人列为被执行人，应当认为是确有错误。至于未办理登记导致的抵押权未设立，以及相应对债权人造成的损失，债权人应另行依法主张，不应直接申请强制执行。

编写人：北京市朝阳区人民法院 苏辰园

48

经依法公证的债权文书具备强制执行效力

——无锡市融创科技小额贷款有限公司与江阴市金溢金属回收有限公司、江苏阳光汽车贸易有限公司执行异议案

【案件基本信息】

1. 裁判书字号

江苏省江阴市人民法院（2017）苏0281执异14号执行裁定书

2. 事由：执行异议

3. 当事人

申请人（被执行人）：江阴市金溢金属回收有限公司（以下简称金溢公司）

被申请人（申请执行人）：无锡市融创科技小额贷款有限公司（以下简称融创公司）

被执行人：江苏阳光汽车贸易有限公司（以下简称阳光公司）

【基本案情】

融创公司与金溢公司于2016年8月4日签订《委托贷款借款合同》一份，约定融创公司根据委托人德辉公司指定向金溢公司发放贷款4000万元，自2016年8月4日起至2016年12月20日止，贷款年利率为3%，到期一次性还本付息，利随本清。合同还约定，如金溢公司未按约归还贷款本息，融创公司有权根据逾期天数按约定利率上浮300%计收逾期罚息和复利。后双方又签订《委托贷款借款合同》之补充协议，对上述约定的贷款期限进行了变更，约定实际的贷款发放日与上述约定不同的，以贷款实际发放日即实际放款时的放款凭证上载明的日期为准，但上述约定的贷款到期日均不变更。同日，融创公司与阳光公司签订了《委托贷款抵押合同》三份，约定由阳光公司以其所有的位于江阴市澄杨路57号相应的房产分别为上述委托贷款借款合同本金4000万元中的2320万元、680万元、1000万元提供抵

押担保。抵押担保的范围为：被担保的主债权本金及其利息、罚息、复利、违约金、损害赔偿金、实现债权和担保权利的费用（包括但不限于处分抵押财产的费用、诉讼费、律师费、差旅费等）和所有其他应付合理费用。上述用于抵押担保的房地产均在江阴市不动产登记中心办理了抵押登记手续。

上述委托贷款借款合同及委托贷款抵押合同均于2016年9月6日经江苏省江阴市公证处公证，并向公证当事人出具了赋予强制执行效力的（2016）锡澄证经内字第599号、600号、601号和602号公证书。

2016年9月13日，融创公司申请开具收款人为金溢公司、金额分别为2500万元和1500万元的银行本票各一张，并于当日将该两张银行本票交给金溢公司。金溢公司向融创公司开具了收到上述本票的收据各一张。当日，金溢公司将其中的1500万元的本票背书后交德辉公司保管。2017年1月13日，德辉公司致函金溢公司称：我司于2016年9月13日，委托融创公司发放贷款4000万元。其中1500万元资金（银行票据）经贵司背书后仍由我司保管。现因4000万元借款到期，贵司未能还款，我司直接收回上述1500万元，作为贵司还款。

2016年12月23日，融创公司向江阴市公证处提出申请，要求公证处出具其与金溢公司、阳光公司签订的上述《委托贷款借款合同》和《委托贷款抵押合同》的执行证书。江阴市公证处经核实审查，于2017年1月16日出具（2017）锡澄证执字第1号执行证书。该执行证书载明，融创公司可持本证书向由管辖权的人民法院直接申请强制执行。被申请执行人为：金溢公司、阳光公司。融创公司有权请求人民法院强制执行上述欠款，并有权对抵押人提供的抵押物即相关房产以折价、拍卖或变卖方式取得的价款优先受偿。执行证书同时载明执行标的为：

1. 截至2016年12月20日的借款本金余额人民币2500万元；

2. 利息287500元；

3. 2016年12月21日起至上述第一项本金清偿之日的逾期利息，该逾期利息按年利率的12%计算；

4. 申请执行人融创公司为实现上述债权所发生的费用。

融创公司持上述赋予强制执行效力的公证债权文书和执行证书向法院申请执行，不予执行申请人金溢公司向法院提出书面申请，请求不予执行江苏省江阴市公证处制发的赋予强制执行效力的（2017）锡澄证执字第1号执行公证书。

【案件焦点】

作为本案执行依据的公证债权文书是否符合法律法规的相关规定、是否具有强制执行的效力。

【法院裁判要旨】

江苏省江阴市人民法院经审理认为：融创公司分别与金溢公司、阳光公司签订的《委托贷款借款合同》和《委托贷款抵押合同》均系当事人真实的意思表示，且不违反法律、行政法规的禁止性规定，应属合法有效，各方当事人均应按约履行。融创公司将4000万元放款给金溢公司，金溢公司已收到上述4000万元，应认定融创公司按约履行了放款义务。至于金溢公司将其中的1500万元本票背书交德辉公司保管，系另一法律关系，不能据此认定融创公司违约。

借款期限届满，金溢公司未按约履行还款义务，对借款本息应承担清偿之责，并承担逾期还款的违约责任及融创公司为实现债权所发生的费用。

关于逾期利息，执行证书根据《委托贷款借款合同》的约定，确定逾期利息按年利率12%计算，根据《最高人民法院关于审理民间借贷案件适用法律若干问题的规定》的规定，该逾期利率未超过24%，故法院予以支持。

关于融创公司为实现债权所发生的费用，因执行证书未明确其金额或计算方法，属于给付内容不明确、不具体，且本案审查中，双方当事人又无法通过和解达成一致意见，故对该部分的执行申请，不纳入执行范围。

执行证书由公证机关根据债权人单方申请出具，是否应送达相关的债务人、担保人，现行法律并无明确规定，且执行证书出具后未送达，并不会对债务人、担保人的财产权益产生影响。因此，金溢公司以此为由，认为公证机关程序错误、无法律依据，不应予以采纳。

综上，作为本案执行依据的公证债权文书及执行证书认定事实清楚、程序合法，应予强制执行。金溢公司、阳光公司以公证事实错误、程序错误为由，申请不予执行，无事实和法律依据，不应予以支持，对其请求法院依法予以驳回，依照《中华人民共和国民事诉讼法》第二百三十八条第二款、《最高人民法院关于适用〈中华人民共和国民事诉讼法〉的解释》第四百八十一条、《最高人民法院关于人民法院办理执行异议和复议案件若干问题的规定》第十条规定，作出如下裁定：

驳回申请人江阴市金溢金属回收有限公司不予执行江苏省江阴市公证处(2017)锡澄证执字第1号公证债权文书的申请。

【法官后语】

根据2000年9月21日《最高人民法院、司法部关于公证机关赋予强制执行效力的债权文书执行有关问题的联合通知》的规定，我国强制执行类公证的操作方式是先对合同办理具有强制执行效力的债权文书公证，出具公证书。债务人不履行或不完全履行公证机构赋予强制执行效力的债权文书的，债权人可以向原公证机构申请执行证书，由债权人凭原公证书及执行证书向有管辖权的人民法院申请执行。

而在债权债务关系愈加复杂的社会经济生活中，强制执行公证制度的运用也愈加普遍。由于各方对该制度的理解不一，在执行公证书是否需要送达债务人这一点上产生了疑惑。

首先，《中华人民共和国公证法》第三十二条明确规定，公证书自出具之日起生效。显然，公证书的生效并不以送达为要件，执行证书作为公证书的一种自然也自出具之日起生效，送达与否并不影响其生效。其次，《公证程序规则》第四十五条规定，“公证机构制作的公证书正本，由当事人各方各收执一份，并可以根据当事人的需要制作若干份副本”。第九条规定：“公证当事人是指与公证事项有利害关系并以自己的名义向公证机构提出公证申请，在公证活动中享有权利和承担义务的自然人、法人或者其他组织。”在执行公证中，执行证书由债权人单方向原公证机构提出申请，公证当事人显然也就是债权人，要求送达债务人于法无据。且经公证的债权文书中已载明债务人不履行义务或不完全履行义务时，愿意接受依法强制执行的承诺，执行证书作为债务人不履行义务或不完全履行义务时债权人向法院申请强制执行的依据，其出具后未送达债务人，并不会对债务人的财产权益产生影响。本案中，异议人以未将执行证书送达债务人为由诉称公证程序错误，显然是没有法律依据的。

编写人：江苏省江阴市人民法院　宋祥　刘丹

49

拍卖中拍定人迟延付款的应对措施以及最高额抵押中“最高额”的认定标准

——北京市国通资产管理有限责任公司与北京星港湾科贸有限公司等公证债权文书执行案

【案件基本信息】

1. 裁判书字号

北京市第三中级人民法院（2016）京03执251号执行裁定书

2. 事由：公证债权文书执行

3. 当事人

申请执行人：北京市国通资产管理有限责任公司（以下简称国通公司）

被执行人：北京星港湾科贸有限公司（以下简称星港湾公司）、内蒙古恒华煤炭（集团）有限公司（以下简称恒华公司）、内蒙古博业房地产开发有限责任公司（以下简称博业公司）、焦伟

【基本案情】

国通公司与恒华公司、博业公司、星港湾公司、焦伟公证债权文书执行一案，北京市方圆公证处出具的（2011）京方圆内经证字第10100号、42651号，（2012）京方圆内经证字第32430号、32431号公证书以及（2015）京方圆执字第0218号执行证书发生法律效力后，申请执行人北京市国通资产管理有限责任公司向法院申请强制执行，法院于2016年2月25日立案执行。

在执行过程中，依据申请执行人国通公司提供的财产线索，法院于2016年3月15日查封了被执行人北京星港湾科贸有限公司在北京市丰台区的房产及相应的土地使用权。另查该房产及土地使用权设有最高额抵押，他项权利证书显示，抵押权人为包商银行股份有限公司包头路通支行（以下简称包商银行路通支行），抵押

的最高债权数额为人民币32000万元。

经调查，四被执行人无其他财产可供执行，合议庭经过评议决定对上述查封的财产予以拍卖。法院于2016年6月1日委托北京市国盛房地产评估有限责任公司对上述财产进行评估，该公司于2016年6月27日出具评估报告，对该财产的评估价值为430793300元。法院于2016年9月21日通过网络平台予以拍卖，竞买人北京市溪水花园物业管理有限公司（以下简称溪水公司）以人民币430893300元的最高竞价购得。

根据拍卖公告，拍定人溪水公司应在2016年9月28日之前将全部的拍卖款缴入法院指定的账户。在该期限内，拍定人没有按照拍卖公告确定的期限将拍卖款付至法院指定的账户。但拍定人向法院发出承诺函，承诺在10月底履行全部拍卖款，并且同意支付在迟延履行拍卖款期间的迟延履行债务利息。

合议庭经合议，同意拍定人延期付款的请求，并决定按照其延期的期间缴纳迟延履行利息。最后拍定人溪水公司于2016年11月7日将全部的拍卖款和迟延履行利息缴至法院。

拍卖工作完成后，该财产的抵押权人包商银行路通支行向法院提出优先受偿的申请，其提出应优先受偿的金额为36000万元。抵押权人就其诉求提供了其于2015年3月28日与主债务人签订的两笔借款合同，金额分别为2.8万元和4000万元；与抵押人星港湾公司签订的抵押合同；房产抵押权证以及实际放款的受托支付凭证28000万元、4000万元各一份。

本案申请执行人对此提出异议，认为根据其最高额抵押登记中登记的最高额抵押金额为32000万元，法院最多只能支持其32000万元的优先权请求，剩余的拍卖款应分配给申请执行人。

就双方分歧的焦点即抵押权人的优先权金额问题，合议庭召集本案的申请执行人、被执行人以及抵押权人进行听证，经多次协调，涉案房产的抵押权人包商银行路通支行、申请执行人国通公司以及被执行人星港湾公司、焦伟等就案款分配达成一致：申请执行人分配10005万元，抵押权人分配33350.230727万元。

【案件焦点】

1. 拍定人迟延履行拍卖款而支付迟延履行利息如何确定；2. 最高额抵押中“最高额”如何认定。

【法院裁判要旨】

在执行过程中，北京市第三中级人民法院查询了被执行人在金融机构开设账户情况、房屋所有权情况、车辆登记情况和工商登记情况。法院已依法扣划被执行人焦伟名下银行存款并发还给申请执行人；查封、拍卖被执行人北京星港湾科贸有限公司名下位于北京市丰台区的房产及相应土地使用权，拍卖款已发还抵押权人包商银行路通支行33350.230727万元，发还申请执行人10005万元。北京市第三中级人民法院虽已查封被执行人内蒙古博业房地产开发有限公司土地使用权；查封被执行人内蒙古恒华煤炭（集团）有限公司名下的房产；轮候查封被执行人焦伟名下的房产，但上述财产暂不具备在本案中处分的条件。经调查，被执行人名下银行账户内无其他存款，无其他不动产及机动车登记信息、无对外投资。现被执行人暂无可供执行财产。申请执行人同意法院终结本次执行程序。

北京市第三中级人民法院依照《中华人民共和国民事诉讼法》第二百五十七条第（六）项及《最高人民法院关于适用〈中华人民共和国民事诉讼法〉的解释》第五百一十九条之规定，裁定如下：

终结北京市方圆公证处（2011）京方圆内经证字第10100号、42651号，（2012）京方圆内经证字第32430号、32431号公证书以及（2015）京方圆执字第0218号执行证书的本次执行程序。

【法官后语】

1. 竞买人迟延履行拍卖款的行为如何予以应对

合议庭成员之间就该问题存在分歧。一种意见认为根据《最高人民法院关于执行程序中计算迟延履行期间的债务利息适用法律若干问题的解释》第三条之规定，人民法院对被执行人财产拍卖、变卖或者以物抵债的，迟延履行利息计算至拍卖成交裁定或者抵债裁定生效之日。从债务产生到拍卖成交裁定生效之日的迟延履行利息一直都是计算的，但是拍定人迟延履行拍卖款导致的迟延履行利息应该由拍定人承担。另一种意见认为由拍定人支付该期间的迟延履行利息缺乏相应的法律规定，拍定人缴纳迟延履行利息于法无据，不应让拍定人承担该期间的迟延履行利息。

合议庭多数意见认为虽然确实无法从法律及相关的司法解释中找到法律依据，

但是在一方受损，而另外一方受益的情况下，为实现当事人之间的公平，由受益人承担责任符合公平原则，故拍定人承担该期间的迟延履行责任。另外《北京市高、中级法院执行局（庭）长座谈会（第四次会议）纪要——关于计付迟延履行利息、迟延履行金若干问题的意见》也认为该迟延支付拍卖价款期间的迟延履行利息由买受人承担。故合议庭合议结果为由拍定人溪水公司支付其迟延履行拍卖款期间的迟延履行利息。

2. 对于最高额抵押中“最高额”认定标准问题

最高额抵押在金融借款案件中是一种较为常见的担保模式。但就最高额的理解，理论界存在不同的观点，司法实践中也存在争议。在本案中，合议庭成员亦存在分歧。一种意见认为应采用债权最高限额，即抵押登记的最高额为本金、利息、违约金等所有费用总和之限额，所有债权总额在最高额内的方得享有优先受偿权，即本案中只能支持抵押权人优先金额32000万元。另一种意见认为本金最高限额，即抵押登记的最高额仅指原本之限额，但凡原本金额在最高额内的，则由原本产生的利息、违约金等其他费用与原本金额相加后即便超过抵押登记的最高额，债权人仍就原本利息、违约金等其他费用享有优先受偿权，即在本案中，抵押权人的优先权金额突破32000万元，要加上所有的本金和利息、罚息等。

合议庭多数意见认为：关于“最高额”的解释，物权法及担保法均为“在最高债权额限度内”且对担保债权的定义均为“在一定期间内连续发生的债权”，《最高人民法院关于适用〈中华人民共和国担保法〉若干问题的解释》则规定得更为详尽，即如果实际发生的债权余额高于最高限额的，以最高限额为限，超过部分不具有优先受偿的效力；如果实际发生的债权余额低于最高限额的，以实际发生的债权余额为限对抵押物优先受偿。采用本金最高限额说，无疑更有利于抵押权人的债权保护，虽然抵押权人与抵押人在签订抵押合同时有可能约定采纳本金最高限额，此时法院应尊重双方当事人的意思自治，但是物权具有对世效力，是涉及其他人的权利，为使善意第三人免遭无法预测的损害、知悉物权的种类和效力，不允许当事人自由创设物权。最高额抵押所担保的债权的限额，不仅仅关乎抵押权人利益的保护，更由于其对世性而涉及其他债权人的利益，因此无论当事人意思为何，均应遵从物权法定原则，超出部分不应赋予其优先权。而采用债权最高限额说，则可明示优先权范围，抵押权人在设定最高额抵押时有能力进行充分的风险评估，并在此基础上确定债权限额，不会影响市场经济的运行，有利于维护交易安全。因此，无论是从字义理解还是从立法的本意以及对各方当事人的权利的保护上看，我们认为采纳债权最高额说更为合理。合议庭在合议本议题时，多数意见还是“债权最高额”。如几方协调不成，达不成一致意见，法院则依照此意见进行案款分配，出具案款分配方案。

最后法院本着尽可能保障多方当事人权利、减少当事人诉累的原则，组织几方当事人进行协调、沟通，最后在法院意见的基础上，几方达成一致意见：申请执行人国通公司分配10005万元，抵押权人包商银行路通支行分配33350.230727万元。虽然本案没有通过财产分配方案进行分配，但通过法院因势利导的引导和积极的协调沟通，几方当事人在法院意见的基础上达成几方都比较满意的方案，该案圆满执行完毕。

编写人：北京市第三中级人民法院　褚晓勇

十、执行中的优先受偿问题

50

抵押担保财产和财产保全财产系同一财产且成为执行标的时，抵押权人对抵押担保财产享有优先受偿权

——李甲诉中国工商银行股份有限公司射洪支行等案外人执行异议之诉案

【案件基本信息】

1. 裁判书字号

四川省遂宁市中级人民法院（2017）川09民终716号民事判决书

2. 案由：案外人执行异议之诉

3. 当事人

原告（上诉人）：李甲

被告（被上诉人）：中国工商银行股份有限公司射洪支行（以下简称工行射洪支行）、射洪县中泽贸易有限公司（以下简称中泽贸易公司）、李某乙、刘某（李某乙之妻）、李某丙（李某乙之子）、魏某（李某丙之妻）

【基本案情】

2014年8月20日，工行射洪支行与被告李某乙签订2014年射洪（抵）字0017号《最高额抵押合同》，约定以李某乙、刘某夫妻名下位于射洪县大于镇的房屋和土地对债务人中泽贸易公司于2014年8月20日至2019年8月19日的借款合同项下最高额度450万元的债务提供抵押担保，办理了抵押登记。同日，工行射洪

支行与中泽贸易公司签订2014年（射洪）字第0061号《小企业借款合同》，发放借款450万元，由《最高额抵押合同》约定的抵押物提供抵押担保、李某乙和刘某提供保证担保。中泽贸易公司按期归还了该笔贷款。2015年8月20日，工行射洪支行与中泽贸易公司签订2015年（射洪）字第0052号《小企业借款合同》，发放借款450万元，由《最高额抵押合同》约定的抵押物提供抵押担保、李某丙和魏某提供保证担保。中泽贸易有限公司到期后未偿还。工行射洪支行诉至法院，经法院主持调解，借贷双方和保证人达成（2017）川0922民初64号民事调解书。该调解书送达后，借款人、担保人等在限期内未履行还款义务，工行射洪支行于2017年1月10日申请法院依法执行。该案执行中，法院依法对李某乙、刘某夫妻名下的房屋和土地进行拍卖中。

李甲与李某乙系交往多年的朋友。李某乙于2013年9月、2014年6月向李甲借款共计200万元，按月利率2%支付利息至2014年11月。李甲于2015年6月1日诉请判令李某乙归还借款本息。法院依李甲的申请于次日作出保全裁定，对李某乙、刘某夫妻名下的房屋和土地予以查封，于2015年11月27日作出（2015）射洪民初字第1541号民事判决书，判决由李某乙于判决生效后十日内偿还李甲借款200万元及其从2014年12月起按照月利率2%计算的利息。后李某乙提起上诉，遂宁市中级人民法院于2016年4月21日判决驳回上诉、维持原判。李甲于2016年6月7日申请法院依法执行。

前述两执行案件执行中，李甲于2017年4月5日向法院提起执行异议，以李某乙、刘某夫妻名下的房屋和土地系诉讼保全财产为由，请求中止执行（2017）川0922民初64号民事调解书，诉讼保全财产的拍卖或变卖价款应当优先用于偿还其个人借款本息。法院于2017年4月19日作出（2017）川0922执异3号执行裁定书，驳回李甲的异议请求。

【案件焦点】

1. 对案涉标的物享有优先受偿权的是工行射洪支行还是李甲；2. 李甲要求停止以抵押财产实现债权的执行的主张应否支持。

【法院裁判要旨】

四川省遂宁市射洪县人民法院经审理认为：被告中泽贸易公司在被告工行射洪

支行借款450万元，到期偿还后又在该支行借款450万元，两次借款均以《最高额抵押合同》约定的抵押财产提供担保。被告李某乙因下欠原告李甲借款200万元未还，原告李甲请求法院对李某乙夫妻名下的房屋和土地予以查封。因抵押担保财产和查封的财产是同一财产，法院根据被告工行射洪支行的执行请求对抵押财产进行拍卖中，原告李甲提出执行异议。本案的争议焦点是：原告李甲对抵押财产是否享有实体权利？被告工行射洪支行对原告请求查封的财产是否享有优先受偿权？根据法律规定，依法成立的合同对当事人具有法律约束力，受法律保护。本案所涉《最高额抵押合同》《小企业借款合同》均是依法成立的有效合同，被告中泽贸易公司两次借款均发生在《最高额抵押合同》约定的最高债权额度和抵押担保期限内，其抵押财产在抵押合同成立时也依法进行了登记，则借款时设定的抵押担保并不违反相关合同约定和法律规定，该抵押担保有效，被告工行射洪支行就2015年8月20日《小企业借款合同》项下债务对抵押财产享有优先受偿权利并对抗第三人。原告李甲虽在被告中泽贸易公司第二次借款前依法请求人民法院对被告李某乙、刘某用于抵押的财产进行查封，但查封时被告工行射洪支行的债权并未超出最高债权额限度，查封过程中法院亦进行了告知，不能排除被告工行射洪支行请求对该查封财产的强制执行以实现优先受偿权；原告李甲有权就查封财产实现其债权，但只能就该查封财产的折价或者拍卖、变卖的价款按照顺位享有优先受偿权。因此，法院根据被告工行射洪支行的执行请求和民事调解书对被告李某乙、刘某名下房屋和土地进行拍卖以所获得的价款满足工行射洪支行的担保债权并无不当。原告的诉讼请求不能成立，法院不予支持。依照《中华人民共和国物权法》第一百七十九条、第一百八十条、第一百八十七条、第二百零三条、第二百零六条，《中华人民共和国合同法》第八条，《中华人民共和国民事诉讼法》第二百二十七条，《最高人民法院关于适用〈中华人民共和国民事诉讼法〉的解释》第三百一十二条规定，判决如下：

驳回原告李甲的诉讼请求。

李甲提起上诉。四川省遂宁市中级人民法院经审理认为，本案的争议焦点是：对案涉标的物享有优先受偿权的是工行射洪支行还是李甲；李甲要求停止执行（2017）川0922民初64号调解书第二项的主张应否支持。

关于争议焦点一，虽然《中华人民共和国物权法》第二百零六条规定“有下列情形之一的，抵押权人的债权确定……（四）抵押财产被查封、扣押……”，即在人民法院对抵押财产查封后，最高额抵押权所担保的债权即确定，此后发生的任何债权均不属于抵押担保的范围，但是《最高人民法院关于人民法院民事执行中查封、扣押、冻结财产的规定》第二十七条又规定："人民法院查封、扣押被执行人设定最高额抵押权的抵押物的，应当通知抵押权人。抵押权人受抵押担保的债权数额自收到人民法院通知时起不再增加。人民法院虽然没有通知抵押权人，但有证据证明抵押权人知道查封、扣押事实的，受抵押担保的债权数额从其知道该事实时起不再增加。"本案中，射洪县人民法院根据上诉人李甲的申请于2015年6月2日作出保全裁定，对李某乙、刘某夫妻名下的房屋和土地予以查封，但该查封未通知抵押权人工行射洪支行，李甲亦未提交证据证明工行射洪支行知道其查封的事实。因此，工行射洪支行在最高额抵押合同约定的担保期间出借款项，依然在约定最高债权额限度内就担保财产享有优先受偿权。据此，上诉人李甲关于其对担保财产享有优先受偿权的主张不成立，法院不予支持。

关于争议焦点二，因上诉人李甲对担保财产不享有优先受偿权，故其要求停止执行（2017）川0922民初64号调解书第二项的主张不成立，法院不予支持。即使李甲关于其对担保财产享有优先受偿权的主张成立，该优先受偿权也不足以排除对担保财产的强制执行，李甲仅能就担保财产经执行处置后所获得的价款享有优先分配的权利。

依照《中华人民共和国民事诉讼法》第一百七十条第一款第一项之规定，判决如下：

驳回上诉，维持原判。

【法官后语】

案外人提起执行异议之诉的目的是排除对特定执行标的的执行。本案处理的焦点在于：抵押担保财产和财产保全财产系同一财产且成为执行标的时，案外人对该财产是否享有实体意义的民事权益，该民事权益是否足以阻止强制执行。

当事人的意思在法无禁止的前提下均可以自由表达，债权人在设立债权债务关系中可以请求债务人以其所有的不动产或动产提供抵押担保，案外债权人在诉讼、执行期间可以请求人民法院对债务人已经用于抵押担保的财产予以查封。由于抵押担保有效，抵押权形成，在当事人合意的期限以及数额范围内，债权人享有优先受偿权。因人民法院的查封，案外人对债务人的财产在依法强制执行时享有排除不具有法律效力的优先权而优先受偿的权利。此时，谁对债务人的财产享有优先受偿权等实体权利？是抵押权人优先还是案外人优先？

《中华人民共和国物权法》规定，担保物权属于物权范畴，其法律效力高于普通债权，但抵押权人的债权在抵押财产具有被查封、扣押等情形时确定；《中华人民共和国民事诉讼法》和《最高人民法院关于适用〈中华人民共和国民事诉讼法〉的解释》规定，案外人有权对执行标的提出异议，就执行标的享有足以排除强制执行的民事权益的，人民法院不得执行该执行标的；《最高人民法院关于人民法院民事执行中查封、扣押、冻结财产的规定》规定，人民法院查封、扣押被执行人设定最高额抵押权的抵押物的，应当通知抵押权人，抵押权人受抵押担保的债权数额自收到通知或者知道查封、扣押事实时起不再增加。按照以上规定，执行异议之诉案件需要将“真实权属”和“能否阻止执行”纳入审理范围，主要解决：其一，抵押权人债权数额的确定。按照前述规定，人民法院采取查封措施时应当审查被查封财产上存在的抵押权人，及时将查封事实书面通知抵押权人，抵押权人的抵押财产在接到法院通知或者知晓查封事实时确定，此时起不再增加，继续增加的债权不应列入抵押担保范围；但人民法院没有通知抵押权人的，案外人就抵押权人应当知晓查封的事实承担举证责任。其二，案外人就执行标的是否享有民事权益。应当根据相关法律规定，审查执行标的的所有权、其他物权等实体权益，如果案外人对执行标的只享有建议程序性权利，是不能达到其诉讼目的的。其三，案外人对执行标的享有的实体意义上的民事权益能否阻止强制执行。案外人对执行标的不享有实体意义上的民事权益的，不能阻止法院对执行标的即被查封财产的执行；案外人对被查封财产享有实体意义上的民事权益，但基于该民事权益不具有优先的法律效力等因素，不足以阻止强制执行措施的，法院仍将继续对执行标的执行。所以，案外人执行异议之诉不得妨害抵押权人的合法债权，不得妨碍人民法院的强制执行，除非案外人对执行标的即被查封、扣押财产享有足以排除强制执行的民事权益，否则案外人的执行异议之诉不能成立，人民法院应予驳回。

编写人：四川省遂宁市射洪县人民法院　何冰军

51

数个均未办理抵押登记的抵押权是否享有优先受偿权及如何受偿

——朱忠才诉三亚市中小企业信用担保投资有限公司执行异议之诉案

【案件基本信息】

1. 裁判书字号

海南省三亚市中级人民法院（2017）琼02民终1669号民事判决书

2. 案由：执行异议之诉

3. 当事人

原告（被上诉人）：朱忠才

被告（上诉人）：三亚市中小企业信用担保投资有限公司（以下简称中小企业公司）

第三人：李永峰、三亚新汇磊实业有限公司（以下简称新汇磊公司）

【基本案情】

2014年6月28日，李永峰、新汇磊公司向朱忠才借款200万元并出具《借条》，同时明确以90亩土地及附着物（后用于鸿运达综合市场经营）租赁经营收益作为抵押担保；2014年7月7日，李永峰向朱忠才借款100万元；2014年9月4日，李永峰向朱忠才借款100万元。2015年10月31日，李永峰、新汇磊公司出具一份《申明（备忘录）》，确认已还朱忠才借款40万元，并重申在2015年11月30日前如果不能按时偿还其余借款，则朱忠才有权将90亩土地租赁合同及地面附着物变更至朱忠才名下用于抵债。因李永峰、新汇磊公司未能按时还款，朱忠才起诉至法院。2016年10月17日，三亚市城郊人民法院以（2016）琼0271民初5585号民事调解书对朱忠才与李永峰、新汇磊公司民间借贷纠纷一案作出调解：李永峰、新汇磊公司于2017年5月31日前分三次向朱忠才付清拖欠的借款本金280万元；如果有任一期未履行，则按年利率24%计算利息，并对剩余欠款申请强制执行。

2014年7月10日，中小企业公司与新汇磊公司签订《委托贷款合同》，将自有资金500万元委托光大银行贷给新汇磊公司，李永峰为贷款提供连带责任保证担保。同年7月4日签订《委托贷款抵押合同》，新汇磊公司将已抵押给原告的荔枝沟90亩土地租赁合同权益及地上附着物作为上述贷款的抵押担保。因新汇磊公司未能及时归还贷款，2016年6月20日，新汇磊公司与中小企业公司签订《新汇磊综合市场接管协议书》，约定新汇磊公司将位于三亚市海润路的新汇磊市场（即鸿运达市场）整体交给中小企业公司接管，接管截止日为新汇磊公司履行完对被告的偿还义务之日，中小企业公司对接管标的物具有占有权、控制权、使用权、租赁权、租金收取权，收到的租金优先用于归还贷款本息。

前述朱忠才与李永峰、新汇磊公司民间借贷纠纷案件进入执行程序后，中小企业公司以新汇磊公司已将执行标的新汇磊综合市场整体移交给其接管，法院的强制执行侵犯其合法权益为由提出书面异议，三亚市城郊人民法院于2017年5月17日作出（2017）琼0271执异92号执行异议裁定：中止扣留提取被执行人李永峰、新汇磊公司在三亚市海润路鸿运达综合市场的租金收入。朱忠才对该裁定不服，提起执行异议之诉。

朱忠才提供（2016）琼0271民初5585号民事调解书、《借条》、《申明（备忘录）》，并主张：一、其抵押权优先于中小企业公司，应从抵押物收益中优先受偿。由于李永峰、新汇磊公司的两次抵押担保均没有进行登记，按照抵押先后的顺序，原告签订合同且生效在先，应优先从抵押物中受偿。二、中小企业公司接管抵押物的行为存在恶意串通的可能，损害原告的合法权益，该接管行为应认定为无效。三、中小企业公司接管执行标的物，不产生物权变动公示的效力，不能对抗法院的强制执行。中小企业公司提供《委托贷款合同》《委托贷款抵押合同》《新汇磊综合市场接管协议书》等证据，主张朱忠才与新汇磊公司签订的抵押合同属于效力待定合同，对其没有效力；另外，新汇磊公司拖欠其债务，将鸿运达市场的占有权、控制权、使用权、租赁权、租金收取权均移交给中小企业公司接管，因此中小企业公司收取租金偿还债务，合理合法。

【案件焦点】

1. 同一财产向两个以上债权人抵押的，数个抵押权的清偿顺序如何确定；2. 新汇磊公司将抵押物交由中小企业公司接管的行为是否损害朱忠才的合法权益；3. 中小企业公司是否享有足以排除人民法院强制执行的实体权利。

【法院裁判要旨】

一审法院经审理认为，本案中，首先，新汇磊公司先是以荔枝沟90亩土地租赁合同权益及地上附着物（即新汇磊公司经营的鸿运达综合市场）抵押给原告作为其向原告借款的抵押担保，后又重复抵押给中小企业公司作为向中小企业公司借款的抵押担保。设置两次抵押由于均未办理抵押登记，根据《中华人民共和国物权法》第一百九十九条的规定，抵押权未登记的，按照债权比例清偿。因此，就原告朱忠才、被告中小企业公司享有的抵押权而言，双方均有就抵押物获得清偿债务的权利。其次，被告接管鸿运达综合市场的行为，系基于与新汇磊公司之间的债权债务关系、依据新汇磊公司与商户之间的租赁合同收取租金用于偿债，其接管行为不能视为被告已取代新汇磊公司成为实际的出租人，不产生物权变动的效力。并且，该接管行为并未告知或征得另一债权人原告朱忠才的同意，已经明显损害原告的合法权益，故应认定该接管行为无效。最后，案外人或者申请执行人提起执行异议之诉的，案外人应当就其对执行标的享有足以排除强制执行的民事权益承担举证证明责任。被告虽对鸿运达综合市场亦享有抵押权，但其并未能举证证明相对于原告而言具有优先清偿的权利，因此并不能认定中小企业公司对执行标的享有足以排除强制执行的实体权利。据此，依照《中华人民共和国物权法》第一百九十九条第一款第三项之规定，判决：

继续执行扣留、提取第三人李永峰、新汇磊公司在三亚市海润路鸿运达市场的租金收入。

中小企业公司不服，提起上诉。二审法院同意一审法院裁判意见，判决：

驳回上诉，维持原判。

【法官后语】

抵押权作为物权的一种，具有排他性，但其排他性不是绝对的，并不意味着一物之上只能设立一个抵押权。正是抵押人得以同一财产向两个以上的债权人进行抵押，造成了抵押权竞存与冲突的现象。由于我国《物权法》允许在同一财产之上设立多个抵押权，且基于物权的绝对性与排他性特征，数个抵押权之间必然产生竞争关系，这就产生了抵押权的冲突与抵押权的顺位问题。《物权法》第一百九十九条规定，同一财产向两个以上债权人抵押的，拍卖、变卖抵押财产所得的价款依照下列规定清偿：1. 抵押权已登记的，按照登记的先后顺序清偿；顺序相同的，按照债权比例清偿；2. 抵押权已登记的先于未登记的受偿；3. 抵押权未登记的，按照债权比例清偿。这就是《物权法》关于抵押权与抵押权冲突的解决规则。具体到本案中，两个抵押权都没有办理抵押登记，则各抵押权设立先后与否，均不得相互对抗。此时，各抵押权人对抵押财产变现价款应当享有同等的权利。值得注意的是，《物权法》对此种情形下抵押权冲突的解决规则与《担保法》第五十四条第二项规定的抵押物“未登记的，按照合同生效时间的先后顺序清偿；顺序相同的，按照债权比例清偿”的规定有所不同，根据《物权法》第一百七十八条的规定，在《担保法》与《物权法》规定不一致时应当适用《物权法》的规定处理，因此正确理解《物权法》第一百九十九条的规定，对于正确处理此类抵押权冲突的案件具有重要意义。

编写人：海南省三亚市城郊人民法院　吴坤泰

52

人身损害赔偿债权与抵押债权的执行顺位

——通用汽车公司诉张某、陈某执行分配方案异议之诉案

【案件基本信息】

1. 裁判书字号

广东省东莞市中级人民法院（2016）粤19民终1878号民事判决书

2. 案由：执行分配方案异议之诉

3. 当事人

原告（上诉人）：通用汽车公司

被告（被上诉人）：张某、陈某

【基本案情】

通用汽车公司贷款给陈某购买系争车辆，并以该车辆抵押作为借款担保并办理了抵押登记手续，经生效判决认定，陈某应当向通用汽车公司返还贷款，通用汽车公司就系争车辆享有抵押权。另，陈某因交通事故责任纠纷经生效判决认定应当向张某支付赔偿款。原审法院依法对系争车辆进行拍卖后，制作执行分配方案为：张某因“人身损害赔偿”（抢救、医疗等费用）而享有第一顺序优先债权，通用汽车公司的抵押债权为第二顺序优先债权。因第一顺序优先债权不能获得完全清偿，故第二顺序优先债权不能获得任何清偿。通用汽车公司对分配方案不服，提出异议，形成本案诉讼。

【案件焦点】

1. 被执行人陈某同时承担多项清偿义务时如何确定执行顺位；2. 人身损害赔偿的债权与基于抵押权享有的债权何者优先。

【法院裁判要旨】

广东省东莞市第一人民法院经审理认为：法律对基于人身损害赔偿的债权与基于抵押权的债权之间的执行顺位并没有明确规定，执行法院在分配财产时，往往参照《中华人民共和国企业破产法》的规定，张某所享有的人身损害赔偿费用（包括医疗费、残疾赔偿金、被扶养人生活费等）是张某维持自身及家庭成员生存的需要，事关张某及其家庭的生存权问题，与其他债权相比而言，具有实现债权的必要性和急迫性。故破产财产中医疗、伤残赔偿金等费用优先受偿制度是在社会现实的基础上，基于维护公共利益、实现公平正义的社会价值理念而设立的。陈某目前可供执行的财产不足以清偿已确定的到期债务，该情形与破产财产分配情形类似。故在执行款的分配中参照《中华人民共和国企业破产法》第一百一十三条的规定适用医疗、伤残补助、抚恤费用等优先受偿制度，同样是出于保障张某基本生活、维护社会公共利益、实现公平正义之需要，正当合理，不存在违法之处。再根据《最高人民法院关于刑事裁判涉财产部分执行的若干规定》关于被执行人在执行中同时承担刑事责任、民事责任，其财产不足以支付的执行顺序之规定，可得知医疗费在刑事裁判涉财产部分执行是位于第一顺序受偿，该法条的规定体现对申请人生命权、健康权特别保护。基于该方面的考虑，将张某的债权作为第一顺序优先受偿，通用汽车公司对案涉执行分配方案提出异议，广东省东莞市第一人民法院不予采纳。

广东省东莞市第一人民法院依照《中华人民共和国企业破产法》第一百一十三条，《最高人民法院关于刑事裁判涉财产部分执行的若干规定》第十三条，《中华人民共和国民事诉讼法》第六十四条、第一百四十二条的规定，判决：

驳回通用汽车公司的异议请求。

通用汽车公司持原审起诉意见提起上诉。广东省东莞市中级人民法院经审理认为，人身损害赔偿中的医疗费用、死亡伤残赔偿费用，是用于受害人抢救和治疗、其自身及家庭成员生存而支出的必要费用，为体现对受害人生命权、健康权以及家庭生存权的特别保护，按照权利实现的紧急程度和必要程度，应当优先支付。在现有法律法规没有明确规定的情况下，一审法院在执行款分配中参照《中华人民共和国企业破产法》第一百一十三条关于医疗、伤残补助、抚恤费用的优先受偿制度以及《最高人民法院关于刑事裁判涉财产部分执行的若干规定》第十三条关于医疗费用在刑事裁判涉财产部分执行位于第一顺位的规定，将张某的人身损害赔偿债权列为第一顺位优先受偿，符合执行分配的立法精神和公平合理原则。综上，通用汽车公司上诉主张抵押权优先于人身损害赔偿债权的执行分配方案异议不成立，广东省东莞市中级人民法院作出如下判决：

驳回上诉，维持原判。

【法官后语】

首先，关于人身损害赔偿债权的范围界定。因交通事故引起的人身损害赔偿纠纷中，受害人对侵权人的债权源于交通事故，依法应适用《中华人民共和国道路交通安全法》及《最高人民法院关于审理人身损害赔偿案件适用法律若干问题的解释》，根据上述法律规定，受害人对侵权人享有的全部债权均为人身损害赔偿，均具有人身性质，不限于医疗费用。

其次，人身损害赔偿的债权与基于抵押权享有的债权属于不同的债权种类，《中华人民共和国物权法》《中华人民共和国担保法》等法律只是赋予抵押权人就抵押财产享有优先受偿的权利，但现有法律法规并无明确规定基于担保物权而享有的债权，必然优先于人身损害赔偿的债权受偿。虽然我国法律没有明文规定人身损害赔偿性质的债权优先于抵押权，但是相关法律规定已经能够体现该法律精神。

1.《中华人民共和国海商法》第二十二条、第二十五条规定，在船舶营运中发生的人身伤亡的赔偿请求，优先于船舶抵押权。该条明确体现人身性质的债权具有优先于抵押权的法律精神。2.《中华人民共和国企业破产法》第一百一十三条规定，破产财产在清偿破产费用和共益债务后，优先用于清偿破产人所欠职工的工资和医疗、伤残补助、抚恤费用，所欠的应当划入职工个人账户的基本养老保险、基本医疗保险费用，以及法律、行政法规规定应当支付给职工的补偿金。即破产财产中医疗、伤残赔偿金等费用优先受偿制度是在社会现实的基础上，基于维护公共利益、实现公平正义的社会价值理念而设立的。本案中，侵权人（抵押人）目前可供执行的财产不足以清偿到期债务，该情形与破产财产分配情形类似。3.《最高人民法院关于刑事裁判涉财产部分执行的若干规定》第十三条规定，被执行人在执行中同时承担刑事责任、民事责任，其财产不足以支付，按照下列顺序执行：（一）人身损害赔偿中的医疗费用；（二）退赔被害人的损失；（三）其他民事债务；（四）罚金；（五）没收财产。债权人对执行标的依法享有优先受偿权，其主张优先受偿的，人民法院应当在前款第（一）项规定的医疗费用受偿后，予以支持。可见，医疗费在刑事裁判涉财产部分执行是位于第一顺位受偿，该法条的规定体现对受害人生命权、健康权的特别保护。

因此，公民的生命健康权及其衍生的人身损害赔偿权是现代法治社会应当保障的人最基本的权利，在现有法律法规没有明确规定的情况下，在执行款分配中参照上述法律规定将人身损害赔偿债权列为第一顺位优先受偿，符合执行分配的立法精神和公平合理原则。

编写人：广东省东莞市中级人民法院　殷莉利

十一、强制执行中的其他问题

53

被执行人收入与到期债权不能混淆

——胡秀双与陈云国、孙志霞执行复议案

【案件基本信息】

1. 裁判书字号

河北省邢台市中级人民法院（2017）冀05执复6号执行裁定书

2. 事由：执行复议

3. 当事人

异议人（第三人）：邢台锐和房地产开发有限公司

复议申请人（申请执行人）：胡秀双

被执行人：陈云国、孙志霞

【基本案情】

申请执行人胡秀双与被执行人陈云国、孙志霞民间借贷纠纷一案在诉讼过程中，邢台市桥东区人民法院于2016年8月8日作出（2016）冀0502民初1728号民事裁定，查封胡秀双的房产一处；冻结陈云国、孙志霞名下银行存款36万元或查封同等价值财产。2016年8月9日，邢台市桥东区人民法院作出协助执行通知书，要求邢台锐和房地产开发有限公司协助对陈云国、孙志霞在该公司的债权360000元予以冻结，冻结期间暂停支付。2016年9月14日，邢台市桥东区人民法院作出（2016）冀0502民初1728号民事判决书，判令判决生效后三日内，被告陈云国、孙志霞偿还原告胡秀双借款30万元及利息。后因陈云国等未履行生效法律文书确定的义务，胡秀双向邢台市桥东区人民法院申请强制执行。2016年11月14日，邢台市桥东区人民法院作出（2016）冀0502执944号执行裁定，裁定提取被执行人陈云国、孙志霞未结算的到期债权人民币380642.5元；次日向邢台锐和房地产开发有限公司发出协助执行通知书，要求该公司协助执行以下事项：一、提取被执行人陈云国、孙志霞在该公司未结算的到期债权人民币380642.5元。二、收到本通知书之日起三日内将以上提取的款项直接转入该院指定的银行账户。邢台锐和房地产开发有限公司以被执行人陈云国、孙志霞在该公司并无收入，且其不属于法律所指的被执行人收入协助执行主体范围为由，提出异议并请求撤销该协助执行通知书。桥东区人民法院经审查后支持了邢台锐和房地产开发有限公司的请求。胡秀双对审查结果不服，向法院申请复议，认为陈云国、孙志霞在邢台锐和房地产开发有限公司享有到期债权是其合法收入，要求该公司协助执行，不损害该公司利益。

【案件焦点】

能否将陈云国、孙志霞在邢台锐和房地产开发有限公司未结算的到期债权作为其收入要求该公司协助执行。

【法院裁判要旨】

河北省邢台市桥东区人民法院认为，在执行过程中，确定被执行人在协助义务人处有到期债权的，应先向协助义务人发出履行到期债权通知书。直接适用《最高人民法院关于人民法院执行工作若干问题的规定（试行）》第三十六条的规定作出裁定并发出协助执行通知书提取款项，确有不妥，裁定：

撤销该院作出协助执行通知书。

胡秀双不服并申请复议，请求撤销上述执行裁定，恢复协助执行通知书的执行。河北省邢台市中级人民法院经审查认为，执行过程中，人民法院对到期债权与收入所采取的执行措施并不相同。《最高人民法院关于适用〈中华人民共和国民事诉讼法〉的解释》第五百零一条第一款规定，人民法院执行被执行人对他人的到期债权，可以作出冻结债权的裁定，并通知该他人向申请执行人履行。《最高人民法院关于人民法院执行工作若干问题的规定（试行）》第六十一条至第六十九条对被执行人到期债权的执行也有明确的规定。虽然在诉讼阶段河北省邢台市桥东区人民法院对陈云国、孙志霞享有的对邢台锐和房地产开发有限公司的债权作出了冻结裁定，且邢台锐和房地产开发有限公司未在诉讼阶段提出复议，但是进入执行阶段后，邢台市桥东区人民法院仍需按照《最高人民法院关于人民法院执行工作若干问题的规定（试行）》的要求向邢台锐和房地产开发有限公司发出履行到期债务通知书，严格按照该规定办理到期债权执行案件。本案中，河北省邢台市桥东区人民法院适用提取收入的规定提取到期债权，要求邢台锐和房地产开发有限公司协助执行，确属不当。河北省邢台市桥东区人民法院在邢台锐和房地产开发有限公司提出异议后，通过审查纠正适用法律错误的做法，于法有据，应予支持，胡秀双的复议理由不成立。裁定：

驳回胡秀双复议申请，维持原执行裁定。

【法官后语】

被执行的收入和到期债权都是被执行人对案外人享有的债权，均具有财产收益的性质，两者相似度较高。如果在执行过程中混淆，会对案件当事人和案外人权益产生重大影响，甚至导致司法资源浪费。基于执行程序的相关法律规定，可以将两者的差异性归纳为以下四个方面：

第一，被执行人的范围不同。在执行被执行人收入的情形下，被执行人在主体资格上只限于自然人身份。在执行到期债权方面，并没有对被执行人主体范围的特殊规定，只要其对第三人享有到期债权，就可以对该到期债权依法采取执行措施。

第二，协助执行的主体范围不同。执行被执行人的收入时，协助执行义务主体限于被执行人的收入发放和存储的有关单位。执行到期债权时，协助执行主体指向的是被执行人的债务人（次债务人），只要与被执行人到期债权相对应即可，没有特别的主体范围限制条件。

第三，执行过程不同。1. 在前提条件上，执行收入只要求该被执行人不履行生效法律文书确定的义务即可；而执行到期债权还需要该被执行人不能清偿债务的条件，即没有可供执行的财产。2. 在启动程序上，执行收入是依职权采取的执行措施；而执行到期债权需要依申请作出的执行行为。3. 在告知第三人方式上，执行收入是向有关单位发出协助执行通知书；执行到期债权是向次债务人发出履行到期债务通知书且需直接送达。4. 在第三人协助行为上，执行收入时，有关单位在收到协助执行通知书后，必须协助办理扣留、提取；次债务人在收到履行到期债务通知书后，可以对履行到期债务提出异议，而非必须履行。5. 在第三人协助履行方式上，执行收入时，有关单位一般是将相应款项交人民法院或存入人民法院指定的账户；执行到期债权时，次债务人须按履行到期债务通知书直接向申请执行人履行。6. 在处置方式上，针对收入作出的是扣留、提取裁定，针对到期债权作出的是冻结裁定。7. 在履行期限上，收入转为存款的直接提取，在有关单位的收入按照发放时间逐次扣留；次债务人则是收到履行到期债务通知书后十五日内履行。8. 在第三人履行协助义务后，执行收入时，一般以回执的方式说明协助执行的情况；执行到期债权时，次债务人履行债务或被强制执行完毕后，由人民法院出具有关证明。

第四，协助执行主体不服执行行为的救济方式不同。一方面，收入本身具有确定性，此时执行行为指向的是被执行人的财产收益，被执行人所在单位必须按要求进行提取或者扣留，不享有对人民法院执行行为提出异议的救济权。但是，在执行实践中，时常发生将到期债权作为收入进行提取的错误做法，此时协助执行主体可以针对该执行行为提出执行异议、复议，以维护自身权益。另一方面，次债务人在收到履行到期债务通知书后，可以在指定期限内向人民法院提出异议，此时异议指向的对象是到期债权本身，该异议如获支持会产生履行到期债务通知书效力终止的法律后果。此时应当注意，次债务人提出自己无履行能力、其与申请执行人无直接法律关系或者否认生效法律文书确定的到期债权，不是阻却法院执行的异议理由。

编写人：河北省邢台市中级人民法院　阴志尧　杨刚印

54

确权类法律文书能否申请强制执行

——汉唐证券有限责任公司与泓源水业有限公司申请执行确权判决案

【案件基本信息】

1. 裁判书字号

广东省深圳市中级人民法院（2017）粤03执309号执行裁定书

2. 事由：申请执行确权判决

3. 当事人

申请人：汉唐证券有限责任公司（以下简称汉唐证券）

被执行人：泓源水业有限公司（以下简称泓源水业）

【基本案情】

汉唐证券与泓源水业股东资格确认纠纷一案，广东省高级人民法院（2015）粤高法民二破终字第31号民事判决已经发生法律效力，该判决维持了广东省深圳市中级人民法院（2010）深中法民七初字第8号民事判决："泓源水业有限公司持有的50.75%济南鹊华制水有限公司股权归汉唐证券有限责任公司享有。"申请人于2017年2月15日向广东省深圳市中级人民法院申请强制执行，请求：一、强制被执行人将其持有的50.75%济南鹊华制水有限公司股权变更登记至申请人名下；二、强制被执行人承担本案的执行费用。

法院在执行过程中查明：广东省深圳市中级人民法院2015年2月2日作出的（2010）深中法民七初字第8号民事判决书认为，根据泓源水业的确认书，其持有的济南鹊华制水有限公司50.75%的股份权利应归属于汉唐证券，但这属于汉唐证券与泓源水业之间的内部关系，在完成变更登记之前不产生对抗第三人的效力。

另查明，在本案判决生效之前，广东省深圳市中级人民法院在执行申请执行人上海浦东发展银行股份有限公司深圳深圳湾支行与被执行人泓源水业、深圳市瀚成投资有限公司借款合同纠纷两案过程中，依法冻结了被执行人泓源水业所持有的上述股权。

【案件焦点】

当事人能否申请强制执行确权类法律文书。

【法院裁判要旨】

广东省深圳市中级人民法院经审理认为，本案执行依据系确认被执行人泓源水业持有的50.75%济南鹊华制水有限公司股权归属于申请执行人汉唐证券的确权判决，并不具有给付内容，不符合人民法院受理执行案件的条件；并且本案执行依据认为确认上述股份权利归属于申请执行人系申请执行人和被执行人之间的内部关系，在完成变更登记之前不产生对抗第三人的效力，而上述股权因法院在执行申请执行人上海浦东发展银行股份有限公司深圳深圳湾支行与被执行人泓源水业、深圳市瀚成投资有限公司借款合同纠纷两案过程中被作为被执行人泓源水业的财产予以冻结，故申请执行人关于强制被执行人办理上述股权变更登记的申请，不予支持，申请人的强制执行申请，依法应当予以驳回。依照《中华人民共和国民事诉讼法》第一百五十四条第一款第十一项、《最高人民法院关于人民法院执行工作若干问题的规定（试行）》第十八条的规定，作出如下裁定：

驳回申请人汉唐证券有限责任公司的强制执行申请。

【法官后语】

本案是一宗当事人对确权判决申请强制执行的案件，主要涉及申请强制执行的实质要件问题。

《中华人民共和国民事诉讼法》第二百三十六条规定，发生法律效力的民事判决、裁定，当事人必须履行。一方拒绝履行的，对方当事人可以向人民法院申请强制执行，也可以由审判员移送执行员执行。这是民诉法关于当事人申请强制执行的一般规定。但是并非所有的发生法律效力的民事判决和裁定法院都可以立案执行，对此，《最高人民法院关于适用〈中华人民共和国民事诉讼法〉的解释》第四百六十三条第一款作了明确规定：“当事人申请人民法院执行的生效法律文书应当具备下列条件：（一）权利义务主体明确；（二）给付内容明确。”因此，只有权利义务主体明确且给付内容明确的判决、裁定等生效法律文书，当事人才能向法院申请强制执行；确权判决、形成判决以及权利义务主体不明确或给付内容不明确的给付判决，当事人不能向法院申请强制执行。本案中，一审判决及二审判决均确认，泓源水业持有的50.75%济南鹊华制水有限公司股权归汉唐证券享有，这是对汉唐证券与泓源水业之间关于涉案股权权属的确认，判决的内容也仅限于此，并无给付内容。而汉唐证券申请执行的内容却是申请强制泓源水业将其持有的涉案股权变更登记至其名下并承担本案的执行费用，这就涉及双方当事人之间行使权利与履行义务之争，既与本案生效判决的性质不符，亦明显超出了本案生效判决所确定的内容，故依法不应支持。

对于当事人申请强制执行是否符合上述强制执行要件，法院应当在立案阶段进行审查，不符合申请强制执行要件的，应当裁定不予受理，《最高人民法院关于人民法院执行工作若干问题的规定（试行)》第十八条第二款对此做了明确规定。但是，如果立案后发现申请执行人的申请不符合强制执行申请要件的应当如何处理，民事诉讼法及相关司法解释并无明确规定，执行实务中一般参照《最高人民法院关于适用〈中华人民共和国民事诉讼法〉的解释》第二百零八条第三款关于驳回起诉的规定，裁定驳回执行申请。此种做法的理由在于诉讼程序与执行程序均系民事诉讼法所规定的法律程序，具有共通性，当出现了相同的法定情形时，处理方法亦应相同。2014年，最高人民法院以规范性文件的方式肯定了此种处理方式，在最高人民法院发布的《关于执行案件立案、结案若干问题的意见》中第二十条规定，执行实施案件立案后，经审查发现不符合《最高人民法院关于人民法院执行工作若干问题的规定（试行)》第十八条规定的受理条件，裁定驳回申请的，以“驳回申请”方式结案。

编写人：广东省深圳市中级人民法院　时晓克

55

可否直接执行被执行人对第三人的到期债权

——南京银行股份有限公司北京分行与中太投资控股集团有限公司等执行生效判决案

【案件基本信息】

1. 裁判书字号

北京市西城区人民法院（2017）京0102执685号执行裁定书

2. 事由：执行生效判决

3. 当事人

申请执行人：南京银行股份有限公司北京分行（以下简称南京银行）

被执行人：中太投资控股集团有限公司（以下简称中太投资公司）、中太建设集团股份有限公司（以下简称中太建设公司）、中太建设集团（廊坊）混凝土有限公司（以下简称中太混凝土公司）

第三人：湖北帕沃电气集团有限公司

【基本案情】

2014年12月1日，南京银行与中太投资公司签订《最高债权额合同》，约定合同项下最高债权额为150000000元，债权确定期间为2014年12月1日起至2015年12月1日止。同时，担保人中太建设公司和中太混凝土公司分别与南京银行签订《最高额保证合同》，对《最高债权额合同》项下主债权承担连带保证责任。此后，南京银行与中太投资公司分别签署了六份《人民币流动资金借款合同》，借款金额总计4900万元，中太投资公司偿还了部分借款，但截至2016年6月16日，中太投资公司尚欠南京银行本金40773743.05元和利息、罚息及复利共计1625445.08元。故南京银行诉至法院，诉讼请求为：一、判令中太投资公司立即偿还贷款本金40773743.05元和截至2016年6月16日的利息、罚息及复利共计1625445.08元，并清偿自2016

年6月17日起至实际清偿之日止的利息、罚息和复利；二、判令中太投资公司偿还南京银行实现债权的费用；三、判令中太建设公司和中太混凝土公司对上述债务承担连带保证责任；四、判令各被告承担本案诉讼费用。

经询，被告中太投资公司认可借款事实和欠款数额，同意与南京银行协商解决本案纠纷。被告中太建设公司和中太混凝土公司同意承担连带保证责任。

本案在审理过程中，经法院主持调解，双方当事人自愿达成协议如下：

一、被告中太投资控股集团有限公司在2016年12月31日前偿还原告南京银行股份有限公司北京分行贷款本金40773743.05元；

二、被告中太投资控股集团有限公司在2016年12月31日前偿还原告南京银行股份有限公司北京分行截至2016年6月16日的欠付利息、罚息和复息共计1625445.08元，并清偿自2016年6月17日起至实际清偿之日止的贷款罚息、复利（罚息、复利按照双方签订的《最高债权额合同》及《人民币流动资金借款合同》的相关约定计算）；

三、被告中太投资控股集团有限公司在2016年12月31日前支付原告南京银行股份有限公司北京分行律师费20000元；

四、被告中太建设集团股份有限公司和被告中太建设集团（廊坊）混凝土有限公司根据各自与原告南京银行股份有限公司北京分行签订的《最高额保证合同》的相关约定对本调解协议所确认的被告中太投资控股集团有限公司负担的第一项、第二项及第三项给付金钱义务承担连带保证责任，被告中太建设集团股份有限公司和被告中太建设集团（廊坊）混凝土有限公司在承担保证责任后有权向被告中太投资控股集团有限公司追偿。

本案在执行程序中查明被执行人中太建设集团股份有限公司对第三人湖北帕沃电气集团有限公司享有到期债权132402859.81元，北京市西城区人民法院依法向第三人湖北帕沃电气集团有限公司送达到期履行债务通知书，并告知其异议权利和异议期限。

【案件焦点】

在执行程序中可否直接执行被执行人对第三人的到期债权。

【法院裁判要旨】

北京市西城区人民法院经审理认为，在执行南京银行与中太投资公司、中太建设公司、中太混凝土公司金融借款合同纠纷一案中［执行依据（2016）京0102民初16889号］向第三人湖北帕沃电气集团有限公司送达到期履行债务通知书，第三人湖北帕沃电气集团有限公司在指定期限内未对到期债务提出异议，亦未主动履行。依照《最高人民法院关于人民法院执行工作若干问题的规定（试行）》第六十四条、第六十五条之规定，裁定如下：

强制执行被执行人中太建设公司对第三人湖北帕沃电气集团有限公司的到期债权132402859.81元。

【法官后语】

《最高人民法院关于适用〈中华人民共和国民事诉讼法〉的解释》《最高人民法院关于人民法院执行工作若干问题的规定（试行）》中均规定了可以对到期债权进行执行，但是基于审执分离的考虑，在执行程序中既要维护申请执行人生效法律文书确定的债权的实现，也要注意保护次债务人、相关利害关系人的合法权益。执行被执行人对第三人的债权仅限于到期债权，这是债权请求权的本质使然。为了体现对到期债权执行的规范性，关于对执行到期债权通知书的送达需要采取现场送达的方式，不能通过邮寄送达，且对于冻结债权需使用裁定。

关于第三人及相关权利人的救济。第三人对其与被执行人之间的债权债务关系提出异议的，执行法院不得继续执行该债权，而应由申请执行人通过代位诉讼救济权利。如果利害关系人对到期债权有异议的，如主张其是该到期债权的真实权利人，可以按照《中华人民共和国民事诉讼法》第二百二十七条的规定进行救济。

对生效法律文书确定的到期债权，第三人不予否认。需要注意的是这里只是规定当事人不能否认生效法律文书确定的债权，但是如果在判决作出后履行了该债权，则有权提出债务已履行的异议。

应当注意保护利害关系人的权利，如果其提出的异议符合《中华人民共和国民事诉讼法》第二百二十七条案外人异议的条件，或者其债权符合参与分配的条件时，应依法保护其程序性权利和实体性权利。

编写人：北京市西城区人民法院　樊创

56

经质押登记且经法院生效判决确认的应收账款债权可以强制执行

——灌云县交通运输局与江鸿臻等执行异议案

【案件基本信息】

1. 裁判书字号

江苏省靖江市人民法院（2017）苏1282执异28号执行裁定书

2. 事由：执行异议

3. 当事人

异议人（利害关系人）：灌云县交通运输局

申请执行人：江鸿臻

被执行人：江苏中瑞路桥建设有限公司、葛忠、刘彬

【基本案情】

灌云县交通运输局与江苏中瑞路桥建设有限公司（以下简称中瑞公司）于2013年1月9日签订了《324省道灌云段二期路面BT项目建设工程合同》及《324省道工程建设回购及抵押专项合同》，合同约定中瑞公司承建324省道项目工程，2013年12月底完成全部工程，工程结束后9个月进入回购期。合同工程量为349919177.34元（含暂定金），最终工程量以审计结论为准。回购分三年进行，分别按实际完成工程量的40%、30%、30%比例进行，支付时间分别为项目交工验收次日起9个月、21个月、33个月内。该工程已于2016年4月20日通过交工验收。工程建设期间，中瑞公司向江鸿臻陆续借款5010万元。

2015年8月26日，灌云县交通运输局出具承诺书，表示因中瑞公司向江鸿臻融资（总额6500万元内）进行324省道剩余工程建设，灌云县交通运输局同意将

在偿还第一笔回购款时通知江鸿臻，与中瑞公司一并来办理资金交付手续。若中瑞公司出具委托支付手续，灌云县交通运输局同意在6500万元额度范围内直接支付给江鸿臻。

2015年9月1日，江鸿臻与中瑞公司签订应收账款质押合同，合同约定被告中瑞公司以其在灌云县交通运输局的应收账款349919177.34元（截至合同签订之日）为6500万元借款提供质押担保。同年9月2日，江鸿臻在中国人民银行征信中心办理了应收账款质押登记手续，质押债权数额为6500万元，到期日为2016年9月1日。2016年8月3日，江鸿臻与中瑞公司签订应收账款质押展期登记协议一份，将应收账款质押登记期限延展1年。

江鸿臻于2016年5月17日起诉中瑞公司，要求其归还借款。法院判决中瑞公司归还江鸿臻借款5010万元并承担利息，并且确认了江鸿臻有权就中瑞公司质押的在灌云县交通运输局的应收账款中6500万元限额内优先受偿。2017年3月22日，江鸿臻申请执行。2017年4月11日，法院书面通知灌云县交通运输局协助执行，要求其支付6500万元。

灌云县交通运输局对法院执行其应支付给中瑞公司的6500万元工程款提出书面异议，理由是第三人蒋永军于2016年10月向江苏省连云港市中级人民法院（以下简称连云港中院）起诉中瑞公司及灌云县交通运输局，主张其为324省道BT项目的实际施工人，要求中瑞公司及灌云县交通运输局连带支付工程价款。该案还未审理结束，灌云县交通运输局是否欠付中瑞公司工程款尚不能确定，故请求法院对中瑞公司的6500万元工程款暂缓执行。

【案件焦点】

被执行人享有的应收账款质权，在办理质押登记且经生效法律文书确认的情况下，次债务人否定债务的异议能否成立。

【法院裁判要旨】

江苏省靖江市人民法院经审理认为：中瑞公司与灌云县交通运输局签订了建设工程合同，中瑞公司履行了道路工程施工义务，工程已经交工验收，工程款给付期限已经届满，灌云县交通运输局应当给付工程款。中瑞公司对灌云县交通运输局享有到期债权，并且已经将其对灌云县交通运输局享有的工程款债权出质给申请执行人。中瑞公司逾期归还借款，申请执行人质权的实现条件已经成就。应收账款质押的标的为金钱，灌云县交通运输局作为付款义务人应当直接向申请执行人付款。法院执行中书面通知灌云县交通运输局履行付款义务，灌云县交通运输局提出执行异议请求暂缓支付，对到期债权是否已届清偿期及金额一节不持异议。生效判决确认了江鸿臻有权就中瑞公司质押的在灌云县交通运输局的应收账款中6500万元限额内优先受偿，根据《最高人民法院关于适用〈中华人民共和国民事诉讼法〉的解释》第五百零一条第三款“对生效法律文书确定的到期债权，该他人予以否认的，人民法院不予支持”的规定，法院对灌云县交通运输局的异议主张不予支持。

江苏省靖江市人民法院依照《中华人民共和国民事诉讼法》第二百二十五条之规定，裁定如下：

驳回异议人灌云县交通运输局的异议。

【法官后语】

现代社会中，债权已经成为财产权的重要组成部分。对被执行人享有的到期债权强制执行，既能扩大被执行人履行义务的财产范围，维护申请执行人的合法权益，也能减少债权实现的环节，提高执行效率。

《最高人民法院关于适用〈中华人民共和国民事诉讼法〉的解释》第五百零一条规定，人民法院执行被执行人对他人的到期债权，可以作出冻结债权的裁定，并通知该他人向申请执行人履行。该他人对到期债权有异议，申请执行人请求对异议部分强制执行的，人民法院不予支持。利害关系人对到期债权有异议的，人民法院应当按照《民事诉讼法》第二百二十七条规定处理。对生效法律文书确定的到期债权，该他人予以否认的，人民法院不予支持。民事诉讼法赋予次债务人异议权，执行中次债务人往往滥用异议权，使得法院对到期债权的执行难以进行。本案中，中瑞公司作为被执行人，其因承包灌云县交通运输局的建设工程而享有了工程款债权。被执行人向申请人融资过程中即将工程款债权质押并办理了登记。申请人在诉讼过程中即对质押债权提出要求，法院亦判决确认属于上述规定中第三款“对生效法律文书确定的到期债权”情形。进入执行程序后，法院按照到期债权的执行程序通知灌云县交通运输局履行债务以实现申请人的债权。应收账款在办理质押登记的情况下，且在生效法律文书确认的情况下，该他人予以否认的，人民法院可以直接强制执行，次债务人否定债务的异议不能成立。

案外人蒋永军虽提起诉讼主张权利，但其权利未经法院判决确认前，不影响灌云县交通运输局向中瑞公司支付工程款。法院要求灌云县交通运输局协助执行的事项未超出其付款范围，灌云县交通运输局提出的异议不能成立。

编写人：江苏省靖江市人民法院　叶海华

57

银行账户保证金的质权成立足以排除强制执行

——中国信达资产管理股份有限公司北京市分公司诉锦州银行股份有限公司北京亚运村支行、中电华通通信有限公司执行异议之诉案

【案件基本信息】

1. 裁判书字号

北京市高级人民法院（2017）京民终730号民事判决书

2. 案由：执行异议之诉

3. 当事人

原告（上诉人）：中国信达资产管理股份有限公司北京市分公司（以下简称信达北分）

被告（被上诉人）：锦州银行股份有限公司北京亚运村支行（以下简称锦州银行）、中电华通通信有限公司（以下简称中电华通公司）

【基本案情】

在北京市第二中级人民法院（以下简称二中院）（2015）二中执字第1350号案件执行过程中，二中院于2017年1月13日冻结了中电华通公司在锦州银行开设的三个银行账户中共计1亿元的存款。信达北分系该案的申请执行人，锦州银行称

上述三个银行账户系中电华通公司在其处开设的银行承兑汇票保证金账户，其中存入1亿元保证金，因相关8张银行承兑汇票于2017年1月21日到期，锦州银行已于2017年1月22日对承兑汇票款项进行了垫付。二中院于2017年1月13日将上述三个银行账户依法冻结，锦州银行向法院提出案外人执行异议，请求二中院解除对上述保证金账户的冻结。二中院于2017年3月22日做出（2017）京02执异51号执行裁定书，裁定中止对中电华通公司在锦州银行开立的3个银行账户中1亿元存款的执行。信达北分于2017年4月5日向二中院提起执行异议之诉，请求法院在（2015）二中执字第1350号执行案件中对中电华通公司在锦州银行处开设的三个银行账户中的人民币1亿元许可执行。

2016年1月22日，锦州银行与中电华通公司签订《银行承兑协议》，约定锦州银行同意对中电华通公司自2016年1月22日至7月21日开立的额度不超过2亿元的银行承兑汇票进行承兑，中电华通公司应在银行承兑汇票承兑前按票面金额的50%向锦州银行交存保证金，存入保证金账户，保证金及由此产生的利息作为履行本协议的担保。双方一致同意就该保证金无需再行签署担保文件，中电华通公司应始终维持保证金比例不低于上述比例。中电华通公司以保证金账户内所有资金设定质押担保，质押担保的主债权范围为锦州银行在该协议及相关汇票项下对中电华通公司拥有的全部债权，包括但不限于汇票款项、罚息、违约金、损害赔偿金、实现债权和其他权利的费用（包括但不限于实际发生的调查取证及追索费用、差旅费、律师费等）及其他应付款项。同时约定，在银行承兑汇票到期一日前将银行承兑汇票票面金额足额交存于中电华通公司在锦州银行开立的账户。银行承兑汇票到期，中电华通公司未向锦州银行足额交付兑付资金的，中电华通公司委托或授权锦州银行扣划保证金账户及其他所有账户资金，对扣划后仍不足以支付票款的，由锦州银行垫付，并有权采取措施。

2016年1月28日和1月29日，锦州银行与中电华通公司共同出具《银行承兑汇票清单》，作为上述《银行承兑协议》的附件，清单上记载了8张银行承兑汇票的号码、票面金额、收款人、签发日期、汇票到期日、保证金账号和保证金金额，8张银行承兑汇票票面总额共计2亿元，到期日均为2017年1月21日，3个保证金账户保证金总额共计1亿元。

2016年1月28日和2月1日，中电华通公司分别开出8张银行承兑汇票，并于开票当日在锦州银行开立了上述3个保证金账户，分别存入相应比例金额的保证金，金额共计1亿元，在保证金定期开户凭证中载明，保证类型为一年内承兑保证金。锦州银行于当日分别对8张汇票予以承兑。8张银行承兑汇票于2017年1月21日到期，中电华通公司未按约在银行承兑汇票到期前一日将票面金额足额交存锦州银行。2017年1月22日，锦州银行为中电华通公司垫付了该8张汇票票面金额共计2亿元的款项给收款人。

【案件焦点】

案外人锦州银行对执行标的是否享有足以排除强制执行的民事权益。

【法院裁判要旨】

北京市第二中级人民法院经审理认为：本案应重点审查锦州银行是否对涉案账户内的资金享有质权，该质权是否足以排除强制执行。《中华人民共和国物权法》第二百零八条规定，为担保债务的履行，债务人或者第三人将其动产出质给债权人占有的，债务人不履行到期债务或者发生当事人约定的实现质权的情形，债权人有权就该动产优先受偿。第二百一十条规定，设立质权，当事人应当采取书面形式订立质权合同。质权合同一般包括下列条款：（一）被担保债权的种类和数额；（二）债务人履行债务的期限；（三）质押财产的名称、数量、质量、状况；（四）担保的范围；（五）质押财产交付的时间。第二百一十二条规定，质权自出质人交付质押财产时设立。《最高人民法院关于适用〈中华人民共和国担保法〉若干问题的解释》第八十五条规定，债务人或者第三人将其金钱以特户、封金、保证金等形式特定化后，移交债权人占有作为债权的担保，债务人不履行债务时，债权人可以以该金钱优先受偿。依照上述法律及司法解释的规定，金钱作为一种特殊的动产，具备一定形式要件后可以用于质押。保证金账户内资金作为债权的质押担保，其成立须满足以下两个必要条件：一是双方当事人要签订质押合同，有将保证金账户内资金作为质押的意思；二是要对质押物的金钱进行特定化，并移交债权人占有，即质权是否设立。

本案中，锦州银行与中电华通公司在《银行承兑协议》中约定，中电华通公司在银行承兑汇票承兑前向锦州银行交存保证金1亿元，存入保证金账户，保证金及由此产生的利息作为履行本协议的担保。中电华通公司以保证金账户内所有资金设定质押担保，同时约定，银行承兑汇票到期，中电华通公司未向锦州银行足额交付兑付资金的，中电华通公司委托或授权锦州银行扣划保证金账户及其他所有账户资金。中电华通公司在开出8张银行承兑汇票当日即在锦州银行开立了3个保证金账户，分别存入相应比例金额的保证金，金额共计1亿元，在保证金定期开户凭证中载明，保证类型为一年内承兑保证金。上述约定已明确中电华通公司以保证金账户内所有资金设定质押担保，双方已形成质押担保的合意。根据锦州银行与中电华通公司签订的《银行承兑协议》内容以及中电华通公司开立保证金账户情况，涉案3个账户为中电华通公司开立的保证金账户，为专项专用账户，在银行承兑汇票到期，中电华通公司未向锦州银行足额交付兑付资金的，中电华通公司委托或授权锦州银行扣划保证金账户及其他所有账户资金。可见，涉案3个账户的钱款已具有特定化的特征，款项实际由锦州银行控制，中电华通公司对账户资金不具有完全的控制权。锦州银行对中电华通公司涉案3个保证金账户内资金的质权已经设立。目前，锦州银行已对中电华通公司的承兑汇票进行承兑，中电华通公司亦将约定的保证金存入在锦州银行开立的保证金账户，现中电华通公司未按约在银行承兑汇票到期前一日将票面金额足额交存锦州银行，锦州银行已对外垫付款项，锦州银行对中电华通公司享有债权。依据《中华人民共和国物权法》第一百七十条的规定，担保物权人在债务人不履行到期债务或者发生当事人约定的实现担保物权的情形，依法享有就担保财产优先受偿的权利，但法律另有规定的除外。锦州银行对中电华通公司依约存入保证金账户的保证金享有优先受偿权，足以排除强制执行。因此，信达北分关于锦州银行与中电华通公司的债权债务关系尚未明确、锦州银行不享有阻却执行的实体权利的主张没有事实依据，不予支持。另外，《中国人民银行关于银行承兑汇票保证金冻结、扣划问题的复函》及《最高人民法院、中国人民银行关于依法规范人民法院执行和金融机构协助执行的通知》第九条规定，人民法院依法可以对银行承兑汇票保证金采取冻结措施，但不得扣划。如果金融机构已对汇票承兑或者已对外付款，根据金融机构的申请，人民法院应当解除对银行承兑汇票保证金相应部分的冻结措施。银行承兑汇票保证金已丧失保证金功能时，人民法院可以依法采取扣划措施。依据上述规定，在银行承兑汇票的保证金功能存在时，可以排除强制执行。现有证据表明，涉案账户并未作为日常结算使用，为专款专用账户，信达北分亦未提交证据证明该账户丧失保证金账户功能，锦州银行就本案执行标的享有足以排除强制执行的民事权益，信达北分请求对中电华通公司在锦州银行开立的涉案3个保证金账户中1亿元存款予以执行，没有事实及法律依据，不予支持。信达北分主张应将保证金存入锦州银行户名的账户才构成保证金质押的主张没有合理依据，不予采信。

北京市第二中级人民法院依照《中华人民共和国民事诉讼法》第二百二十七条，《最高人民法院关于适用〈中华人民共和国民事诉讼法〉的解释》第三百一十三条，《中华人民共和国物权法》第一百七十条、第二百零八条、第二百一十条、第二百一十二条，《最高人民法院关于适用〈中华人民共和国担保法〉若干问题的解释》第八十五条规定，作出如下判决：

驳回信达北分的诉讼请求。

信达北分不服一审判决，提起上诉。北京市高级人民法院经审理认为：银行承兑汇票保证金是银行承兑汇票出票人向银行申请承兑而备付的资金，这类资金存放在承兑银行设立的保证金账户，是出票人提供的承担付款责任的担保。保证金存入保证金账户后，其支付、划出均受到银行的限制，符合金钱作为质权的法律特征。锦州银行与中电华通公司签订的《银行承兑协议》及协议的履行证明保证金账户资金已特定化，现有证据亦已证明案涉保证金账户资金的进出并未用于保证金以外的业务。根据《最高人民法院、中国人民银行关于依法规范人民法院执行和金融机构协助执行的通知》规定，人民法院依法可以对银行承兑汇票保证金采取冻结措施，但不得扣划。如果金融机构已对汇票承兑或者已对外付款，根据金融机构的申请，人民法院应当解除对银行承兑汇票保证金相应部分的冻结措施。银行承兑汇票保证金已丧失保证金功能时，人民法院可以依法采取扣划措施。案涉银行承兑汇票已予承兑，中电华通公司未依约偿还全部款项，质权人享有主张实现质权优先受偿的权益，足以排除信达北分对案涉标的物申请继续执行的请求。一审法院关于锦州银行对中电华通公司案涉 3 个保证金账户内资金的质权已经设立。锦州银行对中电华通公司依约存入保证金账户的保证金享有优先受偿权，足以排除强制执行的认定与事实相符，亦符合法律规定。

北京市高级人民法院依照《中华人民共和国民事诉讼法》第一百七十条第一款第一项之规定，作出如下判决：

驳回上诉，维持原判。

【法官后语】

从近年来银行账户被采取执行措施后银行提出执行异议的案件分析，争议的银行账户是否为银行承兑汇票保证金账户、账户内的资金是否是对债权人即银行的质押担保，成为此类案件必须审查的重要内容，须注意审查保证金账户资金质押的实质要件。通过对《最高人民法院关于适用〈中华人民共和国担保法〉若干问题的解释》第八十五条的解读，保证金账户内资金质押成立的必要条件：一是双方当事人要签订质押合同，有将保证金账户内资金作为质押的意思，对质押物的金钱进行特定化；二是移交债权人占有，即质权设立。

（一）账户内资金特定化，应当包含账户特定化和资金特定化两个方面

1. 账户特定化

（1）从形式上而言。账户特定，即银行作为质权人与出质人书面约定以特定账号和户名的银行账户作为保证金账户，此为账户特定化的首要步骤。

（2）从实质上而言。设为保证金账户的银行账户，应当区别于出质人所使用的其他用于一般结算的银行账户。

2. 资金特定化

（1）数额特定。在银行与出质人或债务人的书面约定中，往往对质押保证金的数额有明确的约定，或确定一定的金钱数额，或者以一定的债权比例投入相应的质押保证金。值得注意的是，账户特定化虽然要求账户内资金数额特定，但不等同于账户内资金数额固定，根据市场交易的需要，应当允许账户内资金具有一定的浮动性，这更加符合现实需求，但该浮动不是没有原则的浮动，而是依据一定比例或在合理范围内的浮动。

（2）存放资金的账户也应特定，做到专款专用。这要求该账户在功能上应区别于承载一般结算业务和存取款业务的账户。在银行实现质押权的事由未发生之前，保证金账户内的资金进出只能与担保业务有关，不得将该资金用于其他结算或随意进出，需明确资金专款专用于保证金质押。

（3）账户内资金的流通性必须受到限制，通常方法是使账户处于冻结状态，或者引入商业银行进行第三方监管。

（二）转移占有

金钱作为一种特殊的动产，金钱的所有权随着交付而绝对转移。保证金的质押，通常将质押的货币存入特定的银行账户，对所有权仍属于客户的保证金账户内的资金进行实际掌控、支配，客户本人无法自由支配该账户及账户资金，达到转移

占有的要求，成为各银行与出质人之间约定的质押金转移占有的普遍使用的方式。保证金账户及资金质押的设定，应以质权人可实际控制的以出质人名义在本银行的账户为必要条件。

实务中，需要注意认定账户质押是否成立的逻辑顺序。首先，考察是否对涉案账户做出了设立质押的行为，这主要通过质押人是否出具保函、双方是否订立了设立质押的合同条款等因素辨识；其次，查明质押人账户是否已交由质押权人占有，若质押人不能支取或者未经质押权人同意不得支取该账户内资金，又或者该账户交由质押权人认可的第三方监管，且质押人失去对账户的支配力，则可认定为质押权人已取得账户的占有；再次，应判别账户的名称、功能、性质，即判别账户是否特定化，如账户名为“某某项目保证金专用账户”，性质上不能由账户所有权人随意支取，则应作为认定账户特定化的重要因素；最后，应考察账户内资金的流动性如何，即资金是否特定化，若资金金额基本保持不变，或与其担保额度基本保持约定比例，则可认定资金已特定化。上述考虑的因素并未涵盖账户质押认定的全过程，还应根据实际案情对其他因素酌情考虑，最终综合判断得出结论。

编写人：北京市第二中级人民法院　钱丽红

58

提供抵押物的抵押担保人所承担的责任能否超出担保物价值范围

——景富投资控股有限公司与南宁博凯资产经营有限公司等执行异议案

【案件基本信息】

1. 裁判书字号

广西壮族自治区高级人民法院（2017）桂执复16号执行裁定书

2. 事由：执行异议

3. 当事人

异议人（复议申请人、被执行人）：景富投资控股有限公司（以下简称景富公司）

申请执行人：南宁博凯资产经营有限公司（以下简称博凯公司）

被执行人：广西建生房地产开发有限公司（以下简称广西建生公司）、广西民族宫建设有限公司（以下简称民族宫公司）、建生有限公司（以下简称建生公司）

【基本案情】

广西壮族自治区南宁市中级人民法院（以下简称南宁中院）于2003年12月受理了广西建工集团第五建筑工程有限责任公司（以下简称五建公司）申请执行广西建生公司、民族宫公司、广西银兴实业发展公司拖欠工程款纠纷一案，执行案号为（2004）南市执字第22号。执行中，南宁中院依法查封了广西建生公司名下的广西民族宫商业中心综合楼（B区）一层和四层商场，因该一层和四层为广西南宁梦之岛百货有限公司（以下简称梦之岛百货）承租使用，故南宁中院于2005年3月14日向梦之岛百货发出了（2004）南市执字第22－2号协助执行通知书，要求该公司将应支付给广西建生公司的租金转入南宁中院执行账户。2010年4月9日至2014年7月15日，梦之岛百货向南宁中院执行账户转入涉案商场四层租金共计7837679.47元。2014年6月9日，南宁市地方税务局向南宁中院送发《南宁市地方税务局关于协助扣缴广西建生房地产开发有限公司税款的函》，主要内容：因收到君都工作室请我局协调扣税的请示，根据《关于人民法院在执行工作中拍卖、变卖房产和土地使用权有关地方税收问题的会议纪要》规定，我局对南宁中院裁定广西建生公司以抵债方式登记过户给君都工作室的部分房产，进行了核查并计算，该事项应缴地方各税费为4301400元。请贵院协助从执行账户中扣划该税款，并据此开具相应发票以协助君都工作室及时办理房产过户手续。同年12月，博凯公司作为（2004）南市执字第22号案件的工程款优先受偿债权人、君都工作室作为（2002）南市执字第282号执行案件的债权人及（2004）南市执字第22号案查封物即涉案商场四层的抵押权人，各自向南宁中院送交了《申请报告》，同意并要求从（2004）南市执字第22号案件执行广西建生公司所得租金中划转4301400元给南宁市地方税务局，作为广西建生公司在（2002）南市执字第282号执行案件中以物抵债应缴的税款。之后，南宁中院根据南宁市地方税务局的上述函件、博凯公司和君都工作室的申请以及（2002）南市执字第282－13号执行裁定书，于2015年1月14日从该院执行账户划转4301400元至南宁市地方税务局账户，作为广西建生公司在（2002）南市执字第282号执行案件中以物抵债应缴的税款。对此景富公司提出执行异议，称法院根据他案申请人的申请以及南宁市地方税务局协助扣缴税款函的要求，将本案430万元执行得款代缴至税务机关的行为违法。

另，（2002）南市执字第282号执行案件是南宁中院根据交通银行南宁分行（后变更申请执行人为君都工作室）的申请于2002年9月受理的执行案件，被执行人为广西智华投资有限责任公司、广西银兴实业发展公司及广西建生公司。在该执行案件中，南宁中院于2011年裁定拍卖被执行人广西建生公司的抵押物即广西民族宫商业中心综合楼第七层和地下一层3221平方米部分房产，但流拍后，君都工作室申请以流拍财产抵债。南宁中院遂作出（2002）南市执字第282－13号执行裁定书，裁定将广西建生公司的上述房产作价4020万元，交付君都工作室抵偿广西建生公司所欠其4020万元债务。因税款缴纳问题，君都工作室没能办理上述抵债房产的过户手续，故君都工作室向南宁中院提出从广西建生公司作为被执行人的（2004）南市执字第22号执行案件被查封的租金中扣缴税款的要求。

在（2002）南市执字第282号执行案中，被执行人广西智华公司为主债务人，广西建生公司和广西银兴实业发展公司均为担保人，所抵债给君都工作室的综合楼七层和地下一层是广西建生公司提供抵押担保的抵押物，抵押权人是君都工作室，该案已执结。（2004）南市执字第22号执行案的申请执行人为博凯公司（工程款优先受偿人），被执行人广西建生公司和民族宫公司为主债务人、景富公司和建生有限公司为补充责任人，所查封的标的物即涉案商场四层是广西建生公司的抵押物，抵押权人是君都工作室。

南宁中院在（2004）南市执字第22号案的执行过程中，根据五建公司和博凯公司的申请以及五建公司将本案债权转让给博凯公司的事实，于2005年5月12日作出（2004）南市执字第22－12号民事裁定，裁定将权利人即申请执行人五建公司变更为博凯公司。之后，南宁中院根据广西壮族自治区高级人民法院（2010）桂民四终字第40号民事判决及博凯公司的申请，于2015年2月4日作出（2004）南市执字第22－26号执行裁定，追加广西建生公司的股东即建生公司和景富公司为（2004）南市执字第22号执行案件的被执行人。

【案件焦点】

1. 案件执行终结后未经恢复执行程序，能否再直接扣划被执行人的财产；2. 执行程序中以物抵债后，因抵债标的物需办过户登记所发生的费用由谁承担；3. 抵押担保人责任的范围。

【法院裁判要旨】

南宁中院经审理认为，涉案税款430万元是基于（2002）南市执字第282号案件的执行（以物抵债）产生的，该税款本应从该案广西建生公司的财产中支付，但因（2002）南市执字第282号案件处理的唯一财产是抵押物，抵押在前，税款产生在后，且该税款不属于实现抵押权费用范围，根据《税收征收管理法》第四十五条“税务机关征收税款，税收优于无担保债权，法律另有规定的除外；纳税人欠缴的税款发生在纳税人以其财产设定抵押、质押或者纳税人的财产被留置之前的，税收应当先于抵押权、质权、留置权执行”的规定，该税款未在（2002）南市执字第282号案件中处理并无不当；（2004）南市执字第22号案件的执行款是扣划广西建生公司应收取的租金，在分配之前是属于广西建生公司的财产，依据上述第四十五条规定，非经抵押权人同意，不能从该执行款中先行支付税款。而法院在（2004）南市执字第22号案中划转给南宁市地方税务局的涉案税款是应君都工作室和工程款优先受偿人博凯公司的要求以及南宁市地方税务局的征收税款函而划转，即经优先权人同意划转的，同时，根据本院与南宁市地方税务局下发的《会议纪要》，本院有协助划转税款义务，故本院扣转税款行为合法，并不损害景富公司及其他当事人利益。因此，景富公司的异议理由不成立，裁定：

驳回景富公司的异议请求。

景富公司提出复议请求。广西壮族自治区高级人民法院经审理认为：

第一，法院执行的（2002）南市执字第282号执行案件，在以物抵债的同时，已经确认被执行人广西建生公司无财产可供执行，债权人君都工作室也已明确放弃剩余债权的执行，为此法院裁定终结本案的执行。但在本案终结执行后，未经裁定恢复执行的情况下，再行直接扣划广西建生公司的财产属程序违法。

第二，在执行案件中，以物抵债本身并不必然产生税费（如部分动产），以物抵债也没有相应的税收规定，（2002）南市执字第282号案的以物抵债裁定作出后，作为抵押人广西建生公司已经将抵债标的物移交君都工作室，君都工作室也已接收并取得该抵偿物的所有权，以物抵债行为已经完成。抵债裁定明确由君都工作室持裁定到相关机构办理相关产权的过户登记手续，并没有要求抵债债务人承担办理产权过户的任何责任，君都工作室应当知道抵债后产权变更登记会产生相关的费用，仍接受了以物抵债终结执行的结果。君都工作室在案件执行终结后，向有关行政管理部门申请办理抵偿物的过户登记手续时，再要求原被执行人承担相关费用没有事实和法律依据。税务部门根据君都工作室的申请向执行法院发出扣税协助函而未向广西建生公司作出征税决定，其扣税协助函没有收税依据，且法院与当地税务部门的会议纪要不能作为法院的裁判依据。

第三，广西建生公司作为抵押人提供涉案抵押物为智华公司的借款提供担保，其承担的担保责任范围应以抵押物的全部价值为限，其抵押物已经执行完毕，无理由再要求抵押担保人承担超出抵押物价值以外的责任。即使本案抵押物因抵债或因过户发生税费需由抵押物的原所有人广西建生公司负担，也应在抵押物的原价值内冲减，而不是增加抵押担保人的责任。

第四，法院将（2004）南市执字第 22 号案中扣划的被执行人广西建生公司应收租金，为其在另外已经执行终结三年的（2002）南市执字第 282 号案件完税，减少了（2004）南市执字第 22 号案的执行得款，对作为补充责任人的景富公司及建生公司而言，加重了在该案中所应承担的责任。景富公司的复议理由成立，予以支持。

综上，君都工作室在本案执行终结后，仍要求广西建生公司承担抵债房产的过户税费没有依据，法院的协助划转不当，应予纠正。景富公司的复议理由成立，予以支持。依照《中华人民共和国民事诉讼法》第二百二十五条、《最高人民法院关于人民法院办理执行异议、复议案件若干问题的规定》第二十三条的规定，裁定如下：

一、撤销南宁中院（2016）桂 01 执异 8 号执行裁定。

二、撤销南宁中院在（2004）南市执字第 22 号执行案中对广西建生公司被执行款 4301400 元的协助划转执行行为。

【法官后语】

1. 提供担保物的抵押担保人所应承担的责任范围是否应仅限于担保物的价值

在法律上，抵押担保人所承担的责任范围没有明确的规定，但是，依据法律原理以及担保人的本意，提供抵押物的担保人是以其自有物为第三人的债务提供担保，所担保的责任范围有约定的依其约定，无约定的亦不应超出其所提供的担保物价值。就（2002）南市执字第282号案而言，广西建生公司作为抵押担保人，法院判决交通银行南宁分行有权从广西建生公司提供的抵押物所得价款中优先受偿，已明确了广西建生公司在其提供的担保物价值范围内承担赔偿责任，为此，抵押物执行完毕，无理由再要求抵押担保人承担超出抵押物价值以外的责任。

2. 执行程序中以物抵债后，因抵债标的物需办过户登记所发生的费用谁来承担

司法拍卖中，税费承担以拍卖公告的规定为准。一般规定由买方承担过户税费，因为案件中的被执行人多半是不能清偿全部债务，如果由被执行人承担过户税费，不利于推进执行程序，也不利于申请执行人实现债权。如果房产流拍后变卖或者以物抵债将相应延续该公告的规定。就（2002）南市执字第282号案而言，南宁中院在委托拍卖公司对涉案房产进行拍卖时，在该公告中仅模糊地规定买卖双方各自承担相关的税费，不够明确。君都工作室申请以物抵债，其已明知或应该知道以物抵债后对房产进行过户登记必定会发生税费，其仍愿意承受以物抵债，为此应认定过户发生的税费应该由君都工作室承担。另外，即使抵押物因抵债或因过户发生税费需由抵押物的原所有人广西建生公司负担，在以物抵债时，法院已经确认广西建生公司已无财产可供执行，君都工作室同时明确放弃剩余债权，所放弃的范围当然包含其认为应该由广西建生公司承担的税费等；如仍需广西建生公司承担税费，亦应在抵押物的原价值内冲减，而不是增加抵押担保人的责任。

3. 关于已终结执行的案件如发现仍有未执行到位的债权应如何启动执行程序

君都工作室于2014年12月19日向南宁中院提出在已终结的（2002）南市执字第282号中，被执行人广西建生公司以物抵债后仍应该承担过户登记的税费，该税费的性质应属于未执行到位的债权。对于已经终结执行的案件发现有未执行到位的债权如何启动执行程序？《最高人民法院关于对人民法院终结执行行为提出执行异议期限问题的批复》中明确，当事人、利害关系人可以对法院的终结执行提出异议，但期限是应当自收到终结执行法律文书之日起60日内提出；未收到法律文书的，应当自知道或者应当知道人民法院终结执行之日起60日内提出。如果超出60

日，当事人仍可以向执行法院或者上一级法院进行申诉，通过执行监督程序处理，经过审查发现确实有误的，则需要恢复执行程序。南宁中院没有启动恢复执行程序，而是直接扣划被执行人广西建生公司在（2004）南市执字第22号案被扣划回来的款项作为另案的税款，属程序有误。

编写人：广西壮族自治区高级人民法院 周炜 罗素梅

图书在版编目（CIP）数据

中国法院2019年度案例．执行案例／国家法官学院案例开发研究中心编．—北京：中国法制出版社，2019.5

ISBN 978-7-5216-0116-9

Ⅰ.①中… Ⅱ.①国… Ⅲ.①案例-汇编-中国 Ⅳ.①D920.5

中国版本图书馆CIP数据核字（2019）第061601号

策划编辑：李小草（lixiaocao2008@sina.cn）
责任编辑：李小草　赵律玮　　　　封面设计：温培英、李宁

中国法院2019年度案例·执行案例
ZHONGGUO FAYUAN 2019 NIANDU ANLI · ZHIXING ANLI

编者/国家法官学院案例开发研究中心
经销/新华书店
印刷/三河市紫恒印装有限公司
开本/730毫米×1030毫米　16开　　　　印张/15.5　字数/207千
版次/2019年5月第1版　　　　2019年5月第1次印刷

中国法制出版社出版
书号 ISBN 978-7-5216-0116-9　　　　定价：53.00元

北京西单横二条2号
邮政编码 100031　　　　传真：010-66031119
网址：http://www.zgfzs.com　　　　**编辑部电话：010-66071862**
市场营销部电话：010-66033393　　　　**邮购部电话：010-66033288**

（如有印装质量问题，请与本社印务部联系调换。电话：010-66032926）

中国法院2012～2019年度案例系列

国家法官学院案例开发研究中心　编

简便易用、权威实用——打造“好读有用”的案例

1. 权威的作者：国家法官学院案例开发研究中心持续20余年编辑了享誉海内外的《中国审判案例要览》丛书，2012年起推出《中国法院年度案例》丛书，旨在探索编辑案例的新方法、新模式，以弥补当前各种案例书的不足。

2. 强大的规模：2012、2013年各推出15本，2014年推出18本，2015年推出19本，2016年推出20本，2017年推出21本，2018、2019年推出23本，含传统和新近的所有热点纠纷，所有案例均是从全国各地法院收集到的上一年度审结的近万件典型案例中挑选出来的，具有广泛的选编基础和较强的代表性。

3. 独特的内容：不再有繁杂的案情，高度提炼案情和裁判要旨，突出争议焦点问题。不再有冗长的分析，主审法官撰写“法官后语”，展现裁判思路方法。

1. 婚姻家庭与继承纠纷
2. 物权纠纷
3. 土地纠纷（含林地纠纷）
4. 房屋买卖合同纠纷
5. 合同纠纷
6. 买卖合同纠纷
7. 借款担保纠纷
8. 民间借贷纠纷
9. 侵权赔偿纠纷
10. 道路交通纠纷
11. 雇员受害赔偿纠纷（含帮工受害纠纷）
12. 人格权纠纷（含生命、健康、身体、姓名、肖像、名誉权纠纷）
13. 劳动纠纷（含社会保险纠纷）

14. 公司纠纷
15. 保险纠纷
16. 金融纠纷
17. 知识产权纠纷
18. 行政纠纷
19. 刑事案例一
20. 刑事案例二
21. 刑事案例三
22. 刑事案例四
23. 执行案例

最高人民法院指导性案例裁判规则理解与适用系列

公司卷二	98 元	物权卷	88 元
公司卷（第二版）（上下册）	139 元	婚姻家庭卷（第二版）	68 元
民事诉讼卷（第二版）（上下册）	145 元	合同卷四（第二版）	98 元
侵权赔偿卷二	69 元	合同卷三（第二版）	98 元
侵权赔偿卷一	69 元	合同卷二（第二版）	108 元
房地产卷	98 元	合同卷一（第二版）	108 元
劳动争议卷	58 元	担保卷（第二版）（上下册）	139 元

最高人民法院知识产权审判实务系列

商标法适用的基本问题（增订版）	78 元
反不正当竞争法的创新性适用【精装】	68 元
知识产权保护的新思维——知识产权司法前沿问题	98 元
最高人民法院知识产权审判案例指导（第 9 辑）	88 元
最高人民法院知识产权审判案例指导（第 8 辑）	88 元
最高人民法院知识产权审判案例指导（第 7 辑）	98 元
最高人民法院知识产权审判案例指导（第 6 辑）	78 元
最高人民法院知识产权审判案例指导（第 5 辑）	88 元
最高人民法院知识产权审判案例指导（第 4 辑）	78 元
最高人民法院知识产权审判案例指导（第 3 辑）	78 元
最高人民法院知识产权审判案例指导（第 2 辑）	78 元
最高人民法院知识产权审判案例指导（第 1 辑）	48 元
中国知识产权指导案例评注（第 8 辑）	98 元
中国知识产权指导案例评注（第 7 辑）	118 元
中国知识产权指导案例评注（第 6 辑）	128 元
中国知识产权指导案例评注（第 5 辑）	118 元
中国知识产权指导案例评注（第 4 辑）	98 元
中国知识产权指导案例评注（第 3 辑）	98 元
中国知识产权指导案例评注（上、下卷）	188 元
知识产权法律适用的基本问题——司法哲学、司法政策与裁判方法	168 元
最高人民法院知识产权司法解释理解与适用（最新增订版）	69 元
最高人民法院知识产权案件年度报告（2008～2015）（中英文版）	198 元
知识产权司法实务新型疑难问题：专利、商标与著作权热点问题	138 元
知识产权司法实务新型疑难问题：知识产权司法保护与产业发展	120 元
商业特许经营合同原理解读与审判实务	58 元
赢在 IP：知识产权诉讼实战策略	49 元
网络游戏知识产权司法保护	68 元

最高人民法院审判指导书系

执行规范理解与适用——最新民事诉讼法与民诉法解释保全、执行条文关联解读（增订 2 版）	159 元
最高人民法院民事立案业务指导	108 元
最高人民法院审判监督业务指导	128 元
最高人民法院执行业务指导	128 元